고령사회의 이해: 노년과 사회

고령사회의 이해: 노년과 사회

한림대학교 고령사회연구소

小花

머리말

우리 사회에서도 고령사회에 대한 관심이 크게 증가하고 있다. 언론매체에서는 고령사회에 따른 사회 경제적 문제를 주기적으로 언급하고 있으며, 정부에서도 매년 '고령자통계'를 따로 공표할 정도로 고령사회에 대해 높은 관심을 보이고 있다.

고령사회로의 진입은 다양한 사회 경제적 문제를 낳는다. 과거 노인과 관련된 많은 일들은 가족의 책임이었다. 가족 안에서 노인들은 생계를 유지하고 일상생활의 다양한 도움을 확보할 수 있었다. 그러나 여성의 경제활동 증가, 가족구조의 변화 등 고령사회로의 진입과 동시적으로 나타나고 있는 다양한 사회 경제적 변화로 인해 노인수발을 가족에게만 맡기는 것이 점점 더 불가능한 상황에 직면하고 있다.

이와 더불어 노인의 수가 증가함에 따라 연금이나 의료비 등과 같이 노인을 지원하는 사회적 비용이 큰 폭으로 증가하게 되는데, 이에 적절하게 대처하지 못하는 경우 국가 경제에 큰 부담이 될 뿐만 아니라 세대 간 갈등을 촉발하는 요인이 될 수도 있다. 우리나라에서도 고령사회가 갖는 문제의 심각성에 주목하여 다양한 제도를 준비하고 있는데, '노인장기요양보험제도'나 '기초노령연금' 등은 노인을 돌보는 부담을 사회적으로 공유하기 위한 제도들이다.

고령사회로의 진입은 개인 차원에서도 새로운 과제를 제시한다. 고령사회로의 진입은 개인으로서 우리 모두가 과거에 비해 노인으로서 더 오래 살게 되었음을 의미한다. 장수는 인류 모두의 염원이었다는 점에서 바라던 소망이 이루어진 것인지도 모른다. 그러나 다른 한편으로 개인으로서 우리는 길어진 노인으로서의 삶을 어떻게 소비할 것인가라는 문제에 직면하게 된다. 노년기는 흔히 할 일이 없는 시기, 특별한 역할이 주어지지 않는 시기로 인식된다. 그렇다면 더 길어진 노인으로서의 삶은 무엇으로 채워져야 하는가? 고령사회는 우리 개개인에게 새로운 질문을 던지고 있다.

고령사회와 관련해 우리가 특히 주목해야 할 부분은 노인들의 삶이 세대에 따라 상이함을 보일 가능성이 크다는 점이다. 우리가 친숙한 현재의 노인들은 소득이나 건강, 사고의 측면에서 과거의 노인들과 크게 다르지 않았다. 즉, 학력이나 소득이 낮고 주로 자녀에 의존해서 지내는 노인들이 일반적이었다. 그러나 앞으로의 노인들, 즉 고령사회의 주역으로서 노인들은 과거나 현재의 노인들과는 다른 노인들일 가능성이 크다. 미래의 노인들은 교육수준과 소득이 높고 그래서 노후의 삶에 대해 다양한 욕구를 가질 가능성이 크다. 이미 선진 국가들의 은퇴한 노인들은 자신의 소득을 바탕으로 청·장년기 동안 하지 못했던 다양한 취미나 여가활동에 참여하고 있다. 우리나라 역시 가까운 미래에 선진 국가의 노인들처럼 다양한 여가활동에 참여하는 노인들을 목도하게 될 것이다.

노년학이 노화의 과정에 대한 바람직한 적응을 탐구하는 학문이라면, 사회노년학은 노화의 과정 중 사회적 측면에서 나타나는 변화에 주목한다. 사회노년학은 노인들 역시 '사회적 존재'라는 점에서 출발한다. 즉, 노인들도 가족, 이웃, 친구 등 자신을 둘러싼 다양한 사회집단과 상호작용을 할 뿐만 아니라, 이를 통해 자신의 정체성과 역할을 이해한다. 사회노년학은 노인으로서 갖게 되는 사회적 삶에 주목하여 생물학적 노화와 더불어 사회적 측면에서 진행되는 변화가 무엇인지 분석한다. 즉, 거시적 차원에서 고령사회에 대한 사회 경제적 대응을 분석하는 것과 더불어 사회노년학은 미시적 차원에서 노인이 되면서 경험하게 되는 다양한 사회적 변화는 무엇인지 분석하고, 이에 대해 바람직하게 적응하는 방법은 무엇인지 탐구한다. 우리 사회에서는 아직까지 고령사회에 대한 문제의식이 거시적 사회 문제의 해결 차원에만 국한되어 있다는 점에서 사회노년학에 대해 보다 큰 관심을 가질 필요성이 있다고 판단된다.

이 책은 사회노년학의 다양한 주제를 가능한 쉽게 설명하고, 관련 주제에 대한 탐구활동을 제시함으로써 학생들로 하여금 이론과 현실을 함께 공부할 수 있도록 구성되었다. 이 책의 특징은 다음과 같다.

첫째, 이 책은 가능한 다양한 주제를 담고 있다. 이 책은 사회노년학의 일반적 주제에 대한 논의와 더불어 대중매체에서 바라본 노인에 대한 인식이나 노인의 성, 노인과 환경, 노인학대 등 노인과 관련된 다양한 주제에 대한 논의를 포함하고 있다. 이들 주제에 대한 장들을 통해 학생들은 노인의 사회적 삶이 보이는 다양성을 이해하는 기회를 제공받게 될 것이다.

노인의 삶과 관련하여 다양한 주제를 탐구하는 것이 중요한 이유는 무엇보다도 노인의 삶 자체가 과거의 그것에 비해 훨씬 다양해지고 있기 때문이다. 늘어난 노년기로 인해 노인들은 노인으로서의 삶을 영위하면서 과거에 비해 훨씬 다양한 체험을 하게 된다. 한 예로 비교적 건강 상태가 양호한 80세 이전의 노년기와 그렇지 못한 80세 이후에 경험하는 노년기의 삶은 매우 상이할 가능성이 크다. 교육수준이나 소득 등의 차이 역시 노인의 삶에 다양성을 부여하는 요소이다. 시간적 측면에서, 사회 경제적 측면에서 점점 다양해지고 있는 다양한 노인의 삶을 이해하기 위해 이 책은 가능한 다양한 주제에 대한 논의를 포함하였으며, 이들 중 일부는 다른 교재에서는 거의 다루어지지 않은 주제들이다.

둘째, 이 책은 단순히 지식을 공부하는 데 그치는 것이 아니라 체험을 할 수 있는 기회를 가질 수 있도록 구성되었다. 이 책은 앞서 배운 지식을 현장에서 체험할 수 있도록 각 장의 마지막 부분을 참여활동(activity) 목록을 기술하는 데 할애하였다.

각 장마다 배운 지식을 현실 속에서 체험하고 토론할 수 있도록 구성함으로써 사회노년학에 대한 지식이 단순한 지식이 아니라 현실의 문제를 해결하는 데 필요한 나침판이 될 수 있도록 한 것이다.

고령사회에 따른 거시적 문제나 길어진 노후의 삶에 대한 개인적 문제에 적절한 해답을 제시하기 위해서는 무엇보다도 노인으로서의 삶을 바르게 이해하는 것이 필요하다. 이 책이 노인의 삶에 대한 관심과 이해를 위한 첫걸음이 될 수 있기를 바란다.

이 책은 2007년 정부(교육인적자원부)의 재원으로 한국학술진흥재단의 지원을 받아 수행된 연구(KRF-2007-411-J01903)임을 밝혀둔다.

차례

1장 고령사회: 새로운 문제

김영범

1. 인구 고령화의 의미

우리 사회는 지금 인구 고령화라는 새로운 문제에 직면하고 있다. 인간에게 있어서 오래 사는 것은 누구나, 언제나 바라던 꿈이었다. 일부 소수의 종교인을 제외하면 권력이나 부, 명예와 무관하게 모든 인간은 모두 오래 사는 것을 열망해 왔다.

인구 고령화란 사람들이 점점 더 오래 살게 된 결과로 나타난 현상이다. 사람들이 과거에 비해 더 오래 산다는 점에서 인류가 원하던 그 목적을 달성한 것처럼 보인다. 그러나 인구 고령화는 예기치 못한 새로운 많은 문제들을 제기한다. 노인 수발을 위한 제도를 어떻게 구성할 것인가, 또 그와 관련된 비용은 누가 지불할 것인가 등과 같은 거시적 문제로부터, 늘어난 노후를 의미 있게 보내는 방법은 무엇인가, 노인과 자녀를 포함하는 가족과의 관계는 어떻게 변화할 것인가 등과 같은 미시적 문제에 이르기까지 인구 고령화는 과거에는 문제가 아니었던 혹은 과거의 제도로는 해결하기 어려운 다양한 문제들을 제기하고 있다.

UN에 의하면 전체 인구 중 65세 이상 비율이 7%인 경우를 고령화 사회(aging society)로, 14%에 이르면 고령사회(aged society)로, 20%가 되면 초고령사회(super aged society)로 정의하고 있다. 우리 사회는 2000년 고령화 사회(aging society)를 지나 2018년 고령사회(aged society), 2026년 초고령사회(super aged society)로 진입할 것으로 예상하고 있다(통계청, 2004).

우리에 앞서 인구 고령화를 경험한 국가들의 경우 인구 고령화가 천천히 진행되었기 때문에 상대적으로 이에 대비할 시간을 충분하게 가질 수 있었다. 그러나 우리나라의 경우는 인구 고령화가 매우 급속히 진행되고 있기 때문에, 그 대책을 마련할 시간이 촉박한 실정이다.

이 장에서는 인구 고령화의 원인과 과정, 속도를 세계와 비교해 보고, 인구 고령화로 인해 나타나는 문제들은 무엇이 있는지 살펴본다. 이어 마지막으로 인구 고령화로 인해 생기는 문제들을 해결하기 위해 선진 국가들은 어떠한 대책을 마련하고 있는지 살펴본다.

2. 인구 고령화의 원인과 속도

앞서 인구 고령화란 고령인구의 비율이 증가하는 것을 의미한다고 정의한 바 있다. 이제 고령인구의 비율이 증가하는 원인에 대해 살펴보자. 인구가 고령화되기 위해서는 첫째, 고령인구의 수가 증가해야만 한다. 흔히 평균수명으로 알려져 있는 기대여명(life expectancy)은 근대화, 산업화 과정에서 꾸준히 연장되어 왔다. 즉, 위생 및 영양 상태가 개선되고, 질병의 예방이나 치료에 관한 기술들이 발전하면서 사람들이 과거에 비해 더 오래 살 수 있게 되었다.

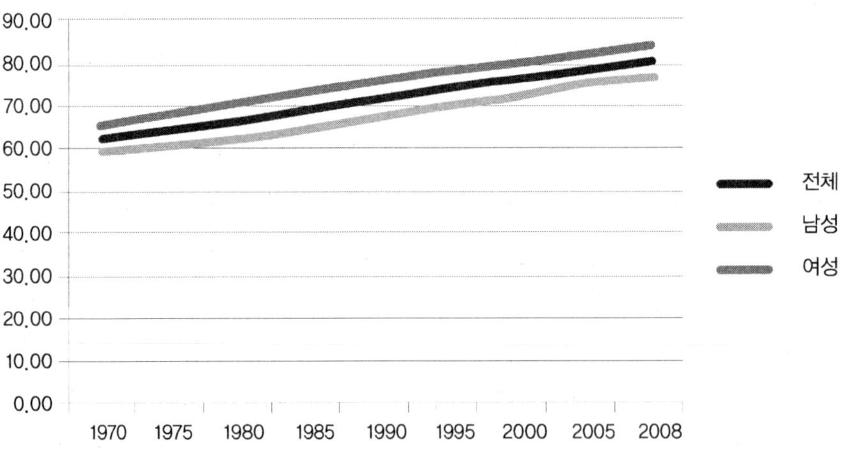

[그림 1-1] 평균수명의 변화

자료: 통계청 생명표, http://kosis.kr/nsportal/abroad/abroad_01List.jsp

우리나라의 경우도 1960년대 이후 급속한 근대화, 산업화 과정을 거치면서 평균수명이 큰 폭으로 연장되었다. 그림에서 알 수 있듯 1970년 61.93세인 평균수명은 2008년에는 80.08세로 약 20년 가까이 연장되었다([그림 1-1] 참조).

평균수명과 관련해 한 가지 더 주목할 점은 남성 평균수명에 비해 여성의 평균수명이 더 길다는 점이다. 그림에서 알 수 있듯이 평균수명은 남성의 경우 1970년 58.67세, 2008년 76.54세이며 여성은 1970년 65.57세, 2008년 83.29세로 여성이 남성에 비해 약 6.7세 많은 것을 알 수 있다.

평균수명뿐만 아니라 65세 노인의 기대여명 역시 지난 30년간 큰 폭으로 증가하였는데, 구체적으로 살펴보면 다음과 같다([그림 1-2] 참조).

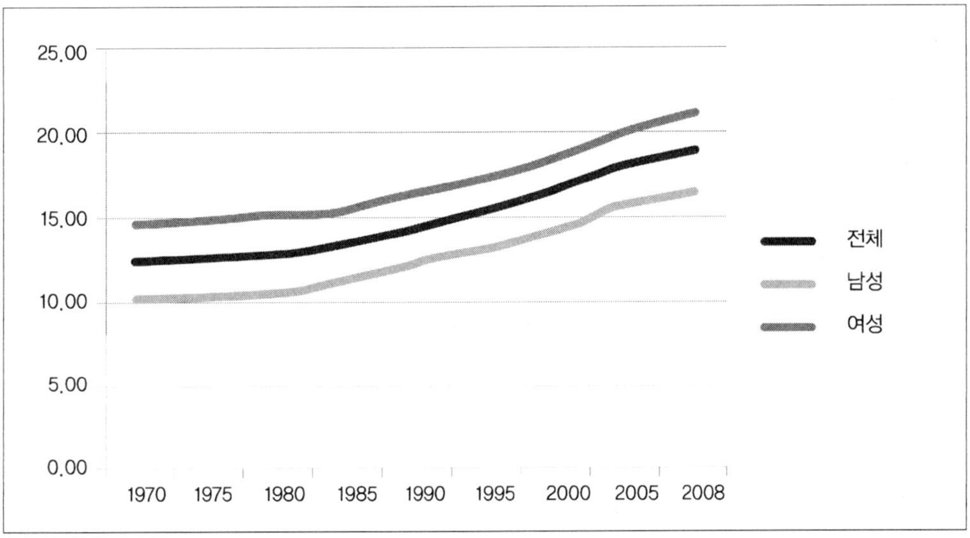

[그림 1-2] 65세 노인의 기대여명

자료: 통계청 생명표, http://kosis.kr/nsportal/abroad/abroad_01List.jsp

전체적으로 보면 65세 노인의 기대여명은 12.42년에서 19.15년으로 약 6.7년 정도 증가하였으며 남성의 경우는 10.15년에서 16.60년으로 6.45년, 여성의 경우는 14.59년에서 21.02년으로 6.43년 증가하였다. 이처럼 평균수명의 증가는 노인인구의 증가를 수반한다. 65세 이상 노인이 1970년 1,039,378명에서 2008년 4,365,218명으로 노인인구가 지난 30년간 네 배 이상 증가하였다.

인구 고령화는 다른 연령층의 인구가 어떻게 변화하는지에 따라서도 영향을 받는다. 노인인구가 늘어난 만큼 다른 연령대의 인구가 증가하면 전체 인구에서 차지하는 비율은 변화하지 않기 때문이다. 따라서 인구 고령화는 얼마나 아이를 많이 낳는가에 따라서도 큰 차이를 보인다. 우리나라는 다른 국가들에 비해 가장 아이를 적게 낳는 국가이다. 먼저 지난 30년간 출생한 아이의 수를 연도별로 살펴보자. [그림 1-3]에서 확인할 수 있는 것처럼 1970년대 초까지 연간 100만 명이 넘던 출생아 수는 이후 급감하여 1980-90년대를 지나면서 60만 명 수준까지 하락하였고, 2000년대에는 50만 명 이하로 하락하였다.

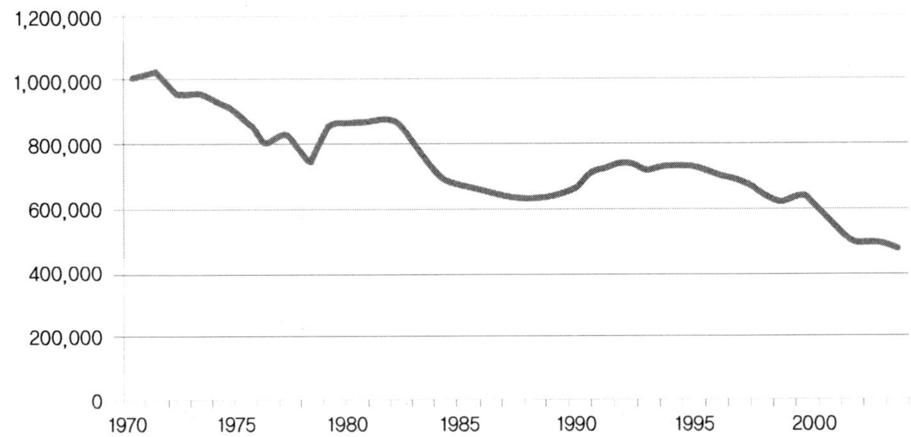

[그림 1-3] 연도별 출생아 수

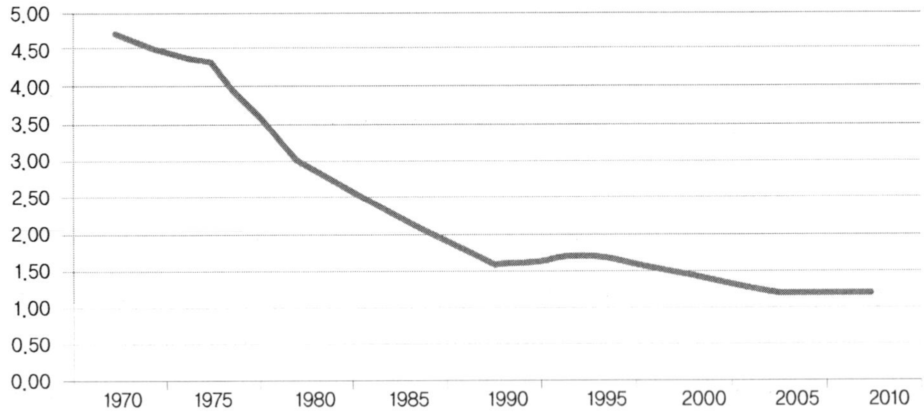

[그림 1-4] 연도별 합계 출산율 변화

자료: 통계청, http: //www.kostat.go.kr/nso_main/nsoMainAction.do?method=search&catgrp=nso2009&catid1=k09___0000&catid2=k09i__0000&forward=search

출생아 수가 급감하는 것에는 여러 가지 요인이 있지만 무엇보다 여성들이 아이를 덜 낳기 때문이다. 여성이 아이를 가질 수 있는 기간 동안 출산한 아이의 평균을 합계 출산율로 정의하는데, 우리나라의 합계 출산율은 다른 국가들에 비해 상당히 낮은 수준을 기록하고 있다. [그림 1-4]에서 알 수 있듯 우리나라의 합계 출산율은 1970년대까지만 해도 4명 이상을 기록하다가 1980년대 2명대, 1990년대 1명대로 급감하는 모습을 보이고 있다.

여성이 과거에 비해 아이를 많이 낳지 않는 것은 비단 우리나라만의 현상은 아니다. 대부분의 선진 국가들에서는 이미 오래전부터 저출산을 사회적 문제로 인식하고 있다. 그러나 우리나라의 합계 출산율은 다른 선진 국가들보다도 매우 낮은 수준을 기록하고 있다. 참고로 한 자료에 의하면 우리나라의 합계 출산율은 조사 대상인 223개 국가 중 214위를 차지하고 있다(CIA, 2009).[1)]

〈표 1-1〉 각국의 인구 고령화 속도

고령인구 비율 / 국가	도달 연도			증가 소요 연수		2002년 65세 이상 인구구성비(%)
	7%	14%	20%	7%→14%	14%→20%	
프랑스	1864	1979	2019	115	40	16.3
노르웨이	1885	1977	2021	92	44	14.9
스웨덴	1887	1972	2011	85	39	17.2
호주	1939	2012	2030	73	18	12.7
미국	1942	2014	2030	72	16	12.3
캐나다	1945	2010	2024	65	14	12.7
이탈리아	1927	1988	2008	61	20	18.6
영국	1929	1976	2020	47	44	15.9
독일	1932	1972	2010	40	38	17.3
일본	1970	1994	2006	24	12	18.4
한국	2000	2018	2026	18	9	7.9

자료: 통계청, 2004.

1) 여성이 왜 아이를 덜 낳는가에 대해서는 다양한 이유들이 거론되고 있다. 이 중 몇 가지만 살펴보면 다음과 같다. 첫째, 경제활동이 증가한 반면 양육과 경제활동을 병행하는 제도가 불충분하다. 둘째, 혼인비용의 증가, 자유로운 생활에 대한 선호 등으로 인해 결혼 연령이 점점 늦어지고 있고 이로 인해 첫 출산의 연령이 증가하고 있다. 늦은 첫 출산으로 인해 둘째 아이의 출산 시기가 30대 중반이 되면서 출산을 꺼려하는 경향을 갖는다. 셋째, 과거에 비해 자녀 양육에 훨씬 많은 비용이 들기 때문에 경제적으로도 아이를 많이 낳기 어렵다.

즉, 노인의 수는 증가하는 반면 젊은 층의 수는 해가 갈수록 감소함에 따라 전체 인구에서 차지하는 노인들의 비율은 높아진다. 우리나라의 경우는 이러한 인구 고령화 속도가 다른 나라에 비해 훨씬 빠르다는 특징을 보이고 있다. 우리나라의 경우는 7%에서 14%까지 도달하는 데 18년 걸리는 반면 선진 국가들의 경우 일본을 제외하곤 대부분 40년 이상의 기간이 소요되었다.

노인인구의 증가는 이들 노인을 부양하는 사회적 비용이 증가함을 의미한다. 흔히 노동력 인구와 비노동력 인구 사이의 비율을 의미하는 부양비를 통해 고령사회로의 증가가 가져오는 사회적 부담의 증가를 표현하곤 하는데, 우리나라의 경우 인구 고령화에 따라 향후 그 비율이 급속히 증가하는 것으로 예측되고 있다. [그림 1-5]에서 확인할 수 있듯 우리나라는 2015년 이후 총부양비가 급속히 증가하는 것으로 나타나고 있는데, 특히 주목할 점은 유소년부양비는 큰 변화가 없는 반면 노년부양비가 급속히 증가할 것으로 예상된다는 점이다.

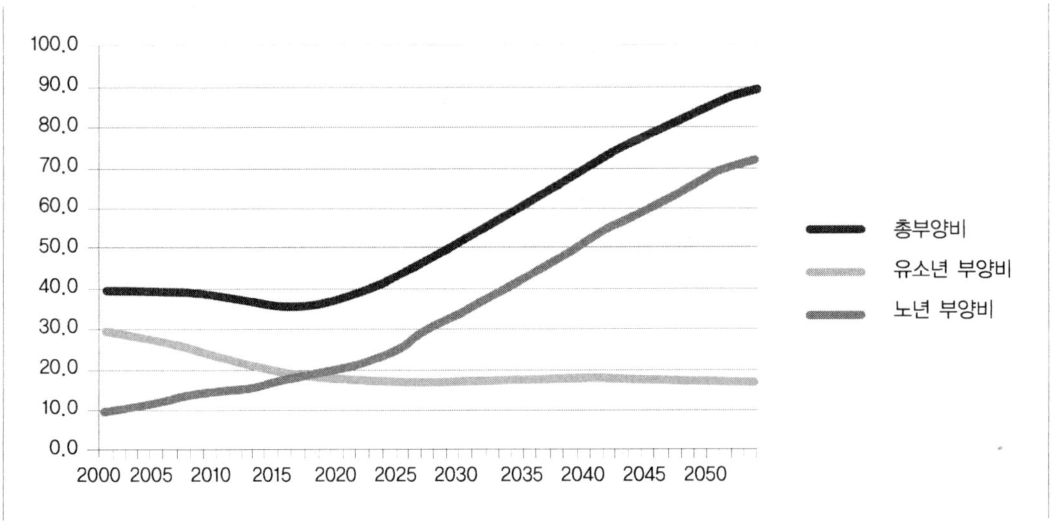

[그림 1-5] 연도별 부양비

자료: 통계청, 2010. http: //www.kostat.go.kr/nso_main/nsoMainAction.do?method=search&catgrp=nso2009&catid1=k09___0000&catid2=k09i__0000&forward=search

유소년부양비: [(0-14세 인구 수)/(15-64세 인구 수)]×100
노년부양비: [(65세 이상 인구 수)/(15-64세 인구 수)]×100
총부양비: 유소년부양비 + 노년부양비

고령사회로의 변화가 사회적 파장을 갖는 이유는 인구구조 상의 변화와 더불어 여러 가지 사회 경제적 변화들이 동시에 진행되고 있기 때문이다. 우선 주목할 부분은 초고령인구의 증가이다. 앞서 노인인구가 증가하고 있다는 점을 강조한 바 있다. 여기에 덧붙여 80세 이상의 초고령 노인의 수가 급속히 증가하고 있다는 점을 강조할 필요가 있다.

〈표 1-2〉에서 알 수 있듯이 65-79세 인구수와 80세 이상 인구수의 비율은 1970년대 8배였다가 2000년에는 6배로 감소하였고 향후 3배 수준까지 그 차이가 축소될 것으로 예상되고 있다. 즉, 상대적으로 젊은 층의 노인보다는 나이가 많은 노인의 수가 더 빠르게 증가하고 있음을 알 수 있다.

〈표 1-2〉 연도별·연령별 노인인구수와 비율

구분	1970	1975	1980	1985	1990
65-79세(A)	890,383	1,078,607	1,277,811	1,526,669	1,892,832
80세 이상(B)	100,925	138,840	178,222	215,180	302,252
A/B	8.8	7.8	7.2	7.1	6.3
구분	1995	2000	2005	2010	2020
65-79세(A)	2,274,433	2,911,509	3,690,418	4,405,175	5,918,318
80세 이상(B)	382,219	483,387	676,224	951,678	1,782,807
A/B	6.0	6.0	5.5	4.6	3.3

자료: 통계청, 2010. http://www.kostat.go.kr

다른 한편으로 노인들 사이의 다양성 역시 크게 증가할 것으로 예상된다. 현재 노인들은 해방 전에 출생하여 식민지 시대에 청년층을 보낸 집단이다. 이들은 평균적으로 교육수준도 낮고, 노후를 위한 경제적 준비 역시 매우 부족하다. 그러나 향후 노인이 될 집단의 경우는 교육이나 소득의 측면에서 현재의 노인들에 비해 양호한 조건일 뿐만 아니라 그 내부의 다양성 역시 크게 증가할 것으로 예상된다.

우선 교육수준을 연령별로 나누어 살펴보면 나이가 적은 노인일수록 교육수준이 더 높은 것을 확인할 수 있다. 구체적으로 85세 이상의 경우 글을 모르는 무학이 40%를 넘는 반면 60세 이하의 경우는 3.1%에 불과하다. 그러나 중 · 고등학교의 경우 85세 이상은 7.2%에 불과한 반면, 60세 이하의 경우 42.9%로 나이가 적은 노인일수록 교육수준이 높다는 점을 확인할 수 있다.

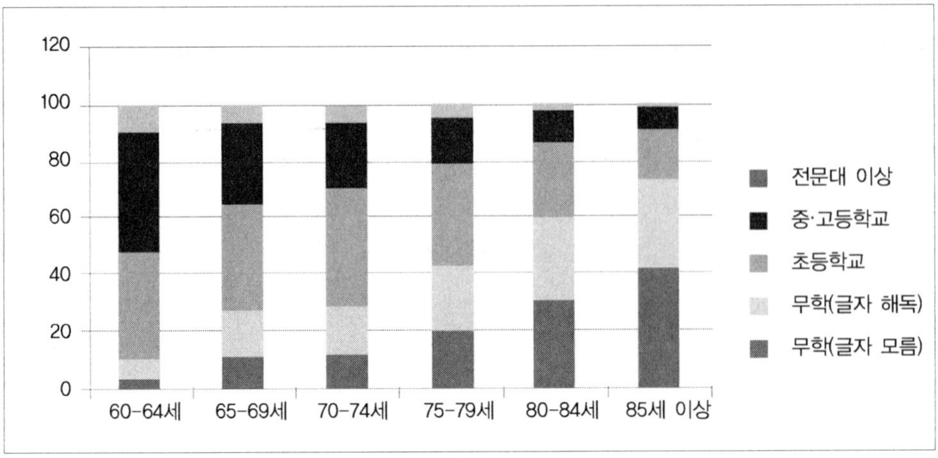

[그림 1-6] 연령별 교육수준

자료: 계명대학교 · 보건복지부, 2009.

다른 한편으로 노년기의 소득 역시 노인에 따라 다양할 가능성이 커지고 있다. 우선 사회복지제도인 국민연금이 1988년 실시되어 젊은 노인들 가운데 연금을 수령하는 노인들이 증가하고 있다. 국민연금은 2008년부터 완전노령연금을 지급하기 시작하였다. 연도별로 공적연금 수급률을 살펴보면 2004년 13.2%에서 2008년 25%로 지난 몇 년간 급속히 증가하고 있음을 확인할 수 있다.

연금 수급률은 연령별로도 차이를 보이는데, 2008년도 노인실태조사에 의하면 공적연금소득이 있다고 응답한 노인은 60세 이하의 경우 9.2%인 반면 85세 이상의 경우는 1.5%에 불과해 젊은 노인일수록 공적연금제도의 혜택을 보고 있음을 알 수 있다. 다른 한편으로 나이가 적은 노인일수록 더 많이 일하고 금융소득이나 부동산소득 역시 많다.[2] 즉, 젊은 노인일수록 노후 생활에 대한 공적 · 사적 준비가 철저함을 알 수 있다.

교육수준과 소득수준이 젊은 노인에게서 더 양호한 상태를 보인다는 점은 향후 노인들이 바라는 욕구가 현재의 노인들에 비해서 더욱 다양해질 가능성이 크며, 노인들 스스로 이를 충족시킬 수 있는 경제적 여유를 가질 가능성도 크다는 점을 보여 주고 있다. 즉, 과거의 노인과는 달리 지금 노인이 되는 또는 가까운 미래에 노인이 되는 집단은 다양한 분야의 다양한 욕구를 가진 사람들이고 이들 스스로 자신의 욕구를 충족시키기 위해 지출할 능력을 가진 집단이 될 것이다.

2) 2008년 노인실태조사에 의하면 사적이전소득(자녀 및 친지로부터의 금전적 지원)은 나이가 많은 노인들에게서 많이 나타나는 반면, 사업소득, 금융소득, 부동산소득과 같은 본인의 재산이나 능력을 활용한 소득은 주로 75세 이하 젊은 노인들에게서 많이 나타나고 있다(계명대학교 산학협력단 · 보건복지부, 2009).

따라서 현재 우리가 직면한 문제는 현재 노인들의 욕구를 가족과 사회의 능력에 맞게 배분하는 것과 함께 미래 노인들의 삶의 질에 대한 다양한 욕구를 충족시킬 수 있는 방안을 마련하는 것이다.

3. 고령사회의 문제: 구조적이면서 개인적인 문제

고령사회로의 진입은 새롭고도 다양한 문제를 야기한다. 고령사회에 따른 문제는 크게 사회 경제적 측면과 노인의 삶의 질이라는 측면으로 나누어 살펴볼 수 있다. 이 장에서는 주로 사회 경제적 문제와 관련하여 살펴보고 삶의 질과 관련된 문제는 2장에서 14장까지의 내용을 통해 살펴볼 것이다.

사회 경제적 측면에서 고령인구의 증가는 노인부양을 위한 비용을 어떻게 마련할 것인가에 집중된다. 특히 사회보험의 재정 문제와 관련해 노인인구의 증가는 사회적 이슈가 아닐 수 없다.

첫째, 연금의 재정과 연관된 경제적, 정치적 문제가 심각해질 가능성이 크다. 공적연금은 장기간에 걸친 납입 후 노후가 되어 급여를 받는다. 따라서 고령인구가 증가할 경우 이들을 대상으로 한 급여를 어떻게 충당할 것인가가 사회적 문제로 제기된다. 노인 수가 증가하고 이들이 과거에 비해 오래 살게 됨으로써 연금지급 기간 역시 큰 폭으로 증가한다. 이로 인해 연금급여를 위한 비용이 예상보다 큰 폭으로 증가하게 될 것이다. 그렇다면 노인을 위한 연금은 누가 어떻게 마련하는가? 만약 연금비용을 위한 사회적 대안들이 마련되지 않는다면 연금의 재정을 둘러싼 사회적 갈등이 초래될 것이다. 특히 일을 하는 근로 세대의 보험료로 은퇴한 노인들의 연금급여를 충당하는 제도의 경우 근로 세대와 은퇴 세대 사이의 연금을 둘러싼 갈등[3]이 발생할 가능성도 배제할 수 없다.[4]

둘째, 나이가 많은 노인들은 만성질환에 걸릴 확률이 높고, 그 진행 정도도 젊은 노인에 비해 심할 가능성이 크다. 따라서 고령사회로의 진입은 노인들에 대한 의료비 증가라는 새로운 문제를 낳는다.[5] 즉, 지속적인 의료시설의 이용은 의료비를 증가시키고 이는 곧 복지재정

---

3) 2003년 프랑스에서는 공공부문 노동자 100만 명이 참여한 연금개혁 반대 시위가 발생하였다(프레시안, 2003. 6. 4자).

4) 연금제도는 크게 보험료 총액과 그 이자에서 연금을 지급하는 기금방식(funding)과 후세대의 연금 보험료로 앞 세대의 연금급여를 충당하는 부과방식(pay as you go)으로 구분할 수 있다. 공적연금이 부과방식으로 구성되어 있는 경우 세대 간 갈등이 발생할 가능성이 있다. 우리나라의 경우 연금재정이 2066년 고갈된다는 연구 결과도 제시된 바 있다.

5) 우리나라의 경우 전체 의료비 중 노인의료비의 비율은 2001년 21.3%에서 2008년 29.9%로 노인의 인구비율(전체 인구 중 약 10%) 대비 약 세 배의 지출비율을 보이고 있다(통계청, 2009).

에 부담을 주게 된다. 따라서 노인의 삶의 질을 훼손하지 않으면서 의료비를 절약할 수 있는 다양한 방안을 모색하는 것이 요구된다.

셋째, 고령사회로의 진입은 일을 하지 않는 연령대의 인구가 증가함을 의미한다. 이런 측면에서 고령사회로의 진입은 경제성장에도 부정적인 영향을 줄 가능성이 크다. 왜냐하면 경제성장은 얼마나 자원이 많은지, 얼마나 생산기술이 좋은지, 그리고 얼마나 많은 사람이 일을 하는지에 따라 결정되기 때문이다. 우리나라의 경우 일을 하는 연령대를 의미하는 생산가능인구(15-64세)는 2016년부터 감소할 것으로 예상되는데, 이로 인해 경제성장에 부정적 영향을 줄 가능성도 배제할 수 없다.[6)]

넷째, 고령사회로의 진입은 후기 고령자의 증가를 동반한다는 점에서 노인의 일상생활을 지원해 주는 제도나 시설에 대한 필요성이 제기된다. 나이가 많은 노인일수록 만성질환에 걸려 있는 노인이 많고 이로 인해 스스로 일상생활을 해낼 능력이 떨어지는 노인이 많다. 따라서 이들을 어떻게 돌볼 것인가가 새로운 사회적 문제로 제기된다.

노인에 대한 수발의 필요성이 더욱 커지는 현실에서 노인을 돌보는 가족의 역량은 크게 감소하고 있다. 전통적으로 노인을 수발하는 것은 가족 내 며느리나 딸과 같은 여성의 몫이었다. 여성이 이러한 역할을 할 수 있었던 것은 두 가지 조건이 충족되었기 때문이다. 첫째, 노부모는 자녀 중 한 명과 동거하거나 또는 아주 근접한 거리에 거주하였다. 둘째, 여성이 전업주부로서 자신의 모든 시간과 노력을 가족을 보살피는 데 투자할 수 있었다. 그러나 두 가지 조건을 유지하는 것은 현실적으로 매우 어려운 일이다. 자녀들은 교육이나 구직활동 등으로 인해 떠나감에 따라 더 이상 자녀와 동거하거나 근거리에 거주하는 것이 어려워지고 있다. 우리나라 노인들에 대한 한 조사(계명대 산학협력단 · 보건복지부, 2009)에 의하면 65세 이상 노인들 28.6%[7)]만이 자녀와 동거하는 것으로 나타나고 있다.

다른 한편으로 여성의 경제활동 참가가 확대되면서 가족의 수발 담당 능력은 큰 폭으로 약화될 수밖에 없다. 여성의 경제활동은 교육수준의 향상, 맞벌이의 필요성 증가, 생활수준에 대한 기대 향상 등으로 인해 꾸준히 증가하고 있다. 따라서 여성이 자신의 시간과 노력을 자녀와 노부모를 돌보는 데 온전히 사용하는 것이 더 이상 가능하지 않게 된 것이다. 보살핌이 필요한 노인들은 증가하는 반면, 이를 위한 가족의 역량은 크게 약화되는 상황에 직면하게 된 것이다. 결국 이 문제를 해결하기 위해서는 노인 수발의 부담을 가족에게만 지우는 것이

6) 국제협력개발기구(OECD)도 우리나라의 잠재 성장률이 인구 고령화로 하락하여 2012년에서 2025년까지 평균 2.4%에 이를 것으로 예상하고 있다(파이낸셜 뉴스, 2010. 5. 31자).

7) 기혼자녀와 동거하는 경우는 16.4%에 불과하며 12.2%는 미혼자녀와 동거하는 경우이다.

아니라 사회적으로 분담할 수 있는 제도를 마련하는 것이 요구된다.[8)]

고령사회로의 진입이 필연적인 사실이라면 우리는 이에 어떻게 대비해야 하는가? 우리는 우리보다 앞서 고령사회로 진입한 선진 국가들의 경험을 통해 이에 대한 해답의 단초를 발견할 수 있을 것이다. 선진 국가들의 고령사회에 대한 대응은 아래 몇 가지 방향으로 요약할 수 있다(OECD, 2000).

① 노인의 경제활동 촉진: 노인의 경제활동 촉진을 위한 전략은 크게 두 가지 방향으로 전행된다.

- 첫째, 노후의 경제적 보장을 약화시킴으로써 노인들로 하여금 더 오래 일을 하도록 만든다. 주로 근로의욕을 증진시킬 수 있도록 사회복지제도를 개선하는 내용들로 구성된다.
  - 연금급여 개시 연령의 연장
    (연급지급 연령을 55세에서 60세로 연장)
  - 연금보험료 최소 납입 기간의 연장
    (연금납입 기간을 20년→25년으로 연장)
  - 연금급여 삭감
    (연금급여를 삭감하거나 연금인상의 연동 기준을 강화[9)])
  - 조기퇴직 연금의 축소
    (55세 이전 조기퇴직 시 받을 수 있는 연금급여를 삭감)
  - 장애연금의 지급 조건 강화
    (장애연금을 활용해 조기에 노령연금을 수급하는 것을 억제)
  - 추가 연금납입 기간에 대한 연금기여율 확대
    (연금지급 개시연령 이후에도 연금보험료를 내는 경우 이 부분에 대해 더 높은 기여율을 인정)
- 둘째, 노인들이 오래 일할 수 있도록 일자리의 환경을 조성함으로써 은퇴를 연기하도록 유도한다. 이를 위한 정책은 다음과 같다.
  - 경제활동 촉진을 위해 정년퇴직과 같은 제도적 장애물을 제거
    (법적 은퇴 연령이나 기업 내 은퇴 사규를 완화하거나 폐지하도록 유도)

---

8) 우리나라는 이를 위해 노인장기요양보험제도를 2008년부터 실시하고 있다.

9) 공적연금은 사망 시까지 지급되는 것이기 때문에 물가의 인상에 따라 인상이 필요하다. 이때 인상을 위한 기준으로 무엇을 사용하느냐에 따라 인상률에 차이를 보이게 된다. 예를 들면 소비자물가상승률보다는 도매물가상승률이 더 낮고, 그보다는 세금 공제 후 소득증가율이 더 낮다. 따라서 어느 기준을 사용하느냐에 따라 연금의 인상폭이 차이를 보이게 된다.

• 노인에 대한 구직, 교육, 훈련 프로그램 강화
(은퇴 후 새로운 일자리를 가질 수 있도록 구직, 교육, 훈련 프로그램을 확대)

• 노인을 대상으로 근로 시간 및 임금제도 조정
(정규근로 시간 대신 일정 시간—예를 들어 월, 화, 수 오전 등—만 일을 할 수 있도록 조정함으로써 노인의 파트타임 근로에 대한 욕구를 충족)
(일정 연령이 되면 임금이 더 이상 오르지 않는 제도를 도입함으로써 노인 근로자를 고용하는 것에 대한 기업의 부담을 덜어 줌)

② 사회복지비용 절감을 위한 대책: 주로 의료비와 관련해 비용 상승을 억제할 수 있는 방안들을 모색한다.

- 의료시설 이용을 억제: 만성질환 노인을 대상으로 병원보다는 요양시설을 활용하고, 더 나아가 가정 내에서 필요한 서비스를 받을 수 있는 제도를 마련함으로써 가능한 고가의 의료서비스 이용을 자제한다.
(재가서비스 제도를 신설하거나 확충함으로써 만성질환 노인들이 집에서도 필요한 서비스를 받을 수 있도록 지원하고 이를 통해 값비싼 의료시설의 이용을 억제한다)
- 본임 부담금 등 의료이용 비용을 증가: 의료시설 이용 시 지불하는 본인부담금 등을 인상하여 도덕적 해이(moral hazard)에 따른 의료시설 이용을 줄이는 방안을 모색

위의 두 가지 방향이 노인을 대상으로 고령사회의 사회 경제적 문제를 해결하기 위한 것이라면 세 번째 방향은 전체 인구의 생산성을 향상시킴으로써 고령사회에 따른 여러 사회 문제를 해결하기 위한 전략이다.

- 여성의 경제활동 촉진을 위한 제도 도입
(육아와 경제활동의 병행을 지원하는 제도를 도입함으로써 여성의 경제활동 참가를 촉진)
- 근로자에 대한 교육과 훈련을 확대함으로써 생산성을 증진
(여성, 실업자, 장애인 등에 대한 교육과 훈련을 통해 이들이 가능한 생산성이 높은 일을 할 수 있는 환경을 제공)
- 빈곤 가정에 대한 경제적 지원을 강화
(빈곤 가정의 자녀가 충분한 영양과 지적 자극을 받을 수 있도록 경제적으로 지원함으로써 이들이 향후 생산성이 높은 일을 할 수 있는 환경을 제공)

선진 국가들의 경험이 모두 우리나라에 도입되어 효과를 볼 수 있는 것은 아니다. 이들 정책은 서구의 노인들을 대상으로 한 것이라는 점에서 우리나라 현실에 적합하지 않을 가능성도 있다. 한 예로 자녀의 지원을 당연하게 여기는 우리나라 상황에서 노인수발을 전적으로 사회의 책임으로만 돌리는 것은 노인의 삶의 질에 부정적 영향을 줄 가능성도 있다 이런 측면에서 우리나라 노인의 특성을 반영한 정책을 개발하고 실천하는 것이 무엇보다 중요하다. 다만 이들 정책이 가리키는 방향은 우리나라에서도 충분히 고려해 볼 만한 가치가 있다고 할 것이다.

2장 사회노년학: 이론적 접근

김영범

1. 이론이란 무엇인가?

우리는 사회현상을 우연이나 요행이 아니라 논리적인 설명을 통해 이해하고자 한다. 이론이 필요한 이유는 이론을 통해 사회현상을 논리적으로 설명할 수 있기 때문이다. 이론을 통해 우리는 발견된 현상을 논리적으로 설명할 수 있을 뿐만 아니라 관찰된 현상이 보편적인 것임을 확인할 수 있고, 아직 발견되지 못한 새로운 현상을 추측함으로써 새로운 경험적 현실을 발견할 수 있다.

그렇다면 이론은 어떻게 정의할 수 있는가? 이론을 우리는 '특정 사회현상을 나타내는 개념들이 서로 인과적으로 가정하는 둘 또는 그 이상의 일련의 명제들'로 정의할 수 있다. 즉, 개념들로 구성된 명제들을 연결함으로써 현상에 대한 인과관계를 정리한 것으로 이론을 정의할 수 있다. Bengtson과 Rice, Johnson(1999)은 이론을 '실증적 발견들을 이해하도록 하는 명백한 설명들의 구성(construction of explicit explanations in accounting for empirical findings)'으로 정의한 바 있는데, 이들은 특히 이론이란 사실을 단지 서술하는 것이 아니라 사실의 원인과 결과를 설명(explanation)하는 것이라는 점을 강조하고 있다. 이들은 이론의 역할을 크게 네 가지로 설명한 바 있는데, 참고로 살펴보면 다음과 같다.

첫째, 좋은 이론은 경험적 연구를 통한 발견들을 요약하며, 이러한 발견들을 관찰과 변수, 이론적 구성들 간의 연결을 설명하는 명백한 진술로 통합한다.

둘째, 좋은 이론은 경험적으로 나타난 현상들이 관계되어 있는 방식과 이유에 대해 논리적으로 통합하여 설명한다.

셋째, 이론에 기초한 연구는 이론에 의해 제시된 원리에 기초하여 새로운 경험적 발견을 가능하게 한다.

넷째, 좋은 이론은 문제를 해결하거나 상황을 개선하기 위해 지식을 적용하고 이러한 적용을 통해 이론을 발전시킨다.

요약하자면 현상에 대한 인과관계에 대한 진술인 이론을 통해 우리는 현상을 이해하고 예측하며, 개선을 위한 전략을 수립할 수 있다.

사회노년학은 노년기의 삶을 연구하는 학문이다. 따라서 노년학 이론은 노년기에 나타나는 다양한 삶의 변화와 그에 대한 개인적, 사회적 적응을 이해하고자 한다. 본 장에서는 우선 노년기의 행복한 삶을 위한 방안을 제시하는 세 가지 이론인 분리이론, 활동이론, 지속이론을 살펴보고 이어 생애주기 및 사회구조적 측면과 노년기의 삶을 연결시키는 생애주기적 접근과 연령층화 이론을 살펴보고자 한다.

2. 노년학 이론

1) 노후의 바람직한 적응

(1) 분리이론(Disengagement Theory)

분리이론은 구조기능주의적 사회이론을 기반으로 하여 노인의 삶을 설명한다. 구조기능주의는 첫째, 사회를 하나의 유기체와 유사한 것으로 이해하여 사회는 자기조절적인 체계로 구성되어 있다고 주장한다. 즉, 생명체의 목표가 항상성을 유지하는 것과 마찬가지로 사회 역시 유사한 상태를 유지하고자 하는 것이 목표라는 것이다. 구조기능주의는 사회제도를 기능으로써 이해하는데, 사회 내 다양한 제도들은 사회가 안정적이고 균형 잡힌 상태로 존속하는데 필요한 다양한 기능을 담당한다. 여기서 개인의 행동을 사회 전체의 균형에 맞추어 조정해 주는 역할을 하는 것이 가치(values)나 규범(norms)으로 사회의 불안정성을 제외하고 안정성을 유지하는 방향으로 개인의 행동과 사고를 규정한다.

그렇다면 근대사회에서 노인의 기능과 역할은 어떻게 변화되고 있는가? 구조기능주의에 의하면 전근대사회에서 근대사회로의 이행은 노인의 삶에 있어서 매우 중요한 변화를 가져온다. 산업화, 도시화, 관료제화 등을 포함하는 근대화는 노인의 역할과 지위에 부정적 효과를 가져오는 것으로 인식되고 있다(Cowgill, 1974). 근대화는 자영업자 대신 임금생활자를 증가시키는바 일정 연령이 되면 비자발적으로 노동시장에서 퇴출되는 '은퇴'가 확산되며, 이는 곧 노인층의 경제력 저하로 이어진다. 다른 한편으로 새로운 기술에 대한 요구는 노인이 갖고 있는 기술을 낡은 것으로 만들어 버리고 결과적으로 노인들의 경제활동을 어렵게 만드는 요인이 된다. 이와 더불어 대중 교육의 확산으로 인해 젊은 층이 노인에 비해 더 새롭고 현대적인 지식을 갖춤에 따라 노인의 사회적 영향력은 더욱 축소된다.

근대사회로의 이행이 노년들의 삶에 미친 영향에 주목한 분리이론은 크게 세 가지 주장으로 구성될 수 있다.

① 노인과 사회가 서로 분리되는 것은 자연적 현상이다
② 서로 분리되는 과정은 필연적이다
③ 서로 분리되는 것은 행복한 노후를 위해서는 필수적인 것이다.

분리이론은 사회가 지속되기 위해서는 노인들로부터 젊은 집단에게 권력을 이전하는 과정이 필요하다고 주장한다. 왜냐하면 노인은 시간이 지나면 죽음에 이르게 될 뿐만 아니라 젊은 집단이 새로운 지식과 기술을 더 많이 지니고 있기 때문에 이들이 사회의 권력을 장악하는 것이 사회의 존속에 더욱 유리하다는 것이다.

따라서 사회는 노인으로부터 젊은 집단에게로 사회의 권력을 이양하는 제도와 더불어 이러한 이전을 노인들이 자연스럽게 받아들이는 규범과 가치를 만들어 내게 되는데, 기업과 같은 조직에서 운영되는 은퇴제도가 권력의 이전을 보장하는 제도적 메커니즘이라면 일정 시기가 되면 일을 더 이상하지 않는다는 사회의 일반적인 관습은 권력의 이전을 지원하는 규범적 메커니즘이 되는 것이다.

이러한 과정은 사회 전체로 보면 최상의 지식과 기술을 갖고 있는 유능한 사람들로 하여금 사회의 중요한 기능을 담당하게 한다는 점에서 사회를 유지하는 데 유리하다. 다른 한편으로 이러한 과정은 개인에게도 유리한 것으로 이해되는데, 왜냐하면 나이가 들어감에 따라 사회적으로 더 적은 역할을 담당함으로써 개인적인 욕구나 취미를 위한 시간을 더 가질 수 있기 때문이다.

분리이론은 그러나 몇 가지 점에서 노인의 사회적 삶을 설명하는 데는 한계를 가진다(Cockerham, 1997). 첫째, 현실 속에서 모든 사람들이 자발적으로 사회생활과 분리되는 것을 좋아하지는 않는다는 점이다. 즉, 대부분의 노인들은 더 일을 하고 싶어 할 뿐만 아니라 자신이 가졌던 사회적 역할을 가능한 한 오래 유지하고 싶어 한다. 기업의 CEO나 국회의원, 정치인은 대부분 노년기의 사람들이 담당하며 이들은 신체적 능력이 한계에 부딪치거나 또는 선거나 이사회 등의 결정을 통해 더 이상 하지 못할 상황이 아니면 지속적으로 그 일을 유지하려고 한다. 둘째, 제도적인 측면에서도 분리를 위한 제도가 명확하지 않은 경우들을 발견할 수 있다. 대표적인 예로 의사나 변호사와 같은 전문직의 경우는 일반 기업과는 달리 은퇴를 위한 제도적인 장치가 존재하지 않는다. 이들 직업의 경우 자신이 원하는 한 그리고 그 일을 할 수 있는 능력을 보유하고 있는 한 일을 하는 것이 가능하다. 즉, 사회생활로부터의 분리는 대부분 자발적인 것이기보다는 강제적인 성격을 갖는 경우가 많다.

현실에서 나타나는 노인들의 삶과 다른 모습을 적절하게 설명하는 데는 실패한 것처럼 보이는 이론임에도 불구하고 분리이론은 사회의 제도적 측면과 개인의 삶을 연결시켜 설명하는 틀을 제공했다는 점에서 여전히 이론적으로는 중요한 의미를 갖는다. 우리 개인의 선택이나 행동은 사회적 관계나 제도와 무관하게 이루어지는 것은 아니다. 분리이론은 양자가 어떻게 결합되어 있는지에 대한 하나의 설명틀을 제공하고 있다는 점에서 이론적으로는 여전히 중요성을 갖는다.

(2) 활동이론(Activity Theory)

행복한 노후를 만들기 위해 필요한 것은 무엇인가? 활동이론은 이 문제에 대한 또 다른 해답을 제시한다. 활동이론은 분리이론과는 달리 노년기를 행복하게 보내기 위해서는 청 · 장년기 동안 해 온 다양한 사회활동을 유지하는 것이 필요하다고 주장한다.

왜 노년기의 사회활동이 문제가 되는가? 무엇보다도 이는 노년기에 나타나는 역할(role)의 변화, 상실 때문이다. 사회학에 의하면 역할이란 합의된 행동양식을 의미하는바 사회를 구성하는 다양한 위치(social position)로 인해 부여되는 행동양식을 의미한다(Biddle, 1986). 사람들은 성장하면서 자녀로서, 학생으로서, 부모로서, 직장인으로서 다양한 역할을 부여받는다.

그러나 노년기에 들어서면서 사람들은 중년기와는 다른 변화를 경험하게 된다. 우선 자녀가 성장함에 따라 자녀와 별거하는 상황에 직면하게 된다. 여전히 부모로서의 역할에 충실하고자 하지만 자녀와의 별거로 인해 부모로서의 역할은 과거에 비해 축소될 수밖에 없다. 다른 한편으로 직장에서의 은퇴 역시 노년기에 경험하는 역할의 축소를 가져오는 요인이다. 우리는 상당 부분 경제활동을 통해 자신이 누구인지, 어떠한 행동을 해야 하는지에 대한 기준을 부여받는다. 경제활동에 참여함으로써 우리는 조직 속에서 특정한 역할을 부여받고 새로운 사람을 만나고, 그들과 특정 역할 속에서 상호작용을 주고받는다. 경제활동 속에서 사람들은 사장, 과장 혹은 구매자로서 다른 누군가를 만나고 역할 속에서 다른 사람과 상호작용을 지속한다.

나이가 들면 누구나 은퇴를 경험한다. 경험적 연구에 의하면[1] 비록 은퇴가 단번에 이루지는 과정이 아니라 시간을 가지고 지속되는 과정임에도 불구하고 은퇴는 누구나 경험하게 되는 현실이다. 은퇴가 노년기에 갖는 중요성은 일을 하지 않는다는 점에 국한되는 것은 아니다. 은퇴가 노년기에 갖는 중요성은 무엇보다도 경제활동을 하면서 얻게 되는 다양한 역할이 노년기로 접어들면서 급속히 축소된다는 점이다. 즉, 경제활동을 하지 않음으로써 일뿐만 아니라 일을 통해 맺어졌던 다양한 사회관계들을 상실하게 된 것이다.

배우자의 사망 역시 노년기에 경험하는 중요한 경험이다. 남편 혹은 아내로서의 역할은 일상생활 속에서 행동과 사고를 규정하는 가장 중요한 요인 중 하나이다. 그러나 배우자의 사망은 이러한 행동과 사고를 규정하는 역할이 상실됨을 의미한다.

은퇴, 배우자의 사망, 자녀와의 별거 등 노년기에 나타나는 다양한 역할의 변화가 노년기의 행복에 어떠한 영향을 주는가? 여기서 다시 역할의 의미를 생각해 보자. 역할은 내가 누구인지 규정하는 정체성을 부여하고, 행동의 규범을 제시한다. 사람들은 자신들에게 주어진 역할 속에서 자신이 누구인지 인식하고 그러한 인식에 바탕을 두고 행동하는 가운데 긍정적인 평가를 받음으로써 행복감을 느낀다(Lemon et al., 1972). 따라서 노년기의 삶을 역할의 상실로 특징지을 수 있다면 우리는 노년기를 행복하기 어려운 기간으로 예측할 수 있을 것이다.

그렇다면 우리는 노년기의 삶을 어떻게 행복하게 유지할 것인가? 이에 대한 해답은 역시 '역할'에서 찾을 수 있다. 활동이론은 노년기의 삶이 행복하기 위해서는 상실된 역할을 대체하는 새로운 역할을 찾는 것이 중요하다고 주장한다. 역할이 사회활동을 통해 부여된다는 점에서 청·장년기에는 하지 않던 새로운 사회활동을 통해 역할을 부여받을 수 있다면 노년기 역시 행복할 수 있다는 것이다.

그렇다면 사회활동의 참여는 노년기의 행복감을 증진시키는가? 다양한 경험적 연구는 그

---

1) 우리나라 및 서구의 은퇴과정에 대한 연구는 사람들은 자신이 오랫동안 일해 온 주 직장에서 은퇴한 뒤 경제활동에서 완전히 벗어나는 것이 아니라 주 직장에서의 퇴직 후 여러 가지 다른 직업을 경험하다가 완전히 은퇴하는 것으로 알려져 있다(장지연, 2003).

러나 일관된 모습을 보이지는 않고 있다. 어떤 연구는 사회활동을 많이 하는 노인들이 그렇지 않은 노인들에 비해 행복하다는 결과(Lemon et al., 1972)를 제시하기도 하지만 그 관계가 분명하지 않다는 연구 결과 역시 다양하게 제시되고 있다(Reitzes, Mutran & Verrill, 1995; Litwin & Shiovitz-Ezra, 2006).

그렇다면 왜 상반된 결과들이 나타나는가? 우선 사회활동 참여가 모두 '역할'을 부여하지는 않는다는 점이다. 예를 들면 배드민턴 모임에 참여하는 것과 종교활동을 열심히 하는 것은 모두 사회활동이기는 하지만 역할의 의미는 상이하다. 배드민턴 모임의 경우 회원으로서 다양한 상호작용의 기회를 제공하지만 종교활동은 신과 나와의 일 대 일 관계를 강조한다는 점에서 다양한 상호작용의 기회를 제공하지는 않는다(김영범 · 이승훈, 2008). 다른 한편으로 사회활동을 어떻게 측정할 것인가의 문제 역시 다른 결론에 도달하는 요인이 되기도 한다. 즉, 사회활동은 참여 횟수뿐만 아니라 참여활동의 종류, 참여 시 헌신 정도 등 다양한 측면에서 측정 가능한데, 서로 다른 측면을 조사한 경우 종종 다른 결론에 도달하게 된다.

우리는 지금 노년기의 행복을 위해 어떠한 삶을 살아야 하는가에 대해 상반된 해답을 제시하는 두 가지 이론을 검토하였다. 분리이론은 사회생활과의 분리를 해답으로 제시하는 반면, 활동이론은 더 많은 사회생활을 요구한다. 경험적 연구 결과는 두 대답 중 활동이론이 더욱더 현실에 가깝다는 평가를 내리고 있기는 하지만 무엇이 정답인지 명확한 대답을 내리기에는 아직 더 많은 연구가 필요한 듯하다.

여기서 우리는 한 의문을 제기할 수 있다. 그럼 모든 사람이 분리이론이나 활동이론이 주장하듯 한 가지 길로 나아가야 하는가? 사람에 따라 다른 길을 선택하는 것이 더 행복한 노년기를 위한 방편은 아닐까?

지속이론(Continuity Theory)은 이러한 질문으로부터 출발한다. 이제 행복한 노년기를 위한 제3의 해답을 제시하는 지속이론에 대해 알아보자.

(3) 지속이론(Continuity Theory)

지속이론 역시 노년기 삶에 대한 바람직한 적응은 무엇인가라는 문제의식으로부터 출발한다. 지속이론은 우선 노화에 따른 사회적, 신체적 변화에 적응하는 데 있어서 가장 좋은 선택은 기존에 스스로 확립한 내적, 외적 구조들을 지속하고 유지하는 것이라는 점을 강조한다(Acthley, 1989).

지속이론에 의하면 사람들은 살아오면서 자신이 누구인지 어떤 사람인지에 대한 정체성을 확립해 나아간다. 지속이론은 청 · 장년기 동안 확립된 자신의 정체성을 노인이 되어서도 유지하는 것이 행복한 노년을 위하여 가장 바람직한 선택이라고 주장한다. 구체적으로 지속이론은 노년기에도 내적 지속성(internal continuity)과 외적 지속성(external continuity)을 유지하는 것이 중요하다고 주장한다. 내적 지속성이란 자기가 누구인가라는 상(像)에 대한 지속성을 의미하는 것으로 자신이 생각하는 나, 타인이 생각하는 나라는 관점에서 일관성을 유지하는 것을 말한다. 다른 한편으로 외적 지속성이란 외부 환경의 지속성을 의미한다. 즉, 친숙한 기술을 사용하고 잘 알고 있는 환경에서 거주하는 것 등이 외부 환경의 지속성과 관련된다.

그렇다면 왜 자신과 외부 환경의 지속성을 유지하는 것이 노년기의 행복과 관련되어 있는가? 첫째, 개인은 일상생활에서 다양한 결정을 내리게 되는데, 이러한 결정을 위해서는 자신에 대한 일관된 평가가 요구된다. 즉, 내가 누구인가에 대한 일관된 평가는 다양한 결정이 요구되는 상황에서 일관된 결정을 내릴 수 있는 토대가 된다. 둘째, 나를 타인에게 이해시킨다는 점에서도 지속성이 요구된다. 즉, 나의 일관된 태도와 행동은 나를 이해 가능한 사람으로 타인에게 인식시킴으로써 원활한 의사소통을 보장하고 필요한 외부 자원을 얻는 데 기여한다. 셋째, 외부의 자원을 안정적으로 지원받는다는 측면에서도 지속성이 필요하다. 다시 말해 가족, 친구, 이웃 등과 안정적인 관계가 유지되어야만 필요한 경우 쉽게 도움을 받을 수 있다.

물론 청 · 장년기 동안 형성된 자신에 대한 정체성, 사고, 가치, 행동 등이 고정된 채 유지되는 것은 아니다. 앞서 살펴보았듯 노년기의 삶에서 나타나는 다양한 변화는 삶의 방식의 변화를 요구하기 때문이다, 지속이론이 강조하는 바는 변화에 대응하는 노인들은 삶의 지속성을 가능한 유지하는 방향으로 사고와 행동을 선택한다는 것이다.

결과적으로 지속이론은 노년기의 바람직한 삶에 대해 분리이론이나 활동이론과는 상이한 대안을 제시한다. 즉, 지속이론은 노년기의 바람직한 삶은 사회활동에서 전반적으로 철수하거나 또는 대안적인 사회활동에 적극적으로 참여하는 것이 아니라 자신이 쌓아 온 정체성을 유지하는 것에 있다고 주장한다.

2) 사회구조와 노인의 삶

(1) 생애주기모델

노년기는 출생에서 사망에 이르는 생애과정(life cycle) 중 한 부분이다. 따라서 노년기의 삶을 분석하기 위해서는 노년기의 삶을 생애과정의 한 부분으로 파악하여 청년기나 장년기와 다른 특성이 무엇인지 그리고 그로 인해 삶이 어떻게 변화해 가는지 분석하는 것을 요구한다. 흔히 생애주기모델로 불리는 입장은 이론으로서 명확한 인과관계를 주장하기보다는 분석을 위한 시각의 측면으로 이해되고 있다. 생애주기모델은 우선 역할(role)에 주목한다. 역할이란 '합의된 행동양식'을 의미하는바 사회를 구성하는 다양한 위치는 그에 적합한 행동양식을 부여한다(Atchley, 2000). 예를 들면 학생이라는 구조적 위치는 학생으로서 기대되는 행동양식을 부여하며, 부모라는 구조적 지위는 마찬가지로 부모로서 기대되는 행동양식을 부여한다.

사람들 사이의 관계는 역할을 통해 연결되며, 역할을 통해 사람들은 타인을 이해하고 자신을 이해한다. 선생님과 학생은 스스로와 상대방의 역할에 대한 기대 속에서 상호작용을 유지하며, 부모와 자녀의 상호작용 역시 역할에 대한 인식 속에서 가능하다.

생애주기모델은 개인을 사회적 존재로 파악하여 나이에 따라 개인들의 역할이 어떻게 변화되고 있는지를 검토한다(Hagestad, 1990). 생애주기모델은 나이에 따라 변화하는 역할에 주목하는데 이 입장은 역할이 나이에 따라 규정된다는 점을 강조한다. 이른바 나이에 따른 규범(Age norm)은 나이에 따라 역할이 부여되며, 역할 수행에 대한 사회적 합의가 있음을 의미한다. 예를 들면 우리는 20대에 해야 할 역할과 50대에 해야 할 역할을 구분한다. 20대에는 교육을 받거나 결혼을 준비하는 반면, 50대에는 은퇴를 준비하는 것이 일반적이다. 다른 한편으로 동일한 역할 역시 나이에 따라 상이한 기대를 하는 것도 가능하다. 예를 들면 동일한 어머니라는 역할이지만 20대 초반의 젊은 여자와 50대 후반 중년 부인에 대해 기대하는 바는 상이할 수 있다.

다른 한편으로 나이에 따른 역할이 고정되어 있지 않다는 점 역시 분명하다. 예를 들어 일반적으로 40대 남성은 경제활동에 대한 역할이 강조되는 반면, 같은 나이의 여성에 대해서는 가족 내 서비스에 대한 역할이 강조된다. 이러한 예는 동일한 연령대라 할지라도 성에 따라 강조되는 역할이 상이할 수 있다는 점을 보여 준다. 생애주기모델은 나이의 변화에 따른 역할의 변화를 밝혀내는 것과 더불어 역할이 사회 경제적 특성에 따라 혹은 역사적으로 어떻게 변화되고 다양화되는지를 분석한다(Hagestad, 1990).

그렇다면 역할과 관련해 노인들에게 부여된 역할은 무엇인가? 노인들이 역할과 관련해 경험하는 몇 가지 변화가 특히 중요하다(Atchley, 2000). 첫째, 자녀와의 별거를 들 수 있다. 자녀들이 성장함에 따라 교육이나 경제활동 등을 이유로 부모를 떠나가게 되면 점차 노인들은 부모로서의 역할을 과거만큼 지속하기 어렵다.[2] 둘째, 경제활동으로부터의 은퇴 역시 중요한 의미를 갖는다. 사람들은 경제활동을 통해 다양한 역할을 얻게 되는바 은퇴는 이러한 역할의 중지를 의미하기 때문이다. 셋째, 나이가 들어감에 따라 배우자의 사망을 경험하게 되는데

2) 자녀와의 별거는 자녀와의 접촉이 완전히 중지됨을 의미하는 것이 아니라 접촉 빈도가 감소함을 의미한다.

이 점 역시 중요한 의미를 갖는다. 배우자의 사망은 일상생활의 근본적인 변화를 요구한다. 즉, 배우자와 함께하던 시간, 공간, 활동이 모두 변화되어야만 하는 상황에 직면하게 되는 것이다. 넷째, 건강 상태의 악화에 따른 의존성 증가 역시 중요한 변화이다. 나이가 들어감에 따라 건강 상태가 나빠지게 되고 결국 자녀에게 많이 의존하거나 또는 시설에 입소하여 삶을 지속해야 하는 상황에 직면하게 된다. 이러한 변화에 대한 적응이 쉬운 것은 아니다. 종종 노인들은 스스로의 변화에 화를 내거나 우울해지는 경우도 있으며, 새로운 역할에 쉽게 적응하지 못하는 경우가 나타날 수 있다.

노년기에 나타나는 역할 변화에 대해 흔히 역할의 상실(role loss)을 강조하기도 한다. 즉, 새로운 역할은 나타나지 않는 반면 기존의 역할들은 점차 사라지는 경험을 하게 된다는 것이다. 다른 한편으로 역할의 단절을 경험하기도 하는데, 이는 기존 역할이 갖는 가치나 규범이 새로운 역할이 부여하는 가치나 규범과 충돌하는 경우를 의미한다. 예를 들면 직장 생활이 부여하는 성실함에 대한 가치는 은퇴 후 생활이 부여하는 여유로운 삶의 가치와 충돌할 수 있다.[3)]

이러한 역할의 변화가 노인의 삶에서 부정적인 결과를 초래하는 것만은 아니다. 생애주기 모델은 연령에 따른 역할의 변화에 있어서 사회집단에 따른 또는 개인에 따른 다양성을 강조한다. 노인의 경우 기존의 역할이 상실된다는 사실은 새로운 역할을 선택할 수 있는 가능성이 확대됨을 의미할 수도 있기 때문이다. 앞서 살펴본 노인의 역할 변화에 대해 다수의 노인들은 일시적으로 부정적 경험을 하기도 하지만 장기적으로는 삶에 부정적인 영향을 주는 것 같지는 않은 것으로 알려져 있다(Atchley, 2000).

(2) **연령층화 이론**(Age Stratification Theory)

앞서 생애주기모델에 의하면 특정 연령대는 그 연령대이기 때문에 갖는 특수한 사고, 역할, 행동이 있다는 점을 강조하였다. 그러나 386세대의 20대, 즉 1980년대에 20대인 사람과 2010년 현재 20대인 사람은 20대로서 유사한 부분이 있는 반면, 사회와 개인에 대한 생각에 있어서는 매우 다른 모습을 보일 가능성 역시 배제할 수 없다. 즉, 동일한 연령대라 할지라도 자신이 살고 있는 사회의 특성에 따라 상이한 경험을 할 뿐만 아니라 상이한 가치와 행동 패턴을 보일 수 있다는 점이다. 노인 역시 자신이 과거 경험한 사회적 분위기와 역사 그리고 노인으로서 살고 있는 사회의 환경과 조건 등에 따라 같은 연령대라 할지라도 과거의 노인과

3) 노년기 역할 변화에 대해서는 Harris(2007)를 참조.

현재의 노인은 서로 상이한 모습을 보일 가능성이 크다.

사회과학에서는 이를 코호트(cohort)로 개념화하는데, 이는 상이한 역사적 경험을 토대로 사고나 행동 패턴이 다른 연령 집단을 의미한다. 코호트는 흔히 세대로 번역되는데, 사회과학에서 세대(cohort)가 되기 위해서는 두 가지 조건을 충족해야 한다. 첫째, 나이가 유사한 사람들의 집단이어야 한다. 예를 들면 베이비 붐 세대는 1950년대 후반에서 1960년대 초반까지 출생한 사람들로 나이가 유사하다. 둘째, 나이의 유사성을 넘어서서 연령집단이 세대가 되기 위해서는 그 집단만의 독특한 문화적, 사회적 경험을 통해 가치, 규범, 행동양식 등에 있어서 이전 세대와는 다른 모습을 보여야만 한다(박재홍, 2001, 2009). 즉, 세대는 '동일한 역사적 · 문화적 권역에서 비슷한 시기에 출생하여 역사 · 문화적 경험을 공유하고 그에 따라 유사한 의식과 행위양식을 갖는 사람들'로 규정된다(박재홍, 2001). 우리나라의 경우도 식민지 세대, 한국전쟁 세대, 베이비 붐 세대, 386세대 등 연령과 역사적 경험의 측면에서 다양한 세대를 구분할 수 있다.

이러한 관점을 노년학에 접목하여 연령층화 이론은 사회란 다양한 세대들로 구성되며 특정 세대는 생애주기에서 독특한 역사적 경험과 역할을 배분받게 된다고 주장한다. 따라서 이 이론은 노인의 삶을 이해하기 위해서는 이들이 살아오면서 경험한 독특한 역사와 사회구조를 이해하는 것이 중요하다는 점을 강조한다. 즉, 사회는 세대의 연속 속에서 변화하게 되고, 변화하는 사회구조 속에서 상이한 세대는 상이한 역할과 가치, 태도를 배우게 된다.

다른 한편으로 동일한 역사적 경험이 세대에 따라 상이하게 이해될 수 있다는 점 역시 강조되어야 한다. 한 예로 우리나라의 1980년대 민주화에 대해 386세대는 성취로 이해할 수 있지만 당시 초등학생에게는 아무런 의미 없는 사회적 혼란으로 이해될 수도 있다는 점이다. 따라서 연령층화 이론은 동일한 역사적 사건이 세대에 따라 다르게 이해되고 상이한 경험으로 인식되게 된다는 점을 강조한다.

연령층화 이론은 거시적 사회변동과 미시적 생애주기를 연결시키고 있다는 점에서 장점을 갖는다. 그러나 연령이 사회구조에 대한 경험을 결정짓는 가장 중요한 변수인가? 연령층화 이론은 세대에 따른 경험의 차이를 강조한다. 그러나 한편으로 동일한 세대 내에서도 동일한 사건이 상이하게 이해될 가능성 역시 배제할 수 없다(Streib & Carroll, 1984). 한 예로 무상급식에 대한 우리 사회의 인식 혹은 고교 평준화에 대한 우리 사회의 인식은 세대 간 차이라기보다는 사회 경제적 차이에 기인하는 바가 크다. 즉, 연령층화 이론은 세대에 대한 배타적인 강조로 인해 사회적 사건에 대한 인식이나 사회변동을 낳는 다양한 요인들을 분석하기 어렵다는 한계를 갖는다.

3. 사회노년학 이론의 미래

앞서 살펴본 이론은 사회노년학의 이론 중 일부분에 불과하다. 사회노년학 이론을 몇 가지로 유형화한 연구들(Marshall, 1999; Hendricks, 1992)에 의하면 사회노년학 이론은 개인/구조의 차원과 이론적 토대의 차원으로 나누어 볼 때 매우 다양하다는 점을 확인할 수 있다.

〈표 2-1〉 사회노년학 이론의 분류

시기/초점	하위 유형	이론적 토대	주요 연구자
정의 시기(1960년대) /개인	분리이론 활동이론 하위문화이론 지속성 이론	기능주의 상징적 상호작용론 상징적 상호작용론 상징적 상호작용론	Cumming and Henry, Williams and Wirths Havighurst, Maddox, Palmore Rose Atchley
반의 시기(1970년대) /구조	연령 계층화 이론 현대화 이론	기능주의 기능주의	Riley, Foner Burgess, Cowgill Estes, Guillemard,
합의 시기 (1970년대 중반) /개인-사회연계 의도 /권력과 정치	정치 경제학이론	마르크스주의 Weber의 지배 사회학	Marshall, Myles Walker
	생애과정 접근	Mead	Bengtson, Elder, Marshall, Matthews, Ryff
	해석학	Foucault, Mead, Schutz Weber	Breytspraak,Gubrium, Hendricks, Marshall Binstock, Estes

자료: 윤현숙 · 김영범 · 허소영, 2006.

그러나 다른 사회과학분야와 비교해 볼 때 사회노년학분야는 여전히 이론적 접근에 비해서는 상대적으로 경험적 연구가 풍부한 분야로 이해되고 있다. 한 학자는 이러한 현상을 자료의 과잉과 이론의 부재(Bengtson, et al., 1997)로 꼬집기도 한다. 서구의 경우 사회노년학이 주로 응용 학문으로 이해되고 있다는 점에서 이론의 부족은 이해할 수 있다. 그러나 사회노년학이 응용 학문으로서 발전하기 위해서라도 순수학문으로서의 이론적 탐구와 함께 고령화와 노인의 문제를 점검할 필요가 있다는 점 역시 부인하기 어렵다(윤현숙 · 김영범 · 허소영, 2006).

마지막으로 사회노년학 이론이 지향해야 하는 바에 대한 몇 가지 제안으로 이 장을 마치고자 한다.

첫째, 서구의 이론화 작업과는 별개로 우리나라 노인의 삶에 대한 독자적인 이론화 작업 역시 필요하다. 물론 우리나라의 근대화가 서구화였다는 점에서 서구 이론을 우리나라에 적용하는 것은 우리나라 노인의 삶을 이해하는 데 기여할 수 있다. 즉, 서구 이론을 우리나라 노인에게 적용함으로써 서구와 우리나라의 근대화로 인해 공통적으로 나타나는 특징이나 현상을 설명할 수 있다.

그러나 우리나라만의 고유한 문화적 전통이 노인의 삶을 서구와는 다른 맥락에서 규정한다는 점에서 우리나라 노인의 삶에 기반을 둔 이론화 작업 역시 한국 노인의 삶을 이해하기 위해서는 매우 시급한 과제가 아닐 수 없다. 예를 들면 서구의 노인들은 독립성을 강조하여 노인이 되어서도 자녀들로부터 지원받는 것에 대해 부정적인 인식이 강하지만 우리나라 노인들은 효 문화로 인해 비교적 자녀로부터의 지원을 긍정적으로 인식한다(김영범 · 박준식 · 이기원, 2008).

둘째, 다양한 사회 경제적 요인들과 노인이라는 요인이 어떻게 결합하고 상쇄되는지에 대한 이론화가 필요하다. 예를 들면 성에 따라 노화의 경험이 차이를 보이는가는 매우 중요한 연구 과제가 아닐 수 없다. 성에 따른 차이와 노화에 따른 변화가 상호 어떻게 연결되는지에 대해서는 아직까지 많은 연구가 진행된 바 없다. 다른 한편으로 사회계층에 따라 노화는 어떤 영향을 미치는지 역시 매우 중요한 연구 과제가 아닐 수 없다. 경제활동 시기 동안 나타난 사회 경제적 차이는 노화로 인해 축소되는가 아니면 여전히 반복되는가? 노인으로서 정체성과 계급으로서의 정체성 중 무엇이 더 강조되는가? 등 사회 집단을 구분하는 여러 가지 사회 경제적 특징이 노화과정과 어떤 연관성을 보이는지에 대해서도 심도 깊은 추가 연구가 요구되고 있다.

3장 노화에 대한 이해

임연옥

누구나 노화과정을 경험하고 또 피할 수 없는 것임을 인정하지만 노화라는 현상을 간단명료하게 설명하기란 쉽지 않다. 이 '노화'라는 개념은 학문에 따라, 문화에 따라, 그리고 개개인에 따라 다르게 이해되고 있기 때문이다. 본 장에서는 노화를 어떠한 관점에서 이해할 것인지 그리고 노화과정은 어떻게 진행되는지에 대해 살펴보고자 한다.

1. 노화를 어떻게 정의할 것인가?

노화라고 번역되는 'Aging'은 '나이를 먹음'을 의미하며 노화로 번역된다(김미혜 · 신경림, 2005). 그런데 이 노화를 보는 관점은 크게 생물학자와 발달학자들 간에 구별된다. 전통적인 생물학자들은 '성장'을 수정부터 성숙에 이르는 순간까지 일어나는 신체적 변화과정으로 그리고 '노화'를 유기체의 세포, 조직, 기관 등이 쇠퇴하기 시작하여 불가피하게 죽음에 이르는 과정으로 정의한다(Sigelman, Shaffer, 1995). 다시 말해 노화란 신체, 생리적인 기능이 절정의 순간을 거친 후 한참 그 효율성을 유지하다가 서서히 감퇴해 가는 과정이다(김애순, 2004). 생물학자들의 관점에서 인간의 발달은 두 부분으로 나누어지는데, 긍정적인 변화가 많이 일어나는 인생 초반기의 성장과 퇴화로 일컬어지는 부정적인 변화가 많이 일어나는 인생 후반기의 노화로 구분된다(Sigelman, Shaffer, 1995).

이처럼 기능이나 능력의 감퇴를 노화로 보는 생물학적 관점을 바탕으로 일반적으로 시간의 경과에 따른 신체적 변화뿐만 아니라 심리적, 사회적 변화와 기능의 저하에 적응하는 과정(이호선, 2005)을 노화로 이해하는 경향이 많다. 그래서 노화라고 하면 노년기에 겪게 되는 육체적 능력과 기능의 저하뿐만 아니라 기억력 감퇴 및 감각·지각·반응 시간의 지연과 같은 심리적 기능의 저하, 그리고 사회적 역할의 상실 등으로 이해하기도 한다.

한편, 대다수의 발달학자들은 이러한 생물학자들의 관점을 거부하면서 노화라는 단어를 보다 더 넓은 범위에서의 변화로 설명한다. 이들은 인간의 노화는 곧 인간이 발달하는 과정이며, 정자와 난자가 수정하는 자궁에서부터 죽음에 이르러 무덤에 들어가는 순간까지 인간에게 일어나는 체계적인 변화과정으로 이해되어야 함을 주장한다(Sigelman, Shaffer, 1995).

인간은 인생주기의 각 단계마다에서 긍정적 변화와 부정적 변화 또는 중성적인 변화를 동시에 경험한다(Baltes, Smith, Staudinger, 1992; Sigelman, Shaffer, 1995). 우리는 아기가 이가 나기 시작하면 점차 엄마 젖을 빠는 행위를 더 이상하지 않게 되고, 청소년은 신체적으로 성숙하게 되면서 더 이상 부모에게 의존하지 않게 됨을 지켜본다. 노인은 청력과 기억력 등이 점차 떨어지지만 삶을 살아가는 실용적인 지혜를 더 갖게 되며, 일을 추진하는 체력과 민첩성은 줄어들지만 일에 대한 판단력 그리고 정확성과 조심성은 증가함을 보곤 한다. 이러한 예들을 통해서 획득과 손실, 즉 긍정적인 변화와 부정적인 변화가 각 인생의 단계에서 거듭되어 일어나고 있음을 알 수 있다.

발달학자들은 노화는 전 생애를 통해 신체적, 심리적, 사회적으로 변화를 경험함에 있어서 나타나는 획득과 손실 그리고 중성적 변화들을 모두 포함한 발달과정이라고 정의하고, 노화를 단지 쇠퇴, 감퇴 또는 손실과 동일시하여 보는 관점을 지지하지 않는 것이다. 이러한 맥락에서 노화는 감퇴(decline), 변화(change), 발달(development) 이 세 차원의 의미를 가지고 있다는 Vaillant & Mukamal(2001)의 설명이 인간의 노화현상을 이해하는 데 보다 설득력 있다고 생각된다.

2. 노화과정은 어떠한가?

노화과정을 올바르게 이해하기 위해서는 출생 직후부터 죽음에 이르는 순간까지의 신체 변화, 심리 변화, 사회적 역할 변화의 전 과정을 이해하는 것이 우선되어야 한다. 하지만 한

정된 시간과 제한된 지면을 통해 전 생애의 변화를 이해하는 것은 무척 어려운 일이다. 본 장에서는 인생주기 중 노년기에 주로 경험하게 되는 생물학적, 심리적, 사회적 변화를 살펴보고자 한다.

1) 생물학적 노화

(1) 생물학적 노화현상

생물학적 노화는 시간이 흐름에 따라 신체에 나타나는 정상적인 변화이다. 정상적인 생물학적 노화는 모든 사람에게 보편적으로, 장기간에 걸쳐 점진적으로 일어나며, 그 변화의 원인이 신체 내적인 요인에 의해서 발생하여 치료나 회복이 불가능하고, 결국 생명의 종식을 가져온다는 특성을 지닌다(Rockstein, Sussman, 1977). 본 장에서는 생물학적 노화를 외모의 변화와 생리기관의 변화를 통해 살펴보겠다.

교과서 삽화에 등장하는 노인들의 모습은 주로 흰 머리, 대머리, 이마와 눈가의 주름살, 돋보기 그리고 구부정한 자세 등으로 묘사된다. 노인을 이렇게 묘사하는 것은 신체적 노화에 있어서 가장 눈에 띄는 변화가 외모의 변화이기 때문이다. 노년기에 들어서면 서서히 머리카락이 가늘어지고 숱이 줄어들기 시작하며, 피부는 수분과 피하지방이 줄어듦에 따라 얇아지고 탄력이 줄 뿐만 아니라 온도에도 더 민감해진다. 그리고 50대 후반부터는 척추 디스크의 수분이 감소하고 디스크가 얇아짐에 따라 키가 줄어들며, 목과 등이 약간씩 굽기 시작하여 자세도 변한다. 그리고 팔과 다리의 근육은 줄어들어 가늘어지고, 허리를 중심으로 지방이 늘어나면서 몸통은 둥글둥글해진다. 또한 치아의 색깔이 누렇게 변하기 시작하고, 치주 질환이 늘어나며 치아 숫자도 줄어들게 된다.

눈으로 먼저 알게 되는 외모의 변화와 달리 신체 생리기관들의 변화는 생활 속에서 경험하게 된다. 나이가 들어가면 치아 기능이 감퇴되고, 음식이 식도에서 위에 도착하는 시간이 길어지고, 위의 수축작용이 약화됨에 따라 속이 더부룩하거나 소화가 잘 안 되는 느낌을 받기도 한다. 그리고 침·소화효소·위액 등의 분비가 줄어들어 소화능력이 저하되고, 대장의 운동성이 떨어지면서 변비가 생기기도 하고 일부 영양소를 잘 흡수하지 못함으로써 빈혈이 생기기도 한다.

나이가 들어감에 따라 심장의 박동 수가 감소하지만 이로 인해 심장의 기능이 떨어지고 생명유지에 치명적인 영향을 미친다는 직접적인 증거는 없다. 하지만 심장의 수축과 이완에서 생기는 변화로 인해 신체 각 부위에 피가 공급되는 효율성이 낮아지게 된다. 그리고 콜레스테롤이 동맥과 같은 혈관에 축적되어 혈관 벽이 두꺼워지고 탄력이 줄어들면서 혈액순환에 문제가 생길 수 있다. 호흡을 담당하는 폐는 폐활량은 줄어드는 반면 폐 잔존량은 증가하게 되어 운동이나 빠른 걸음 후에 숨이 차게 된다.

일반적으로 심장을 제외한 대부분의 장기는 나이가 들어가면서 그 크기와 무게가 감소하는데, 간과 신장 역시 마찬가지이다. 이로 인해 간은 약물을 분해하는 능력이 떨어지고, 신장은 신장혈관의 경화로 인해 신장 여과율이 낮아진다. 그리고 방광은 그 근육이 약해지고 방광 용적이 줄어들게 됨에 따라 배뇨 빈도가 증가하게 되며 특히 야간 배뇨 횟수가 늘어남에 따라 숙면을 방해받게 되기도 한다. 남성의 경우에는 전립선 비대로 인한 배뇨장애를 겪게 된다.

내분비계의 경우 생리적 균형 상태를 유지하는 호르몬 분비에 변화가 생기는데, 대표적으로 남성은 테스토스테론, 여성은 에스트로겐의 분비가 줄어든다. 그리고 췌장에서도 인슐린을 처리하는 기능이 약화될 뿐만 아니라 갑상선에서의 부신피질 호르몬의 분비에도 변화가 생긴다.

이상에서 살펴본 생물학적 노화현상은 개인들 간에 차이가 생기며 개인 내에서 차이도 나타난다. 나이가 같더라도 더 젊어 보이는 사람이 있고 더 늙어 보이는 사람이 있는 것처럼 사람들이 경험하는 생물학적 노화의 증상이나 정도, 진행속도 등은 서로 다르며 이러한 개인들 간의 차이는 고령으로 갈수록 더욱 크게 벌어진다. 이러한 차이는 유전적인 체질과도 관계가 있지만 생활방식에 의해서도 크게 좌우된다. 한 사람이 경험하는 신체 기관들의 변화에 있어서도 차이가 있는데 예를 들면 매우 일찍 진행되어 돋보기를 40대 초반에 쓰게 된 반면 심폐기능은 오랫동안 젊은이 수준을 유지하는 경우가 있다. 즉, 한 사람이 지닌 모든 신체 기관이 동일한 속도로 노화가 진행되는 것은 아니라는 것이다. 한 사람이 경험하는 이러한 경험의 차이는 유전, 생활방식, 영양 상태, 신체활동 정도 그리고 환경 등의 영향을 많이 받는다.

이상에서 살펴본 외모의 변화가 개인의 자존감과 자아상에 영향을 미친다면(김애순, 2004), 생리기관의 변화는 질병으로 연결되어 건강하고 독립적인 생활을 위협할 뿐만 아니라 노인에게 불안, 욕구불만, 스트레스와 같은 심리적인 반응을 가져온다(김태현, 1994).

(2) 생물학적 노화와 질병과의 관계

사람들은 노년기에 경험하는 노화를 질병으로 판단하기도 하고, 질병의 원인이 노화나 나이와 상관이 없음에도 불구하고 질병을 노화로 동일시하는 경우도 있다. 노년에 골밀도가 감소하는 노화현상을 질병으로 설명하거나, 흡연으로 인해 폐암에 걸린 노인이나 피부암에 걸린 농사를 지어온 노인에게 이 질병들을 나이가 들어 나타난 노화현상으로 설명하는 경우가 있다. 그런데 이것은 옳지 않다. 노년기에 걸리는 여러 질병들은 노화와 상당히 복잡하게 얽혀 있기 때문에 이 둘 간의 관계를 주의해서 살펴보아야 한다.

나이가 들어 노년이 되면 심폐 기능, 내분비 기능, 신경 기능, 면역 기능, 운동 기능, 내장 기능 등 생체의 기능이 저하됨에 따라 질병에 대해 더 취약해질 수 있는데, 예를 들면 골밀도 감소로 인해 골다공증을 앓게 되거나 췌장의 인슐린 조절 기능의 저하로 당뇨병에 걸릴 수 있다. 반면 순환기 질환이나 당뇨병, 기관지염 등으로 인해 생물학적 노화가 더욱 촉진될 수도 있다. 따라서 노화와 질병이 서로 다름에도 불구하고 이를 완전히 따로 구분하여 설명하기란 쉽지 않으며 어디까지가 노화이며 어디까지가 질병인지 감별하기 어려울 때가 많다(김성연, 2000).

(3) 생물학적 노화 이론의 흐름

생물학적 노화의 원인을 규명하고자 하는 인간의 노력은 히포크라테스로부터 시작하여 지금 이 순간에도 계속되고 있다. 현재까지 소개된 노화 이론을 살펴보면 크게 두 갈래로 이해되는데 하나는 노화를 발생학적 구조 내에서 이미 체계적으로 예정되어 있는 과정으로 보는 예정이론(프로그램이론) 계열이며, 다른 하나는 외부 환경의 자극 또는 스트레스가 축적되어 유기체를 손상시키는 것으로 보는 손상이론 계열이다(Hooyman & Kiyak, 1996). 소모이론, 호르몬이론, 면역이론 등이 예정 이론에 해당하며, 사용마모이론, 신진대사이론, 열량제한이론, 교차결합이론, 오류파국이론, 활성산소이론 등이 손상이론에 해당한다(김종일 · 최혜지, 2006).

이러한 이론들은 생물학적 노화란 시간이 흐름에 따라 유기체에 쇠퇴현상을 가져옴으로써 사망에 이르는 것을 기본 전제로 하고 이를 전혀 부인하지 않아 왔다. 그런데 최근 30년 동안 노화를 이해함에 있어서 새로운 조류가 등장하고 있다. 이들은 노화는 시간 종속적이며 비가역적인 특성을 지닌다는 과거의 주장을 뒤엎고 충분히 역전시키거나 지연시킬 수 있음을 밝혀내고 있다(Hooyman, & Kiyak, 1998; 김성연, 2000; 박상철, 2007). 유전학자들은 유전자 조작을 통해 노화를 방지할 수 있는 방법을 제시하였으며 또 다른 과학자들은 매일 열량을 조절하거나 비타민 E, DHEA, 멜라토닌, 성장호르몬 등을 투여하는 동물실험들을 통해 노화를 억제하거나 수명을 연장할 수 있는 가능성을 주장하고 있다. 그리고 우리나라의 장수과학 학자인 박상철(2007)은 노화를 비가역적이고 불가피하고 보편적인 변화로 보는 기존의 노화 개념과 이론들을 피동적이고 자포자기적인 결정론적인 시각이라고 비판하면서 노화에 대한 새로운 학설로서 노화대문설(Gate theory of aging)을 주장하고 있다. 이에 따르면 노화는 시간 경과에 따른 생체의 절대적 변화라기보다는 외적 요인에 따른 반응성 적응 현상이며 충분히 제어가 가능한 생체 변화이다. 따라서 노화는 회복할 수 있고 능동적으로 예방할 수 있는 선택적인 변화로 이해하여야 한다고 밝히고 있다.

앞으로도 노화의 원인을 밝혀 노화를 방지하거나 억제하기 위한 방안을 모색하기 위한 과학자들의 노력은 끊임없이 계속될 것이다. 이를 통해 인간의 수명을 연장시키고, 건강수명을 증가시키게 될 것으로 기대된다.

2) 심리적 노화

노년기에 경험하는 심리적 변화를 살펴보자면 매우 광범위한데 본 장에서는 감각 · 지각 · 반응 시간의 변화, 기억력 감퇴, 성격 변화에 초점을 맞추어 살펴보고자 한다.

(1) 감각 · 지각 · 반응 시간의 변화

우리는 눈, 코, 귀, 혀, 피부를 통해 다양한 자극들을 받아들이며 순식간에 뇌로 이 자극들을 전달한다. 뇌로 전달된 자극들은 의미가 무엇인지 해석되고 해석된 의미에 따라 적절하게 우리 몸은 반응한다. 이러한 일련의 과정이 감각 · 지각 · 반응과정이다.

정보를 받아들이는 여러 감각기관들 중에서 시각과 청각의 변화가 먼저 시작되며, 후각, 촉각, 미각 등은 나이가 들어도 비교적 감퇴 속도가 느리다(김애순, 2002). 외부로부터 수용하는 자극이나 정보 중에서 80~90%는 시각 정보로 시각 기능의 저하는 생활상에 많은 불편을 초래한다. 시각의 경우, 동공의 탄력성이 줄어들어 밝은 곳에서 터널이나 영화관 같은 어두운 곳으로 들어가면 앞이 안 보이거나, 터널에서 밝은 곳으로 나갈 경우 눈이 부시는 현상을 경험하게 된다. 그리고 수정체의 조절능력이 약해짐에 따라 가까운 물체를 정확하게 보기 위해 돋보기를 필요로 하게 되고, 수정체의 색깔이 누렇게 변함에 따라 색에 대한 민감성도 떨어지게 된다. 또한 수정체에 섬유질이 증가하여 백내장이 생기고 점차 시야가 좁아지기도 한다.

청각의 변화를 살펴보면 60대 이상의 1/3 이상이 소리에 대한 민감성이 떨어져 고음이나 너무 큰 소리를 듣지 못하거나, 빠르게 말하는 소리를 이해하지 못하는 경험을 하게 된다. 그리고 현 세대 노인들의 경우 여성보다는 남성이 난청을 더 많이 경험한다.

그 외에 냄새를 구분하기 어려워져 타고 있는 냄새를 맡지 못하거나 음식 맛을 느끼지 못하게 된다. 그리고 맛에 대한 강도도 약해져서 간이 세어지게 되고 압점, 통점, 온점, 냉점 등의 피부 감각 기능이 저하된다.

감각기관을 통해 유입된 정보들에 대해 의미를 부여하는 지각과정은 나이가 들어감에 따라 다양한 변화를 드러낸다. 나이가 들면 역동적 시청각능력이 떨어져 시력이나 청력이 나쁘지 않음에도 불구하고 빠르게 지나가는 시각 정보와 청각 정보, 예를 들어 TV 자막 글씨나 빠르게 말하는 뉴스 보도의 내용을 파악하는 능력이 떨어진다.

형태지각과 시공간통합능력에도 변화가 생겨 여러 가지 복잡한 정보들 속에서 형태를 찾아내거나 정보들을 통합하여 이해하는 데 어려움이 생기게 된다. 그래서 퍼즐을 맞추거나 숨은 그림을 찾는 게임을 할 때 노인이 젊은 사람에 비해 더 시간이 오래 걸린다(Rybash, Roodin, Hoyer, 1995).

오랜 시간 동안 주의를 집중하는 것이 어려워져 장거리를 운전하거나 서너 시간 동안 진행되는 강의를 듣는 것이 힘들어진다. 그리고 선택적 주의집중력에 변화가 생겨 여러 자극들 중에서 하나에만 주의를 집중하는 능력이 떨어져서 사람이 많은 가운데 친구를 찾거나 여러 물건 중에서 자기가 찾고자 하는 물건을 찾는 데 시간이 더 걸리기도 한다. 또한 음악을 들으면서 신문을 보기, 설명을 들으면서 메모하기와 같이 동시에 두세 가지에 주의를 양분하는 주의양분능력이 줄어들어 두 가지 이상의 행동들을 함께하기 어려워진다(Rybash, Roodin, Hoyer, 1995; 김애순, 2002).

감각과정이나 지각과정과 마찬가지로 나이가 들면 반응속도가 늦어지고 반응시간은 더 길어진다. 예를 들면 횡단보도에서 초록색 불이 바뀔 때 첫 발을 떼는 순간이 젊은이에 비해 늦거나, 운전을 대기하고 있다 출발할 때도 늦는 등 동작이 굼뜨고 느린 것을 보게 된다. 이는 노인들이 청년들에 비해 정보를 처리하는 속도가 늦기 때문이다(Kimmel, 1990).

(2) 기억력 변화

노인들이 가장 걱정하는 인지 변화 중의 하나는 기억력 감퇴이다. 나이와 기억 간의 관계를 바르게 이해하기 위해서는 정보를 조직화하는 기호화 단계, 기호화된 정보를 기억창고에 넣어 두는 저장단계, 저장된 정보를 필요할 때 꺼내는 인출단계로 구분되는 정보처리과정을 살펴볼 필요가 있다. 기호화는 기억해야 할 정보를 체계적으로 조직화하여 저장할 수 있도록 돕는 과정인데, 젊은이가 노인에 비해 정보들을 조직화하거나 정교화하는 전략을 더 잘 사용하기 때문에 이로 인해 기억수행에 있어서 연령 차이가 나타난다(정옥분, 2008).

저장단계는 감각기억, 단기기억, 장기기억이라는 세 개의 기억창고로 구분되는데, 시각과 청각을 통해 받아들여진 정보들은 아주 짧은 시간 동안 저장되었다가 바로 지워져 버리기 때문에 노인과 청년 간에 감각기억의 차이는 거의 없다(김애순, 2004). 단기기억은 시각과 청각을 통해 들어온 내용이 일시적으로 저장되지만 뇌에 저장되는 것은 아니다. 밀러에 따르면 7±2개 정도 암송이 가능하고, 즉시 반복하여 암송하지 않으면 곧 다 잊어버리게 된다. 따라서 단기기억은 의식적이고 적극적인 노력을 통하여 장기기억으로 전환될 수 있다. 장기기억은 영구적인 저장창고로 감각기억과 단기기억을 통해 받아들여진 내용들이 반복학습을 통해 장기간 보존되는 것을 말한다. 즉, 개인이 일생을 통해 축적한 경험과 지식이 저장되는 것으로 이곳에 저장된 기억들은 거의 사라지지 않으며 필요할 때마다 단기기억으로 변환되어 인출되어 사용된다. 단기기억에서도 연령 차이가 거의 없는 것으로 보고되고 있으나 장기기억에 있어서는 연령에 따른 차이가 크다고 알려져 있다(Rybash, Roodin, Hoyer, 1995).

장기기억이 나이의 영향을 받는 원인은 여러 가지로 설명된다(김애순, 2002). 첫째, 부호화 단계에서 정교화와 조직화 능력이 떨어지기 때문일 수 있으며, 둘째, 나이가 들수록 정보처리가 얕게 됨에 따라 쉽게 잊히기 때문일 수 있다. 셋째, 인출단계에서 아무런 단서가 제공되지 않고 회상을 자유롭게 할 경우가 사지 선다 또는 보기 등이 주어지고 그중에서 답을 찾도록 하는 경우보다 연령에 따른 감퇴가 크기 때문이며, 넷째, 장기기억 속에 다양한 정보들이 엉켜 있어서 서로 간섭하여 기억을 방해하기 때문일 수 있다(Rybash, Roodin, Hoyer, 1995).

노인들은 기억력이 떨어지면 치매에 걸린 것이 아닌지 심각하게 우려하는 경향이 있다. 그런데 대부분의 경우 인지 기능의 손상에 의한 기억력 감퇴는 매우 드물다. 다만 노년기에 경험하는 기억 감퇴는 자신감이나 자아 개념을 손상시키고, 일을 처리함에 있어서 의욕상실을 가져온다.

(3) 성격의 변화

여러분은 나이가 들어감에 따라 성격이 변한다고 생각하는가 아니면 평생 변하지 않고 안정적이라고 생각하는가? 이에 대해서는 성격이 안정적임을 주장하는 입장과 인생 전 과정을 통해 변한다는 입장으로 나뉜다.

Costa와 McCrae는 20세부터 80세까지의 성인 2,000명을 대상으로 6년마다 성격 특성의 변화를 조사하였다(Costa, McCrae, 1988). 그 결과 성인기 내내 성격 특성이 안정적이었다. 그리고 1928년과 1929년에 캘리포니아주의 버클리에서 성인 420명을 대상으로 55년 이상 종단연구를 해 온 버클리의 노인 세대 연구도 노년기까지 성격은 안정적이었다(정옥분, 2008; Rybash, Roodin, Hoyer, 1995).

한편 우리는 사람의 말, 표정, 태도, 사고방식, 문제해결을 하는 방식 등을 통해 그 사람의 성격을 파악한다. 그런데 그 사람의 말, 사고, 문제해결방식 등을 포함하는 인간 행동은 개인적인 욕구와 자신을 둘러싼 사회 환경의 상호작용을 통해 조정된다. 다시 말해 한 사람의 행동이 그를 둘러싼 환경, 즉 사회적 기대에 부합된다면 긍정적인 피드백을 받게 됨에 따라 그 행동이 더 강화될 것이다. 하지만 개인의 행동이 어떠한 상항에서 부적합하다면 그 행동은 앞으로 하지 않게 되거나 바람직한 행동으로 수정될 것이다. 인간은 나이가 듦에 따라 처한 환경이 달라진다. 즉, 인생주기에 따라 새로운 사회 환경에 처하고, 새로운 환경에 맞는 행동을 하게 됨에 따라 성격도 변하게 된다. 이러한 행동주의적 관점에서는 인생 전 과정을 통해 인간은 변한다고 이해된다(Kimmel, 1990).

성격과 연령과의 관계를 설명하는 데 많이 언급되는 학자가 에릭슨이다. 에릭슨은 출생 이후 사망에 이르기까지 인생 각 주기마다 사회적 자아가 발달됨을 주장하였다(Erikson, et al., 1986). 인간은 일생 동안 각 단계마다 위기를 경험하게 되는데 그 위기를 어떻게 극복하는지에 따라 성격이 발달한다고 보았다. 즉, 각 위기를 잘 극복할 경우에는 긍정적인 요소가 자아 속에 스며들게 되고 그렇지 않을 경우에는 부정적인 요소가 성격으로 자리 잡게 된다고 설명한다. 삶의 마지막 단계인 노년기에 처한 사람들은 죽음을 인식하게 되고 죽음은 누구도 피할 수 없음을 받아들이며, 지금까지의 인생을 그대로 받아들이는 지혜를 얻고 자신만의 인생관을 가지게 되어 자아 통합을 이루게 될 수 있다. 그렇지만 자신이 바라던 대로 인생이 이루어지지 못하였으며 다시 무엇인가 이루기에는 시간이 없음을 인식하고 탄식과 원망에 빠진 노인은 죽음의 의미를 깨닫지 못할 뿐만 아니라 죽음에 대한 공포를 느끼며 절망에 빠지게 된다(Hooyman & Kyiak, 1996; Rybash, Roodin, Hoyer, 1995).

3) 사회적 노화

인간은 태어나면서부터 죽음에 이르는 순간까지 다양한 사회구조 속에서, 예를 들어 가족과 친구, 지역사회, 직장, 종교집단 등에서 자신의 지위를 획득하고 그에 따른 다양한 역할을 수행하는 사회적 관계가 변화하는 것을 경험한다(Hooyman & Kiyak, 1996). 사람들의 나이가 들어감에 따라 생물학적으로 그리고 심리적으로 변화하는 것처럼 사람들이 처한 사회 환경이 바뀌므로 사회적 관계와 사회적인 역할도 변하는 것이 당연하다. 이러한 변화과정을 사회적 노화라고 한다.

노년기에 경험하는 사회적 관계 및 사회적 역할의 변화와 관련된 이론 및 현상들은 이미 2장에서 더 자세히 다루었으므로 본 장에서는 간략하게 사회적 노화의 특징을 살펴보고자 한다. 노년기에 경험하는 사회적 노화현상은 다음과 같은 특징을 지닌다.

첫째, 일반적으로 노년기에 경험하는 사회적 노화라고 하면 역할을 상실하거나 기존의 역할이 축소되는 것만을 생각한다. 예를 들어 직장에서 은퇴함으로써 더 이상 직장인으로서의 역할을 유지하지 못하거나, 아내나 남편을 먼저 떠나보내어 더 이상 배우자로서의 역할을 더 이상 할 수 없게 되기도 하며, 자녀가 혼인하여 집을 떠나 빈 둥지가 되어 부모로서의 역할이 축소되기도 한다. 그러나 노년기에도 새로운 역할을 취득할 수 있는데 손자녀가 생김으로써 할아버지 또는 할머니 역할을 하게 되며, 연금수혜자, 노인 자원봉사자, 노인대학생, 노인 아르바이트, 노인복지관 회원, 노인 창업자, 노인 주거시설의 거주자 등과 같은 역할들을 새로이 취득하여 수행하게 된다.

둘째, 노년기에 들어서면 역할에 대한 중요성이 바뀌게 된다. 남성의 경우 중년까지는 사회적 성취를 달성함에 있어서 직장을 비롯한 가정 밖에서의 역할이 중요했지만 노년기에 들어서면 줄어들게 되고, 퇴직 후 집안에서 가족과 함께 지내는 시간이 길어짐에 따라 가족관계의 질이 변하게 된다. 그리고 노년기에 들어서면 역할 명칭은 동일하지만 역할을 수행하는 방법이 달라진다. 예를 들어 장년과 중년기에 부모는 자녀에 대한 훈육과 양육이 주 역할인 반면 노년기에 들어서면 부모역할은 조언자 또는 상담자로 변화하게 된다.

셋째, 현 세대 노인들은 노년기에 역할을 수행함에 있어서 역할 딜레마를 경험하고 있다. 1950년대 이전만 하더라도 70세 이상의 노인인구가 적어 70세 이상의 노인들에 대한 연령규범과 사회적 역할에 대한 내용들이 사회적으로 거의 제시되지 않았다. 그러나 최근에 와서는 평균 수명이 75세를 넘었고 80대, 90대 심지어는 100세 이상의 고령의 노인들이 급격히 증가하고 있다. 따라서 현 시대의 노인들은 그들이 따라야 할 연령규범이나 사회적 역할을 사회로부터 적절하게 제시받지 못하고 있어 노년기에 다양한 역할 문제들(role dilemma)을 경험하고 있다(Hooyman & Kiyak, 1996).

노인 자원봉사자, 노인 아르바이트, 노인대학생 등과 같은 역할들은 이전 세대에서는 없었던 역할들이다. 노인들은 이러한 역할들을 수행함에 있어서 적절한 역할 모델을 찾는 데 어려움을 겪는다. 그 역할을 어떻게 수행할지에 대한 명확한 아이디어가 없으며 어떻게 수행해야 할지에 대한 구체적인 내용도 모호하여 역할 수행에 어려움을 겪는 것이다. 그리고 일반적으로 역할을 성공적으로 수행할 경우 보상이 주어지지만, 노년기에 역할을 충분히 잘 수행한다 할지라도 적절한 보상이 우리 사회에서는 주어지지 않고 있다. 결국 이러한 현상은 노인들로 하여금 새로운 역할을 습득하고 수행하려는 동기를 저하시킨다.

3. 노화를 어떻게 받아들일 것인가?

어떤 사람들은 흰 머리카락을 감추기 위해 검게 염색하거나, 안티 에이징이라는 이름을 단 화장품을 사용하거나, 또는 다양한 피부 미용시술과 성형수술을 통해 젊게 보이고 젊음을 유지하고자 노력한다. 그리고 또 어떤 사람들은 노후에 재정적으로 안정적인 삶을 살 수 있도록 개인연금보험을 넣거나 일정한 소득을 창출할 수 있는 방안을 찾는 데 골몰한다. 이러한 모습을 통해 우리는 사람들의 나이 듦, 즉 노화에 대한 태도를 엿볼 수 있다. 현재 우리 사회는 젊음을 추구하고, 나이가 들어가는 과정에서 경험하는 신체적, 심리적, 사회적 변화들 중에서 부정적인 특성에만 초점을 맞추어 인식하고 있어서 나이 듦에 대해 그리고 노년기 삶에 대한 걱정이 적지 않은 분위기이다. 최근에 들어서는 베이비 붐 세대가 2010년부터 은퇴를 시작함에 따라 이들의 대량퇴직 후 우리 사회 전반에 미칠 파장에 대한 논의가 급증하고 있다.

이처럼 노화현상과 관련되어 야기될 수 있는 걱정으로 생긴 불안 상태를 노화불안이라고 한다(김순이, 2005). 노화불안이란 노화와 불안이라는 두 단어의 합성어로 자신의 개별적 노화과정과 관련된 두려움과 과정으로서가 아닌 상태로서 늙었다는 것에 대한 두려움, 늙어간다는 것에 대한 두려움을 의미한다(Watkins, Coates & Ferroni, 1998). Kasher & Faulkernder(1993)는 노화불안을 노인과의 상호작용에 대한 두려움, 자신의 노후에 대한 심리적 불안정, 신체적 외모에 대한 두려움, 노년기에 경험하게 될 다양한 상실에 대한 두려움의 네 차원으로 설명한다.

늙는다는 것은 모든 사람들이 다 알고 있지만 개개인이 경험하는 노화현상은 다 다르며, 이를 받아들이는 태도도 다르다. 일반적으로 노화불안 정도는 여성이 남성보다 높은데(김신미 · 김순이, 2009; 김화선 · 최은정 · 양정남, 2009; Neikurg, 2003; McConatha, Schnell, Volkwein, Riley & Leach, 2003) 이는 여성이 남성에 비해 노화로 인한 외모의 변화와 건강 상실에 대한 걱정이 크기 때문이다. 그리고 젊은 사람이 나이든 사람에 비해 노화에 대한 불안 정도가 높은데 이는 젊은 사람이 노인을 접할 기회가 적고 노화에 대한 지식이 얕기 때문이다(김은하, 2007). 이외에 학력이 낮을수록, 이혼 상태이거나 사별 또는 별거 상태인 경우, 질병이 있거나 건강이 좋지 않은 경우, 경제적인 수준이 낮은 경우에 노화불안 정도가 높은 것으로 보고되고 있다(Klemmack & Roff, 1984; 김신미 · 김순이, 2009; 김은하, 2007).

적당한 노화불안은 노후에 대한 준비를 위해 필요하다. 그러나 과도한 불안은 오히려 노화를 거부함으로써 은퇴 후의 삶 또는 노후를 준비하는 데 오히려 방해가 될 수 있다(김순이, 2005). 그리고 노화에 대한 불안은 개인이 노화과정에 있어서 심리적 안녕을 손상시킬 수 있으며(Lasher & Faulkender, 1993; Thorman, 1989), 개인의 건강을 비롯한 전반적인 삶의 질에도 악영향을 미칠 수 있다(김신미 · 김순이, 2009). 또한 노화불안은 일반인들이 지니는 노인에 대한 태도와 행동에 영향을 미칠 수도 있으며(Lasher & Faulkender, 1993), 노인의 건강과 복지를 위해 서비스를 제공하는 전문가, 예를 들어 의사, 사회복지사, 심리학자들의 노인에 대한 진단과 치료방식 그리고 서비스 제공방식에도 영향을 미칠 수 있다(Levy, Stade & Gill, 2006; Nelson, 2005).

그렇다면 노화불안 정도를 어떻게 조절할 수 있을까? 노화불안을 낮추기 위해서 노화에 관한 지식을 습득할 수 있는 다양한 방안이 모색되어야 한다. 2000년 고령화 사회로의 진입 이후 우리 사회는 노인인구의 급증에 따른 사회적 문제에 대한 인식 수준이 높아졌고, 성공적인 노화를 달성하기 위한 방안을 모색하는 데 집중해 왔다. 반면에 정상적인 노화과정에 대한 이해를 높이기 위한 교육에는 미처 관심을 충분히 기울이지 못하였다. 따라서 노화에 대한 올바른 지식을 습득할 수 있도록 정규학교에서의 강의를 비롯하여 평생교육차원에서의 다양한 채널을 통한 교육, 대중매체를 통한 교육이 요구된다(김화선 · 최은정 · 양정남, 2009; 이정희 · 안영식 · 윤소정, 2007; 이신숙 · Salari, 2005). 그리고 직접적인 교육방법 외에 생애체험 학습이나 노인을 위한 자원봉사와 같은 체험 교육을 통해 노화에 대한 인식을 높인다면 노화불안을 줄일 수 있을 것이다(이유리, 2009; 강인, 2003).

Activity

1. 여러분은 노년기 삶에 대해 어떻게 생각합니까? 나이가 들어 노년기에 들어선다는 것이 신체적, 심리적, 사회적으로 경험하는 여러 변화 중에서 어떠한 점이 좋은지 또는 그렇지 않은지에 대해 어르신들에게 이야기를 들어 봅시다. 그리고 여러분의 생각과 비교하여 보십시오.

"다시 돌아간다면 어느 시기로 돌아가고 싶으세요?"

"난 그냥 지금 이대로가 좋아요. 30대 40대에는 무언가 이뤄야 한다는 생각에 너무 쫓기면서 정신없이 살았어요. 나도 젊었을 때는 나이가 드는 것이 겁났었는데 나이가 들어 보니 훨씬 편안하고 여유가 있어 좋아요."
"결혼 전에는 부모님 슬하에서 순종하고 살아야 했고, 내 가정을 꾸리고는 가족들 생계를 책임져야 했지만, 이제는 아이들 다 출가시키고 나 자신을 위해서 살아요."
"돌아갈 수만 있다면 다시 학창 시절로 돌아가고 싶지, 돈 걱정, 자식 걱정… 아무런 걱정 없이 그저 동무들과 깔깔거리고… 왜 부모님께서 공부하라 하라 했을 때 안 했는지… 다시 산다면 열심히 공부해서 내 인생을 다시 꾸려 보고 싶어."

2. 손에 비닐장갑을 낀 후 다시 면장갑을 낀 채로 펜으로 글을 써 보거나, 솜으로 귀를 막고 사람들과 이야기를 나눠 보십시오. 코를 막고 음식 맛을 느껴보거나 또는 팔꿈치와 손목에 탄력붕대를 칭칭 감고 티백에 들어 있는 녹차를 타 마셔 봅시다. 또는 생애체험관을 방문하여 신체적 노화가 급격하게 진행된 상태를 경험하여 보고, 느낀 소감을 나누어 봅시다. 다음은 생애체험을 한 후 나눈 소감을 옮겨 적은 것입니다.

"이런 줄 몰랐어요. 시어머니가 화장실에 가실 때마다 벽 모서리를 붙잡곤 해서 벽에 때타 더러워진다고 그러지 마시라고, 제발 그러지 마시라고 그랬었는데… 오늘 내가 해 보니 저절로 그렇게 되네요. 그렇게 모질게 했던 게 마음에 걸리네요."
"할아버지께서 신발을 제대로 안 신고 꼭 꺾어 신곤 하셔서 제발 그러지 마시라 했는데… 왜 그러시는지 알았어요, 현관에 의자 하나 놓아 드려야겠어요."

3. 여러분은 나이 듦에 대해 어떻게 생각합니까? 자신의 노화불안 정도를 확인하여 보고 친구들과 비교하여 봅시다. 자신의 점수가 친구들보다 높거나 낮다면 어떠한 요인들이 작용하였는지 생각해 봅시다.

번호	문항	매우 그렇다 1	그렇다 2	그저 그렇다 3	그렇지 않다 4	매우 그렇지 않다 5
1*	나는 노인과 함께 있는 것이 좋다					
2	나는 노년에 친구들이 먼저 죽을까봐 두렵다.					
3*	나는 나이든 친척을 방문하는 것을 좋아한다.					
4	나는 더 젊어 보이기 위해 내 나이를 속여본 적이 전혀 없다.					
5	나는 노년에 만족감을 느끼지 못할까봐 두렵다.					
6	나이가 들어갈수록 건강이 걱정된다.					
7*	나는 노년에 내 시간을 충분히 가질 것이다.					
8	나는 노년에 내 문제를 다른 누군가가 결정한다는 생각을 하면 불안하다.					
9*	늙어가는 내 모습을 상상하는 것은 괴롭지 않다.					
10*	나는 노인들과 이야기하는 것을 즐긴다.					
11*	나는 내 노후생활이 좋을 것으로 기대한다.					
12*	나는 거울에서 흰 머리를 보게 될 날이 전혀 두렵지 않다.					
13*	나는 노인과 함께 있을 때 매우 편안함을 느낀다.					
14	나는 내가 늙어서 사람들이 나는 무시할까봐 걱정이다.					
15*	나는 늙어 보이는 것이 두렵지 않다.					
16*	나는 노년에 내 자신을 위해 여전히 대부분의 것을 할 수 있을 것이라고 믿는다.					
17	나는 노인이 되었을 때 내 삶이 아무런 의미가 없을까봐 두렵다.					
18*	나는 노인이 되었을 때 나 자신에 대해 좋게 느낄 것이다.					
19*	나는 노인들을 위해 무언가 하는 것이 즐겁다.					
20	나는 거울 앞에서 나이 들어가는 내 모습을 보는 것이 괴롭다.					
*표시된 문항은 역점수로 처리함						

출처: Laser와 Faulkender(1993)의 Aging Anxiety Scale을 김화선, 최은정, 양정남(2009)이 번역한 것임.

4장 노인과 대중매체

임연옥

'노인'이라고 하면 어떠한 모습이 생각나는가? 또는 어떠한 단어들이 떠오르는가? 노인 이미지에 관한 우리나라의 초창기 연구들은 대부분 부정적인 측면에 대해 보고하고 있으나, 1990년 이후 연구부터 노인의 긍정적인 면을 보고자 하는 노력들이 보이고 있다. 그런데 노인에 대한 이미지나 인식은 대중매체에서 노인을 어떻게 묘사하고 있으며 그 매체를 얼마나 접촉하는가, 조부모를 비롯한 노인과 동거해 본 경험이 있는가, 노인을 대상으로 하는 자원봉사활동이나 노인과 함께하는 활동에 참여한 경험이 있는가, 또는 노인과 노화에 대한 교육을 받은 경험이 있는가에 따라 달라진다.

노인과 직접적으로 교류를 할 기회가 많지 않은 요즘의 우리나라 환경에서 노인에 대한 이미지 형성에 영향을 미치는 여러 요인들 중 대중매체를 통한 간접 경험이 미치는 영향은 적지 않다(신세니 · 조희숙, 2009). 본 장에서는 대중매체에서 묘사되고 있는 노인 이미지를 살펴보고, 그러한 노인 이미지와 인식이 노인 자신과 젊은 세대에 어떠한 영향을 미치는지 알아보고자 한다.

1. 노인을 어떻게 볼 것인가?

노인에 대한 인식과 관련된 연구에서는 이미지, 태도 등의 여러 용어들이 사용되고 있는데 노인 이미지란 노인에 대한 직접적인 또는 간접적인 접촉을 통해 지각된 노인에 대한 구체화된 인상 또는 느낌을 말하며(김미혜, 2002), 노인에 대한 인식이란 관념적 이미지가 아니라 일상생활 속에서 노인과 실제로 접하면서 경험한 구체적인 느낌 사례(이인수, 2000)이다. 그리고 태도는 몸의 동작이나 몸을 거두는 모양새를 뜻한다(민중국어사전). 이 세 용어들이 서로 의미에 있어서 차이가 있으나 그 차이가 미묘하고 중복된 부분이 없지 않다. 그렇지만 이미지가 직관적인 인상을 통해서 이루어진다면, 인식은 보다 구체화된 인지 상태이며, 태도는 인식이 외현화된 것으로 이해된다.

이러한 용어들과 함께 편견과 고정관념이라는 단어도 많이 사용되고 있다. 편견은 공정하지 못하고 한 쪽으로 치우친 생각을, 고정관념은 잘 변하지 아니하는 행동을 주로 결정하는 확고한 의식이나 관념을 뜻하는데(민중국어사전) 부정적인 인식을 의미한다. 본 장에서는 노인에 대한 부정적인 인식을 의미하는 대표적인 용어로 사용되는 Ageism과 이 개념에 대항하여 최근 등장한 New Ageism에 대해 살펴보고자 한다.

1) Ageism

(1) Ageism의 정의

Ageism이란 용어는 1969년 미국 국립노화연구소(National Institute on Aging) 초대 소장이었던 Robert Butler에 의해 처음 소개되었다. 인종차별주의나 성차별주의가 피부 색깔이나 생물학적 성의 차이에 의해 발생하는 것처럼 연령에 의한 차별을 지칭하는 말로 처음 사용되었다(Butler, 1969). 그런데 일반적으로 다른 연령층에 비해 노인에 대한 차별이나 편견이 심하여 Ageism이라고 하면 고령자를 대상으로 한 부정적 의미의 편견이나 차별을 의미하는 노인차별주의로 통용된다(Butler, Lewis, Sunderland, 1991; 김욱, 2003).

노인차별이 인종차별이나 성차별에 비해 더 심각한 문제로 다루어져야 하는 것은 인종차별주의나 성차별주의는 어떠한 한 인종 또는 여성과 같이 차별을 받는 집단이 고정되어 있는 반면 노인차별은 누구나 가해자가 될 수 있고, 시간의 흐름에 따라 나이가 들게 되므로 누구나 차별의 대상이 되고 차별을 받을 가능성이 높아지기 때문이다(Palmore, 1999).

(2) Ageism의 수준

노인차별은 개인적, 제도적, 사회적 수준에서 구별될 수 있다(Butler, 1995; Palmore, 1999; ILC, 2006). 개인적인 수준은 사회 구성원 개개인이 노인에 대한 부정적인 태도 및 편견을 갖는 것이며, 제도적 수준에서는 주택, 고용, 퇴직, 공공정책 및 부적절한 치료를 포함한다. 그리고 사회적 측면에서의 노인차별은 연령 불평등, 노인규범 및 연령에 대한 차별대우를 의미한다. 한국 사회도 급속한 현대화와 의학기술의 발전 및 노인인구비율의 급속한 증가와 산업화, 도시화에 따른 비공식지지망의 약화, 사회 일반 가치관의 변화 등으로 인해 노인 개개인에 있어 정도의 차이는 있지만, 사회구조 및 제도 안에서 직접 또는 간접적으로 다양한 형태의 노인차별을 경험하고 있다(김욱, 2003).

(3) 노인에 차별적 인식 내용

실제 노인에 대한 차별적인 인식들의 내용은 노인에 대한 태도 연구의 효시가 되었던 Tuckman과 Lorge(1952)에서도 살펴볼 수 있는데 대학원생들은 노인은 경제적으로 불안정하며, 건강이 좋지 않고, 외로우며, 육체적, 정신적 힘이 쇠퇴하는 시기에 있는 사람이라고 대답하였다. Seefeldt와 그의 동료(1977)는 어린이들이 노인 이미지를 그림으로 묘사함에 있어서 지팡이를 짚고 서있든가, 노인의 몸을 젊은이보다 작게 그림으로써 노인의 신체적 쇠퇴의 특징을 주로 표현하여 노인에 대한 편견이 있음을 나타내었다. 서병숙과 김수현(1999)에 의하면 대학생들은 일반적으로 노인을 비활력적, 의존적, 왜소한, 비관적, 탐욕스러운, 좁은, 느린, 보수적, 고집 센, 저속한, 비생산적으로 나타내고 있다. 박경란과 이영숙(2001)의 연구에서도 대학생들은 노인에 대하여 생활 감각이 부족하고, 자기중심적이고, 삶에 지치고, 은둔적이며 비관적이어서 삶의 목표가 없는 위축된 존재로 표현하고 있다. 그런데 이러한 젊은 층의 노인에 대한 부정적인 고정관념은 반은 사실로 반은 잘못된 지식에서 근거한 것으로 확인되고 있다(Thronton, 2002).

한국 사회에서 노인에 대해 어떻게 이야기하고 있는지 노인과 관련된 한국 사회의 담론을 김문영(2005)은 질병, 성적 불능, 외관상 추함, 지적 능력의 감퇴, 노망 다섯 가지로 정리하고 있다. 질병은 노인에 대한 가장 일반적인 편견으로 "대부분의 노인들은 병에 걸렸거나 몸을 제대로 움직일 수 없다"라는 육체적 무능력을 표현하고 있다. 성적 불능은 "대부분의 노인들은 성적 욕망이 전혀 없으며, 이에 따라 성생활도 하지 않는다"라고 묘사함으로써 성생활에 관심을 보이는 노인을 주책 떠는 노인으로 간주한다. 외관상 추함은 자연적 노화에 따른 외관상 변화에 대한 담론으로 노인들에게서는 냄새가 나고 지저분하다는 내용을 지닌다. 지적 능력의 감퇴는 노인과 기억력 감퇴를 관련지우는 담론들로 노인들의 학습능력에 대한 과소평가를 초래한다. 노망은 말 그대로 노인들의 정신적 상태를 나타내는 상징적 표현이라고 할 수 있는데, 한국 사회에서는 노인들의 약간의 실수도 노망이 들었다로 표현된다.

(4) 노인차별 실태

우리나라 노인들을 대상으로 차별 경험을 조사한 국가인권위원회(2006)의 보고에 따르면 40%가 넘는 노인이 차별 상황을 경험하였으며, 또 다른 연구에서는 조사 대상 노인의 86.2%가 한 가지 이상의 차별을 경험한 것으로 나타나고 있다(김욱, 2003). 이러한 수치를 외국과 비교하여 보면 미국의 노인들 중 84%, 캐나다의 노인 91%가 차별을 받았다고 생각하고 있어 (Palmore, 2004) 상당수의 노인들이 차별을 경험하고 있는 것으로 이해된다.

김욱(2003)의 연구에서 노인차별 경험이 높은 영역으로 '의사나 간호사가 나의 병이 나이로 인한 것으로 추정함' '타인이 당신은 그 일을 하기에 너무 늙었다고 말함' '나이로 인하여 선심을 받는 대상이 되거나 낮추어 대우받음' '타인이 내가 나이 때문에 잘 이해하지 못할 것이라고 추정함' '나이로 인하여 무시당하거나 중요하게 받아들여지지 않음' '타인이 내가 나이 때문에 잘 듣지 못할 것이라고 추정함' '나이로 인하여 고용을 거절당함' 등의 순이었다. 그리고 전상남과 신학진(2009)의 연구에서는 노인차별의 영역인 재산차별, 무시차별, 고용차별 중에서 무시차별과 고용차별에 대한 경험이 재산차별에 대한 경험보다 다소 높았음을 보고하고 있다.

이러한 노인들의 차별 경험은 노인에 대한 공경 정도가 높다고 여겨지는 한국 사회에서도 사회 곳곳에 노인차별 문제가 만연되어 있음을 보여 주는 것으로 노인차별을 예방하고, 완화시키기 위한 사회적 관심이 요구된다.

(5) 노인차별의 영향

젊은 세대의 노인에 대한 부정적인 인식은 일부 노인의 특성을 전체로 확대하여 전체 노인의 모습으로 이해하거나 노인의 다양성을 과소평가하게 한다(Pinquart et al., 2000). 이러한 경향은 개개인의 삶의 질에 좋지 않은 영향을 미친다. 첫째, 노인에 대한 차별 인식은 노인들에게 부정적인 심리 상태를 유발시킨다. 노인들은 젊은 세대들이 지닌 노인에 대한 부정적인 인식을 내재화하거나, 차별을 경험함에 따라 자아 이미지가 부정적으로 바뀌게 되어 노인 스스로의 자존감이나 자아효능감이 낮아지게 되고, 결국에는 자아정체감에 손상을 입는다(모선희, 2006; 김미령, 2008; 김영숙, 2002; 안준희, 2009).

이러한 일련의 차별 경험과정은 사회적 와해이론으로 설명될 수 있다. 이 이론에 의하면 노인은 은퇴 및 사회적 관계의 축소로 인해 이전의 역할을 상실하게 되어 스스로 자신감이 결여되고 정체감의 위기를 느낄 가능성이 높다. 사회적 역할이 위축되어 있는 노인에게 있어 일반인이 주는 인식 및 행동이 부정적이면 자신과 자신의 상황에 대해서 자신의 판단보다는 다른 이의 판단에 더 의존하게 된다. 즉, 사회가 노인을 무능하고 쓸모없는 사람으로 인식하고 있으면 노인은 부정적인 낙인을 수용하게 되어 사회에 적응하는 능력이 그만큼 저하된다. 이러한 사회 적응의 감퇴는 다시 노인 스스로가 자신을 무능하다고 낙인하게 되고 이는 다시금 노인이 외부의 낙인에 의존하여 이를 수용하게 되는 악순환을 겪으면서 사회적으로 노인이 계속 와해된다는 것이다(Kuypers & Bengtson, 1973).

둘째, 젊은 세대가 지니는 노인에 대한 부정적인 인식은 젊은이들이 노인과의 상호작용을 기피하도록 유도함으로써 사회통합을 저해한다. 예를 들어 젊은이들이 조부모와 함께 살거나 노인과 함께 일하고 공부하는 환경을 기피하게 됨에 따라 노인들이 사회에 통합되는 것을 방해받고, 노인들의 사회구성원으로서의 가치가 격하된다(김영숙, 2002; 원영희, 1999).

셋째, 노인에 대한 부정적인 인식은 고용, 서비스의 이용과 혜택, 치료방침의 설정 등에서 노인에 대한 차별과 불이익을 낳을 수 있고, 부정적인 인식이 증폭되어 차별이 심화되면 이는 노인학대로까지 이어질 우려가 있다(김영숙, 2002).

넷째, 인구의 급격한 고령화로 인하여 현재의 젊은이들이 노인을 부양하는 부담이 과중해지는 미래에 이들이 지닌 노인에 대한 인식은 노인복지 방향을 설정함에 있어서 매우 중요하다(김미령, 2008). 만약 이들이 사회 전체적으로 노인을 의존적이고 무능력한 존재로 인식하는 경우 노인복지정책은 시혜적인 차원을 벗어날 수 없을 것이다(김미혜 · 원영희, 1999).

한편, 노인에 대한 차별적이고 부정적인 인식은 현재 노인의 삶의 질뿐만 아니라 일반 세대의 노화과정에도 영향을 미친다. 연구에 의하면 청소년들에게 형성된 노인 이미지가 부정적이라면 청소년들은 노인에 대해 정서적 거리감을 두게 되며, 자신의 노화에 대해서도 부정적인 태도를 가지고 노화에 부적응하게 된다(김지형 · 장윤옥, 2001).

2) New Ageism

노인에 대한 부정적인 관념인 노인차별주의(Ageism)에 대해 대항하는 개념으로 New Ageism이라는 개념을 제안하는 노인옹호론자들이 있다(Hooyman, Kiyak, 1995). New Ageism

은 Compassionate Ageism이라고도 하는데, 이 개념은 현대 사회에서 불이익을 당하는 노인들의 지위를 향상시키고 노인들의 욕구를 강조하기 위한 의도로 노인들을 옹호하기 위해 주장되는 개념이다. 예를 들어 무능한 노인들도 있지만 "능력 있는 노인들도 존재하며 이들은 독립적으로 생활하며 일을 한다" "노인들이 비록 도움을 필요로 하지만 자긍심을 지니고 산다" "노인이 가난하다고 비판하지만 젊은이들보다 오히려 더 저축을 많이 한다" 등으로 노인을 옹호하는 이야기들을 한다. 그리고 노인의 인성을 '지혜롭다, 인생 경험이 풍부하다, 온화하다, 인자하다, 부지런하다'와 같이 표현하기도 한다. 또한 최근에 만들어진 신조어로 '노풍당당(老風堂堂)'이란 말이 있는데 이는 활기차고 건강한 노인의 모습을 가리키고, OPAL(Old people with active lives)족은 안정된 경제력으로 적극적이고 활동적인 삶을 사는 노인들을 의미한다. 또 다른 예로서는 최근 언급되고 있는 활동적이며 자신의 삶에 자부심을 갖고 안정적으로 고급문화를 즐길 수 있는 경제력을 갖춘 노인을 Apple족이라고 부르는데 'Active(활동적으로), Pride(자부심을 갖고), Peace(안정적인), Luxury(고급문화), Economy(경제적)'의 영어 첫 자를 따서 만들어진 용어이다.

이러한 New Ageism은 근래 들어 TV나 광고에서도 찾아볼 수 있는데 기존의 부정적인 노년의 이미지들을 대신해 '연장된 젊음'을 유지하고 있는 쾌활하고 활동적인 노인들을 등장시킴으로써 새로운 노인 이미지를 창출하고 있다(정진웅, 2006). 한편, 노인들은 스스로 소외된, 쓸모없는, 외로운, 욕심이 많은, 몸이 약한, 사회적으로 가치 없는 추한 등의 형용사로 자신들을 묘사하면서 부정적인 이미지를 내면화하고 있다. 그렇지만 노인들 중에는 노인이라는 사회적 압력에 적극적으로 대응하는 노인들이 있는데 이들은 중산층 이상의 건강한 노인들이다. 이 노인들은 사회적으로 규정한 부정적 노인 이미지에 강하게 저항하면서 이와 구별되는 정체성을 추구하거나 새로운 긍정적인 노인상을 설정하는 등 자신의 만족과 안전을 추구하고 있다. 그리고 이 노인들은 실제의 삶에 있어서도 다양한 활동을 통해 자신의 정체성을 유지하고 있다(이지영, 2009).

과도하게 노인을 폄하하거나 부정적으로 이야기하는 것 또는 과도하게 노인을 너무 긍정적으로 표현하거나 미화하는 것, 어느 쪽도 옳지 않다. 다양한 모습, 다양한 역할, 다양한 특성을 지닌 노인이 우리 사회에 함께 살고 있음을 인정하고, 이를 그대로 표현하고 받아들일 때, 언젠가는 노인이 될 나를 미래 사회가 있는 그대로 받아들여 줄 것이다. 노인을 어떻게 인식하는가 하는 것은 곧 노인이 될 나를 어떻게 받아주길 기대하는가 하는 물음과 이어져 있다.

2. 대중매체 속에서 노인은 어떻게 표현되고 있는가?

신문, TV, 라디오, 책 등과 같은 대중매체를 통해 반복적으로 접한 메시지들은 특정한 사안에 대한 개인의 태도와 신념에 영향을 끼친다(이병관 · 김봉철 · 유의동, 2003). 이 대중매체를 통해 노인들을 간접적으로 접하게 되고, 이를 통해 갖게 되는 노인에 대한 이미지는 사회집단 의식 속에 노인에 대한 생각을 정립하게 한다(신세니 · 조희숙, 2009).

그런데 대중매체에서 제시되고 있는 노인 이미지들은 대체적으로 부정적이다. TV 프로그램은 주로 궁핍하고 어려운 노인들의 처지를 다루어, 자식들에게 버려져 갈 곳이 없는 노인들의 처지에 대한 이야기, 가난과 소외에 장애마저 겹쳐 더욱 힘겨운 노인의 삶에 대한 소개 등 노년의 어려운 실상을 조명하는 프로그램들이 주류를 이루고 있다(정진웅, 2006).

신문에 나타난 노인에 대한 담론은 우선 '고령화, 즉 노인이 되는 것'이 사회적으로 해결해야 할 문제적 인간이 됨을 의미하며, 이를 해결하기 위한 방법은 그 주체인 노인이 아닌 타자인 전문가에 의해 이루어져야 하고, 해결방법으로 제시된 것이 지속적이고 과학적인 자기관리와 훈련을 통해 건강을 유지하여야 함을 강조함으로써 노인들이 이를 추구하도록 하는 노인들의 삶을 통제하는 내용을 담고 있다(김지혜, 2003). 결국 신문기사나 방송 보도에서 다루어지고 있는 노인에 관한 내용들은 '노인문제'로 일컬음으로써 노인을 끊임없이 사회의 골칫거리, 문젯거리로 보는 시각에서 벗어나지 못하고 있다. 이는 모든 연령계층에게 노인에 대해 부정적인 인식을 심어 준다.

이처럼 대중매체에 나타나는 노인에 대한 부정적인 이미지는 젊은 세대로 하여금 노인에 대한 부정적인 인식을 갖게 할 뿐만 아니라 자신의 노후에 대해서도 부정적인 태도를 갖게 하는 영향을 미칠 수 있다(Kuypers & Bengston, 1973). 더욱이 대중매체를 통해 형성된 젊은 세대의 노인에 대한 부정적인 인식은 그들이 노인들을 대할 때의 태도에도 영향을 주게 되며, 젊은 세대의 부정적인 태도를 통해 노인들은 스스로 자신에게 부정적인 낙인을 찍게 되어 사회적으로 노인이 와해될 수 있다(Kuypers & Bengston, 1973). 즉, 노인 이미지를 대중매체에서 어떻게 표현하는가는 사회적 책임성의 문제로 연결된다.

TV 시청자, 신문 독자, 라디오 청취자, 영화 관람객, 잡지나 소설책 또는 그림책의 독자와 같은 대중매체 수용자들은 이러한 매체들에서 제공하는 메시지들을 어떻게 접할까? 여러분은 혹시 TV 드라마나 영화를 볼 때 몇 명의 노인이 등장하고, 그 노인들이 주인공인지 또는 주인공을 둘러싼 주변인물인지, 실제 노인들과 비슷하게 표현되고 있는지, 아니면 노인 모습을 너무 부정적으로만 묘사하고 있는 것은 아닌지, 노인이 등장하는 배경이나 장소가 젊은 주인공이 등장하는 장소와 비교하여 어떻게 다른지 생각하면서 본 적이 있는가?

신문이나 방송 보도를 보면서 노인과 관련되어 다루어지는 주제가 주로 무엇인지 그리고 그러한 내용을 노인문제로 단정 짓고 있지는 않은지, 사진이나 영상이 기사 내용에 적합한 것인지, 기사에서 사용된 단어 또는 앵커가 사용하는 언어들에 노인을 차별적으로 표현하는 부분은 없는지, 긍정적인 보도 내용도 있는지 등을 살펴본 적이 있는가?

잡지나 신문 방송의 광고에서는 노인들이 얼마나 등장하는지, 노인들이 등장하는 광고는 어떠한 상품을 팔기 위한 광고인지 그리고 그 광고의 대상이 노인인지 아니면 다른 연령층인지, 광고에 등장하는 노인의 모습은 어떠한 모습인지, 노인이 등장하는 배경은 어디인지 유심히 본 적이 있는가?

이 외에도 대중매체에서 전달하는 노인에 대한 메시지를 비판적인 시각에서 살펴보면 다양한 질문이 제기될 수 있다. 본 장에서는 이러한 의문들을 지니고 TV 드라마, 신문 보도, 그림책, TV와 신문 광고 등을 들여다보고 노인에 대한 메시지들이 지닌 대표적인 특성들에 대해 논하고자 한다.

1) 노인 등장 빈도

TV, 라디오, 신문, 잡지, 책 등의 다양한 매체에 노인은 얼마나 자주 등장할까? 이에 대한 대답은 노년층은 전 세계적으로 미디어에서 등장 빈도가 가장 낮게 나타나는 연령층이라는 것이다(Weinmann, 2000). 다만, 유아 대상의 그림책에 그려진 성인 등장인물 중에서는 노인이 가장 많이 등장하고 있어서(장혜미 · 현은자, 2008) 현대의 그림책은 아이들에게 노인에 대한 이미지를 전달하는 통로 역할을 하고 있다.

이병관 외(2003)는 분석 대상 광고 1,436개 중 노인이 등장한 광고는 115개로 약 8%로, 2002년 전체 인구 중 노인인구의 비율과 비교하면 광고에서 노인의 등장 빈도가 실제 비율보다 낮다. 반면 미국 광고 중에서는 전체 광고의 15.4%에 노인이 등장하고 있는데 2002년 미국 60세 이상 노인의 비율인 16%와 비슷한 수치이다. 광고에 등장하는 노인을 성별로 분석해 보면 여성 노인의 비율이 남성 노인에 비해 매우 낮다.

그렇다면 저출산현상으로 인해 전체 인구 중 노인인구의 비율이 급증하고 있는 것을 감안할 때, 노인인구의 비율이 증가한 만큼 노인들은 대중매체에서도 이전보다 더 많이 등장하고 있을까? 김미애(1998)는 1978년, 1988년, 1998년의 잡지 광고를 대상으로 노인층의 등장 빈도를 조사하였는데, 전체 등장인물 중 노인의 비율이 1978년에는 0.5%, 1988년에는 2.3%, 1998년에는 4.7%로 점차 증가하고 있었다. 그렇지만 이 기간 동안 전체 인구 중 60세 이상 노인의 비율이 각각 5.8%, 7.2%, 10.3%인 것을 감안한다면 노인의 광고 등장 빈도는 낮다.

2) 정형화된 이미지

대중매체에서 전달하는 노인의 이미지는 어떠한가? 이에 대한 답은 '정형화'라는 하나의 단어로 축약될 수 있다.

그림책: 노인과의 직접적인 경험이 적은 유아들은 간접적인 경험을 통해 노인에 대한 이미지를 가지게 되는데, 그림책이 아이들에게 노인에 대한 이미지를 전달하는 데 큰 역할을 하고 있다. 특히 그림책의 독자층이 넓어지고 있고, 고령화가 진행될수록 노인에 관한 그림책이 급증하고 있다(Schwarcz & Schwarcz, 1991).

신세니와 조희숙(2009)이 유아를 대상으로 한 그림책의 내용을 분석한 결과를 살펴보면 첫째, 노인 인물을 중심에 둔 내면적 묘사에 치중하기보다는 겉으로 드러나는 외모와 신체 모습 또는 움직임의 속도와 같은 외면적 특성에 초점을 맞추고 있다. 둘째, 그림책 속에 등장하는 대부분의 노인들은 이름이 없다. 셋째, 대다수가 무직이거나 직업이 불분명한 사람으로 자기만의 일이 없는 노인으로 묘사되고 있다. 넷째, 등장하고 있는 노인의 성별도 여성으로 편향되어 있다. 이러한 정적이고 평면적인 묘사로 인해 노인이 중심 플롯이나 다른 인물에 중대한 영향을 끼치는 능동적인 이미지를 지니지 못하고, 노인은 사회적인 역할을 하지 못하는 부수적인 존재, 도움이 필요한 대상과 같다는 단편적인 이미지로 전달될 수 있기 때문에 사회화 과정에 있는 유아들에게 부정적인 영향을 미칠 수 있다. 따라서 정적이고 평면적인 인물만이 아닌 다양한 이미지로 노인을 묘사함으로써 다층적이고 다각적인 노인 이미지를 유아들이 지닐 수 있도록 도와야 하고, 아이 세대와 노인 세대 간의 연결고리를 문학 작품 속에서 충분히 찾을 수 있도록 하여야 한다.

교과서: 교과서는 단순히 교육과정을 반영하는 것에 그치지 않고, 우리 사회가 공유하는 규범과 가치, 미래 사회에 구현되어야 할 합의된 방향을 제시하고 있다. 교과서에 나타난 노인에 대한 분석을 통해 우리 사회의 노인에 대한 시선과 통념을 이해할 수 있다(전미경 · 김정현, 2008).

전미경과 김정현(2009)이 1학년부터 6학년까지 77권의 교과서를 분석한 결과 첫째, 교과서 삽화에 등장하는 노인은 매우 획일적이며 비현실적으로 그려져 있다. 흰머리, 주름살, 굽은 등, 안경, 지팡이, 대머리 등의 일반적인 외모 변화와 함께 한복, 쪽진 머리, 수염, 보따리와 함께 배치되었다. 특히 평상복으로 한복을 즐겨 입는 노인이 많지 않음에도 불구하고 교과서 내 노인의 상당수는 한복 차림이었으며, 다른 가족들은 모두 평상복 차림임에도 노인만 한복 차림인 경우가 많았다. 집밖의 노인은 지팡이를 짚고 다니거나 보따리를 들고 다니며, 할머니의 상당수는 쪽진 머리를 하고 있고, 할아버지들은 콧수염이나 턱수염을 기르고 있었다. 드물게 정장 차림의 노인이나 핸드백을 들고 외출하는 할머니 모습도 등장하고 있는데 이들은 공무원, 회사 사장, 교장선생님, 의사, 사장님 어머니 등의 특정한 지위에 따른 것이었다.

둘째, 학습주제가 전통문화, 친절 · 봉사 · 돌봄, 이산가족, 가족윤리 · 전통윤리일 때 노인이 자주 등장하였다. 전통문화에 대한 교육 내용 중 예의 바르게 인사하기와 경어 사용하기가 주요 내용으로 반복되고 있는데, 노인은 예의를 행동으로 옮기는 사람이 아니라 언제나 예의를 받는 대상으로 묘사되고 있다. 그리고 설날이나 추석과 같은 명절문화, 제사와 시제 같은 전통 가족의례문화, 차전놀이, 윷놀이, 연날리기, 씨름과 같은 전통놀이문화에서 노인이 지나치게 많이 등장하고 있는데, 이는 노인=과거=전통이라는 우리 사회의 통념을 반영하고 있는 것이다. 따라서 노인도 젊은이처럼 전통적 의례와 문화에 대해 호불호가 있고, 젊은이 중에는 노인보다 전통을 더 잘 이해하고 실천하고 있는 사람이 있음에도 불구하고 이러한 점은 간과되고 있다.

친절 · 봉사 · 돌봄을 다루는 내용에서 노인들은 광범위하게 등장하고 있는데 노인들은 친절과 봉사 그리고 돌봄의 대상으로 그려지고 있다. 버스에 오른 몸이 불편한 할머니에게 자리를 양보한다든가 노인의 짐을 들어준다든가 양로원이나 경로당에서 아이들이 할머니, 할아버지의 등을 주물러 드린다든가 하는 내용들이 반복되고 있으며 교과서 내용 어디에서도 봉사를 하는 노인, 도움을 주는 노인의 모습은 찾아보기 힘들다. 이로 인해 노인=약자라는 메시지가 전달되고 있다.

한편 통일과 이산가족을 다루는 내용에서는 고향을 북쪽에 둔 노인이 고향과 고향에 남겨둔 가족을 그리워하는 모습으로 등장하고 있다. 통일을 다루면서 한국전쟁을 직접 겪은 세대이며 가족과 강제적 이별을 당한 노인 세대가 등장하는 것은 당연하지만 노인이 자신의 전쟁과 이산가족의 아픔을 주제로 직접 말하기보다는 자녀나 손자녀가 노인의 모습을 관찰하고 느끼는 바를 표현하는 방식으로 제시되고 있다.

공적 질서와 시민윤리를 설명하는 장면에서 노인들은 거의 등장하지 않는다. 공공질서를 지켜야 하는 거리, 버스, 정류장, 지하철 승강장, 등산로 등의 삽화에서 성인 남녀와 청소년 등은 등장하지만 노인은 찾아보기 힘들다. 이러한 현상은 노인을 지역사회와 시민문화의 발전을 함께 도모해야 하는 존재로 여기기보다는 돌봄이나 친절을 베풀어야 하는 대상으로 여기는 통념 때문이다.

셋째, 초등학교 교과서에서 노인이 속한 물리적 공간은 주로 양로원과 노인정, 시골로 나타나 도움이 필요하고 불쌍하고 외로운 노인이라는 이미지를 전달하고 있다. 그리고 시간적 공간은 과거와 함께 배치되어 과거 20년 전 마을 모습을 설명하는 것과 같은 대부분의 과거에 있었던 일을 말하거나 과거에서 현재까지의 변화를 설명하는 경우에 보충설명을 하기 위해 등장하고 있어서 노인=과거, 현재와 미래=젊은이의 도식을 만들어 내고 있다. 결국 이러한 표현들은 노인을 초등생과 뚜렷한 경계를 지닌 비일상적인 수동적인 존재로 만들고 있고 노인의 개인적인 경험이 드러나지 않아서 노인은 획일적인 집단으로 묘사되고 있다.

광고: 현대사회에서 광고란 매스 미디어 중에서도 특정한 위치를 갖는 정보전달 수단으로 광고는 상품이나 서비스의 판매 기능뿐만 아니라 사회 및 개인적 가치를 변화시키는 기능까지 담당하고 있다. 즉, 광고는 특정 제품이나 서비스 혹은 이념을 대중에게 전달함에 있어 우리 삶의 형태를 정형화하며 우리는 광고에서 나타난 삶의 모습들을 의식 없이 받아들임으로써 이를 당연한 것처럼 여긴다. 따라서 광고는 일반대중의 자의적인 선택 없이 반복적인 메시지를 각 개인의 무의식에 심어 주게 됨으로써 개인에게 정서적으로나 심리적으로 강한 영향력을 미치게 된다. 그런데 광고에 나타난 특정 대상의 이미지는 현실을 그대로 드러내는 측면도 있으나 시간적, 내용적 단순함의 특성으로 인해 일반인들은 광고에서 부각된 이미지의 한 측면만을 받아들여 고착화될 수도 있다(김미혜 · 원영희, 1999).

신문 광고 또는 TV 광고에서 등장하는 노인들을 살펴보면 첫째, 노인이 광고에 등장하는 경우 대부분 부정적인 이미지로 표현되고 있다. 서구의 인쇄 광고와 TV 광고에서는 65세 이상의 노인을 젊은이들에 비해 상대적으로 무력하고 불완전하고 나약하며 게으르거나 혹은 무식한 상태로 등장시킴으로써 바람직하지 못한 모습으로 묘사하고 있다(Peterson, 1995; Peterson & Ross, 1997). 우리나라 역시 노인이 등장한 초기의 광고에서 노인은 뻔뻔스럽고 건강하지 못하며 재미없게 묘사되는 등 부정적으로 정형화되어 나타나고 있다(김상훈 · 최환진, 1997). 그러나 이병관 외(2003)에 따르면 한국 TV 광고가 미국 광고보다 노인을 활기차고 관대하고 독립적이고 그들의 목적을 능동적으로 추구하고 사회생활에 적극 참여하는 것으로 묘사하고 있다(이병관 외, 2003). 이는 우리나라가 유교적 문화를 가지고 있기 때문인 것으로 이해된다. 비록 서구에 비해 노인들이 긍정적으로 묘사되고 있긴 하지만 노인의 기술, 지식, 경험이 존중되기보다는 비생산적인 존재, 비소비적인 존재, 비사회적인 존재로 규정함으로써 역시 정형화된 인물로 노인이 그려지고 있다(황지영, 2002).

둘째, 노인들이 주로 등장하는 광고는 상품의 종류가 국한되어 있다. 김미혜와 원영희(1999)의 연구에서는 서적, 테이프 광고, 의약품 광고에서 노인이 등장하고 있음을 보고하고 있다. 이병관 외(2003)의 연구에 의하면 한국과 미국의 TV 광고에서 금융 및 보험, 식품 및 음료, 의류 및 유통, 컴퓨터 및 정보통신 품목 등의 광고에 노인이 많이 등장하였고, 화장, 미용용품, 개인용품, 가정용품, 자동차 및 수송기 등의 광고에는 별로 등장하지 않았다.

셋째, 미국 TV 광고에서 노인은 전형적으로 주 역할을 맡지 못하고 대신 다른 연령층과 함께 등장하고 있고, 노인이 등장하는 광고의 배경은 일을 하지 않는 상태이거나 사회생활보다는 가정과 관련된 상황이 많으며, 자신이 물건을 직접 사는 주체가 아니라 청장년층에 의해 그 물건을 선물 받는 객체로서 묘사되고 있다(Gants et al., 1980; Swayne & Greco, 1987). 그런데 미국 TV 광고와 한국 TV 광고를 비교하여 볼 때 한국 프라임 시간대의 TV 광고에서 노인들은 보다 중요한 역할을 하고 있어 미국 광고에서 나타난 노인보다 조연의 역할이 더 적었다(이병관 외, 2003).

넷째, 광고에 등장하는 노인의 성별 빈도를 비교하여 보면 여성 노인이 등장하는 광고는 남성이 등장하는 광고의 1/3 정도로 여성 노인이 광고에 등장하는 빈도가 매우 적었다(이병관 외, 2003; 김미혜 · 원영희, 2002).

다섯째, 광고에 등장하는 노인 모델들은 개별적인 주체로 호명되지 않고, 할아버지, 할머니, 아버지, 어머니, 우리로 명명되고 있다. 노인은 1인칭 대명사로 호명되는 대신 나이든 사람을 지칭하는 일반 명사로 명명되고 있다(황지영, 2002).

인터넷 신문: 현대사회에 등장한 새로운 매체 중의 하나가 인터넷이다. 인터넷 신문은 기존 신문과 달리 다양한 직업을 가진 사람들이 뉴스 소비자와 생산자로서 접근이 가능하며, 이메일, 게시판, 독자의견, 토론장, 온라인투표, 채팅룸, 네티즌 리포트와 같은 기술적인 메커니즘을 통해 다양한 형태의 상호작용이 가능하다. 뿐만 아니라 기존 언론이 미처 수용하지 못하는 이슈, 문화나 일상생활, 사회적 소외집단과 지역공동체의 문제 그리고 기자의 사적 경험을 보도함으로써 사회여론을 형성하는 데 기여한다(박선희, 2001; 윤태진, 2001; 최영, 1999).

이러한 인터넷의 특성이 지니는 사회적 의미에 관심을 갖고 김미혜(2003)는 현대사회에서의 노인에 대한 인식을 알아보기 위한 방법 중의 하나로 인터넷 신문에 나타나는 노인과 관련된 기사들을 살펴보았다. 분석 결과를 보면 첫째, 인터넷 신문의 노인 관련 기사들은 노인의 특성과 각 특성별 영역들을 전반적으로 골고루 다루지 못하고 신체적 특성만을 강조하여 다루고 있으며, 여러 신체적 특성들 중에서는 노인의 질병에 편중되어 있다. 인터넷 신문 기자들은 노년기에 나타나는 여러 노화현상들 중에서 신체적인 변화에만 주목하여 성장이 멈춘 후 신체 기능이 쇠퇴되어 가는 것으로 노화과정을 이해하고 있으며 노인의 전반적인 특성을 전혀 고려하지 못하고 있음을 드러내고 있다.

둘째, 노인 관련 기사 중 93.5%의 기사가 노인에 대한 부정적인 이미지를 담고 있는 반면, 긍정적인 이미지를 담고 있는 기사는 훨씬 적었다. '노인은 질병을 앓고 있으며, 초라하고,

지저분한 외모를 가진 존재로, 과거 지향적, 내향적, 폐쇄적, 권위적이고, 무서우며, 외롭고 우울한 성격을 지니며, 인지능력과 학습능력이 떨어지고, 가족과 단절되어 혼자 사는 것으로, 경제적으로는 가난하고 일할 곳이 없는 존재'로 외모와 성격 및 능력에 대해서 상당히 부정적인 이미지로 묘사되고 있다. 대부분의 노인 특성에 대해서 부정적으로 표현되는 반면 사회적인 특성에서는 노인들은 학습열의가 높고, 여가생활에도 열심히 참여하는 등 긍정적으로 묘사되고 있다(김미혜, 2003).

3) 주제의 변화

시몬느 드 보봐르는 그의 책 『노년』에서 "늙음은 금지된 주제이다. …우리 사회는 노년을 마치 일종의 수치스러운 비밀처럼 여긴다. 그리고 그것을 입에 담는 것 자체가 예의에 어긋나는 일이다. 여성이나 어린이, 청소년에 대한 분야에는 풍부한 문학 작품이 존재한다. 반면 전문적인 작품을 제외하고 나면 노년에 관한 것들은 거의 찾아볼 수가 없다"(시몬느 드 보봐르, 2007)고 노년에 대해 언급하길 저항하는 사회를 질책하면서 노년에 대해 총체적으로 이해하여야 함을 주장하였다. 이러한 질타와 대중매체에서 다루어진 노인 이미지에 대한 비판이 높아짐에 따라 점차 대중매체들이 노인을 다루어 오던 방식이 바뀌어 가고 있다. 그러한 예들을 찾아보자.

그림책: 최근 그림책은 노년기의 생활을 그대로 드러내어 표현하는 경향을 보이고 있다. 부분적이지만 소외된 노인 또는 치매나 노인성 질병으로 힘들어하는 노년기 생활을 사실적으로 묘사하고 있는 그림책이 등장하고 있다. 심지어는 노인의 죽음을 그대로 묘사하는 그림책들도 나오고 있다(신세니, 2009). 이러한 현상이 노인에 대한 부정적인 인식을 더 심화시킬 수 있다는 우려가 없진 않지만 그림책의 독자층이 유아에서 성인까지 폭넓어진 것에 더불어, 인간의 삶과 죽음, 노화와 노년기 삶, 이를 둘러싼 가족들의 관계 등을 담담한 어조로 다루는 그림책을 통해 아이들이 생애주기에 대해 쉽게 이해하도록 돕기 위한다는 목적이 더 설득력 있게 여겨진다. 즉, 노인에 대한 무조건적인 공경과 배려를 가르치는 것이 아니라, 노년층이 겪었던 과거 생애 경험을 통해 노인 세대의 특성을 이해하고, 노년기라는 생애주기의 특성과 이에 수반되는 신체적, 물리적, 정서적 어려움에 대한 이해를 하려는 의도로 볼 수 있다(이가옥 · 이지영 · 이미진 · 김연순, 2008).

신문: 한경혜와 윤성은(2007)은 주요 일간지 10여 년의 신문기사에 실린 노년층의 모습을

분석한 결과 노인은 건강과 젊음을 유지하면서, 자원봉사, 유급노동, 학습 등의 활동을 끊임없이 하며 자립성을 유지하고 사회에 기여하는 신노년층의 모습이 등장하고 있음을 확인하였다. 이러한 신노년층의 모습은 건강하고 고학력인 노인집단의 특성을 반영함으로써 상당히 일부 선택적인 노인집단만을 다루고 있다는 비판이 가능하지만 노년에 대한 다각적인 측면을 보여 준다는 데 의의가 크다.

드라마: 2008년 상반기를 뜨겁게 달구었던 드라마 〈엄마가 뿔났다〉는 여러 생애주기에 놓인 인물들을 등장시키면서, 각 생애주기에서 발생하는 여러 갈등들을 가족 안에서 해결해 나가는 과정을 잘 표현했다. 이 드라마에는 82세 고령의 나충복 할아버지가 등장하여 부모의 부모 세대를 대표하였다. 그런데 흔히 다른 드라마에서는 노인이 가족 갈등을 야기할 수도 있는 고집스럽거나 권위적인 태도를 지니는데 오히려 이 드라마에서 나충복은 가족 중에서 가장 이해심이 많으며 권위를 내세우거나 역정을 내지도 않는다. 그리고 가족 문제의 해결사로 나서서 손자의 육아를 돕거나 며느리의 공식가출을 기꺼이 허락하는 등 이전 드라마와 다른 모습을 보인다. 그리고 노년에 찾아온 사랑을 재혼 문제나 가족 간 갈등의 불씨로 비화시키지 않고 마치 젊은 사람들이 나누는 사랑과 다르지 않음을 느끼게 하여 노년의 사랑을 긍정적으로 보게 한다. 더욱이 노년의 재혼이 가져올 수 있는 가족 간의 갈등을 이 드라마에서는 심각하게 다루지 않고 노년의 삶에서 오히려 활기찬 모습으로 전환할 수 있는 계기로 이 주제를 다룸으로써 노년의 삶에서의 선택권을 노인에게 주고 있다(김선영, 2009). 이 외에도 〈거침없이 하이킥〉 〈죽어도 좋아〉 〈마파도〉 〈방울토마토〉 〈권순분 여사 납치사건〉 〈고독이 몸부림칠 때〉 〈육혈포강도단〉 등과 같은 드라마나 영화에서 이전과 다른 특성을 지닌 노인 배역이 등장함으로써 주목을 끌고 있다.

이러한 변화를 통해 드라마나 영화에서 주변인물로 머물러 있었고, 단편적으로만 표현되었던 노인을 이제 주인공으로 하여 다양한 특성을 지닌 노인을 보여 줌으로써 노년의 삶에 실제적으로 접근하고자 하는 우리 사회의 노력을 엿볼 수 있다.

소설: 노인을 다룬 현대소설의 소재나 주제는 치매나 노부모 부양의 어려움 및 부양거부, 노부모 유기, 노인 소외 등을 다루고 있고 대체로 부모 자식 간의 변모된 가치관이 충돌하는 면을 보여 주어 노인들을 보는 시각이 부정적이었다. 그런데 현대소설에서 긍정적으로 노인들의 삶을 그리는 소설들이 점차 늘어가고 있다. 이러한 소설들은 여성들이 헌신적으로 집안을 일으켜 세우는 능력 있고 당당한 어머니로서 후손으로부터 추앙받는 모습을 그리거나, 노인들의 재혼에 대한 대응방식을 다양하게 제시하며, 멋있게 나이 먹기 또는 긍정적으로 늙어

가기의 관점에서 바람직하게 나이 들어가는 삶의 자세를 그리는 작품들이 늘어가고 있다.

노년은 '또 다른 나라'이다(Merry Pipher, 2000). 왜냐하면 세대 간에 심각한 문화 차이가 존재하기 때문이다. 건강이나 신체가 다르고, 언어와 가치관이 다르며, 속도 또한 다르다. 그렇지만 젊은 세대는 자신들처럼 노인들도 온갖 다양성을 지닌 인격체라는 사실을 잊은 채 그들의 시각만으로 노인을 바라본다. 그리고 그들이 본 바를 아무런 고민 없이 그대로 매체를 통해 전달한다. 대중매체들은 유아부터 청소년을 비롯한 젊은 세대에게 노인에 대해 긍정적이든 아니면 부정적이든 간에 불완전한 이미지를 심어 주고 있다. 이러한 노인에 대한 이미지는 아무런 비판이나 평가과정 없이, 여과 없이 그대로 받아들여져 노인 자신뿐만 아니라 일반 세대의 노인에 대한 인식을 고착시켜 왔고 앞으로도 그렇게 영향을 미칠 것이다. 이러한 맥락에서 머지않아 노년에 접어들 우리가 노인을 어떻게 이해할 것인지 그리고 다양한 매체를 통해 어떻게 표현할지 신중하게 생각해 볼 시점이다.

Activity

1. 본인의 노인에 대한 태도를 측정하여 봅시다. 그리고 자신의 노인에 대한 태도를 친구들과 비교하여 보고, 태도 형성에 어떠한 요인이 영향을 미쳤는지 생각해 봅시다.

   다음 문항들은 여러분이 평소에 노인에 대해 가지고 계신 생각들을 알아보기 위한 것입니다. 각 문항의 양쪽 끝에 노인을 표현한 상반되는 단어들이 있습니다. 여러분이 평소 가지고 계신 노인들에 대한 생각들과 가장 가깝다고 생각되는 곳에 ∨표 하시기 바랍니다.

문항	노인은...	1	2	3	4	5	6	7	노인은...
1	현명하다								어리석다
2	친절하다								불친절하다
3	박식하다								무식하다
4	행복하다								슬프다
5	신뢰할 수 있다								신뢰할 수 없다
6	관용적이다								이기적이다
7	활동적이다								비활동적이다
8	깨끗하다								지저분하다
9	호의적이다								비호의적이다
10	재미있다								지루하다
11	생산적이다								비생산적이다
12	건강하다								아프다
13	착하다								악하다
14	융통성이 있다								고지식하다
15	독립적이다								의존적이다
16	진보적이다								보수적이다
17	매력적이다								매력이 없다
18	참을성이 있다								참을성이 없다
19	낙천적이다								비관적이다
20	불평이 없다								불평이 많다

2. 여러분은 다음과 같은 경험해 본 적이 있습니까? 여러분의 가족 중 이러한 경험을 당하고 있는 사람이 있다면 누구입니까? 가족이 이러한 경험을 하고 있다면 여러분은 어떤 느낌이며, 이러한 문제를 해결하기 위해 어떠한 노력을 하게 될까요? 이에 대해 생각해 봅시다.

	문항	매우 그렇다	조금 그렇다	그저 그렇다	별로 그렇지 않다	전혀 그렇지 않다
재산차별경험	나이로 인하여 집을 얻는 데 거절당한 적이 있는가?					
	나이로 인하여 돈을 빌리는 데 어려움을 당한 적이 있는가?					
	나이로 인하여 식당의 종업원들로부터 무시를 당한 적이 있는가?					
	나이로 인하여 의료치료를 거절당한 적이 있는가?					
	의사나 간호사가 나의 병이 나이로 인한 것이라고 추정한 적이 있는가?					
	나이 때문에 나의 재산상에 침해를 받은 적이 있는가?					
	나이 때문에 범죄의 희생이 된 적이 있는가?					
무시차별경험	노인을 우롱하는 농담을 들은 적이 있는가?					
	나이로 인하여 무시당하거나 중요하게 받아들여지지 않은 적이 있는가?					
	나이로 인하여 모욕적인 욕설이나 언사를 들은 적이 있는가?					
	나이로 인하여 선심을 받는 대상이 되거나 낮추어서 대우받은 적이 있는가?					
	나이로 인하여 지도력을 발휘할 수 있는 지위를 박탈당한 적이 있는가?					
	나이로 인하여 사람들로부터 흥미를 끌지 못한 적이 있는가?					
	나이로 인하여 존엄과 존경의 대상에서 소홀히 취급당한 적이 있는가?					
	노인을 조롱하는 생일카드, 서신, 글 등을 받아 본 적이 있는가?					
고용차별경험	나이로 인하여 고용을 거절당한 적이 있는가?					
	타인이 내가 나이 때문에 잘 듣지 못할 것이라고 추정한 적이 있는가?					
	나이로 인하여 승진을 거절당한 적이 있는가?					
	타인이 내가 나이 때문에 잘 이해하지 못할 것이라고 추정한 적이 있는가?					
	당신은 그 일을 하기엔 너무 늙었다는 말을 들은 적이 있는가?					

출처: 전상남 · 신학진(2009), 주관적 건강 및 노인차별경험이 성공적 노화에 미치는 영향, 『한국노년학』, 29(4), 1383-1396.

3. 드라마, 영화, 광고 또는 소설 등의 다양한 매체에서 등장하고 있는 노인들을 주목하여 봅시다. 한 가지 매체를 선택하고, 그 매체가 다루는 여러 가지 프로그램이나 기사 중에서 하나를 선택하여 노인이미지를 비판적인 시각에서 분석하여 봅시다. 묘사된 이미지가 현실에 부합하는지, 노인에 대한 인식에 형성에 어떻게 영향을 미칠 것인지에 대해 이야기해 봅시다.

4. 지하철의 경로석은 노인을 위한 자리입니다. 최근에는 노인전용극장이 설치되었습니다. 경로석이나 노인전용극장과 같은 노인을 대상으로 한 서비스 또는 시설 등이 노인의 권익을 보호하고 높이는 데 기여한다고 생각합니까? 아니면 이러한 것들로 인해 노인에 대한 부정적 인식이 강화되고, 노인과 젊은 세대 간의 분리/단절을 더 유발시키게 된다고 생각합니까? 이에 대해 논의해 봅시다.

5장 노인부양과 효 의식

김영범

1. 효 의식의 의미와 내용

우리나라 노인에게 있어서 자녀는 가장 중요한 사회적 자원이다. 노인은 경제적으로 어려울 때, 고민거리가 있을 때 그리고 일상생활의 여러 가지 문제에 대해 누구보다도 자녀에게 의존한다. 자녀가 노부모를 돌보는 것은 도구적 차원뿐만 아니라 규범적 차원에서도 당연한 것으로 받아들여지고 있는데, 우리는 '심청'을 통해 자식의 도리로 배우고 있으며, TV 속 드라마를 통해 자녀가 노부모를 모시는 것을 자연스러운 일상으로 받아들인다. 인기 TV 드라마인 〈솔약국집 아들들〉은 삼대가 함께 사는 가정을 자연스러운 가정으로 묘사하고 있다. 그러나 노부모, 자녀, 손자녀 삼대가 함께 거주하는 것은 더 이상 일반적인 현상은 아니다. 노인을 대상으로 실시한 『2008년 노인실태조사』 결과에 의하면 조사 대상 노인 중 단지 13.4%만이 삼대 이상의 가구에서 거주하는 것으로 나타나고 있다(보건복지부·계명대학교 산학협력단, 2009). 즉, TV 드라마를 통해 우리는 더 이상 일반적이지 않은 가족구조를 자연스러운 것으로 인식하게 된다. 이러한 과정 속에서 우리는 노부모 돌보는 것을 인간이면 가져야 하는 자연스런 상태로 이해하게 된다.

우리나라의 노인들이 특히 자녀에게 의존하는 것 그리고 노부모를 돌보는 것을 당연한 의무로 생각하는 것은 전통적인 효 사상이 우리의 사고와 행동을 규정하기 때문이다. 그렇다면 효 사상이란 무엇인가? 공자(孔子) 이래 많은 유교의 사상가들이 효에 대해 정의를 내리고 있는데, 예기(禮記)는 효의 조건을 세 가지로 요약하고 있다(성규탁, 2005).

- 부모를 공경하는 것
- 부모와, 부모가 인도하는 가족을 욕되지 않게 하는 것
- 부모에게 좋은 음식, 의복 및 따뜻한 방을 제공해 드려 편안하게 모시는 것

효에 대한 이러한 규정은 효가 단순히 물질적 봉양만을 의미하는 것이 아님을 보여 준다. 효는 무엇보다도 부모에 대한 존경심으로부터 출발한다. 그렇다면 효 의식은 구체적으로 어떠한 행동으로 표현되는가? 한 연구(성규탁, 2005)는 효행에 관한 저서와 효행자에 대한 인터뷰를 통해 구체적인 효 행위를 ① 부모를 위한 개인적 보살핌, ② 가족을 위한 지원서비스, ③ 지역사회를 위한 서비스로 구분한 바 있다. 이들 중 부모를 위한 개인적 보살핌의 구체적 내용을 살펴보면 다음과 같다(성규탁, 2005: 64).

- 부모를 위한 개인적 보살핌
  - 병간호를 해 드림
  - 통변을 도와 드림
  - 식사시중을 해 드림
  - 약을 공급해 드림
  - 안마를 해 드림
  - 위독한 부모를 위해 헌혈을 함
  - 세탁을 해 드림
  - 목욕을 시켜 드림
  - 방을 정리해 드림
  - 말상대가 되어 드림
  - 책, 신문을 읽어 드림
  - 외출 시 동반해 드림
  - 업어서 이동을 도와 드림
  - 의견을 존중해 드림
  - 소원을 이루어 드림
  - 노인학교에 보내 드림

이러한 목록을 통해 우리는 효가 일상생활의 다양한 지원으로 구성되어 있음을 확인할 수 있다. 효 의식이 우리의 사고와 행동을 규정하고 있음에도 불구하고 이 역시 사회의 변화에 따라 급속히 변화하고 있다는 점을 부인할 수 없다. 전통적인 의미의 효행은 부모와 자식이 동거 혹은 매우 가까운 거리에 거주하며, 전업주부로서 여성의 역할이 한정되는 상황에서 이루어져 왔다. 그러나 급속한 산업화, 도시화는 부모와 자녀의 동거를 어렵게 할 뿐만 아니라 여성의 경제활동 참가, 길어진 노후생활 등으로 인해 과거와 같은 수준의 노인 봉양이 현실적으로 어려워지고 있기 때문이다.

그렇다면 효 의식은 어떻게 변화되고 있는가? 이제 효 의식이 사회집단에 따라 어떻게 차이를 보이고 있는지 살펴보자.

2. 사회집단에 따른 효 의식의 차이

효 의식은 부모에 대한 일상생활의 지원뿐만 아니라 존경이나 사랑 등 감정적이고 정서적인 요소를 포함하는 개념이다. 따라서 이를 정확하게 측정할 수 있는 지표를 개발하는 것은 쉽지 않은 일이다. 다만 몇몇 항목에 대한 조사를 통해 효 의식의 구성요소 중 일부인 부모에 대한 일상생활의 지원에 대해 사람들이 어떻게 생각하는지는 살펴볼 수 있다. 이를 우리는 부양 책임감에 대한 인식을 통해 살펴볼 수 있는데, 부양 책임감에 대한 인식이란 '노부모에 대해 경제적 지원, 돌봄, 보호 등을 제공해야 한다는 책임감에 대한 태도'(Seelbach, 1978)를 의미한다. 부양 책임감에 대한 인식은 아래 6개의 문항으로 구성된다.

〈표 5-1〉 부양 책임감에 대한 인식

부양 책임감 구성 항목
항목 1. 결혼한 자녀는 부모 가까이 살아야 한다.
항목 2. 부모가 건강하지 못할 때, 자녀는 부모를 돌보아야만 한다.
항목 3. 자녀는 부모에게 경제적 도움을 주어야 한다.
항목 4. 자녀가 성장 후 부모와 가까이 산다면, 일주일에 한 번은 부모를 방문해야 한다.
항목 5. 먼 곳에 사는 자녀는 일주일에 한 번은 편지/전화를 해야 한다.
항목 6. 자녀는 부모님에 대한 책임감을 느껴야 한다.

부양 책임감은 연령, 성, 학력, 소득 등 다양한 요인에 따라 다른 모습을 보일 수 있다. 이제 부양 책임감에 영향을 주는 요인은 무엇인지 검토해 보자. 부양 책임감의 변화에 영향을 주는 요인 중 연령과 세대의 효과를 살펴보자. 먼저 연령에 따른 차이는 우선 사회노년학의 주요 이론인 분리이론(disengagement theory), 생애주기적 접근(life course perspectives)을 통해 설명할 수 있다. 분리이론의 경우 나이가 들수록 사회관계를 축소하고 사회활동을 줄이는 것이 바람직하다고 주장한다. 이 이론에 따르면 부양 책임감은 노년기가 될수록 낮아질 것을 예상할 수 있는데, 첫째, 노년기에 들어서면서 가족부양이라는 사회적 규범으로부터 벗어나게 되며, 둘째 노년기에 들어서면 부모나 친구 등의 사망으로 사회관계가 축소되고 따라서 그에 대한 책임감 역시 감소하기 때문이다.

생애주기적 접근에 기반해서도 노년기의 부양 책임감이 청·장년기에 비해 낮아질 것이라는 주장이 가능하다. 우선 노년기에 들어서면 자신이 성장하면서 의지했던 부모에 대한 부채의식을 자녀에 대한 양육을 통해 상쇄할 수 있다. 즉, 부양에 대한 채무관계가 자녀의 양육을 통해 변제되기 때문에 노부모에 대한 부양 책임감은 노년기에 감소하게 된다는 것이다.

사람들은 자신이 갖고 있는 가치나 규범과 현실이 어긋나는 경우 현실을 변화시키기는 어렵기 때문에 가치나 규범을 변화시킴으로써 현실에 적응한다. 이를 부양 책임감 변화를 설명하는 데 적용하면 부모 부양의 규범과 실제 부양 사이의 괴리가 나타나는가에 따라 부양 책임감은 변화하는 것으로 이해할 수 있다. 즉, 서구의 경우 청년기 동안 노부모에 대한 지원 없이 지내다가 실제 노부모에 대한 지원을 담당하게 되는 장년층이 되면 부모에 대한 지원을 합리화하는 규범의 필요성으로 인해 부양 책임감이 증가하게 되는 것으로 해석한다(Gans & Silverstein, 2006).

세대 간 차이 역시 부양 책임감의 차이를 낳는 한 요인이다. 즉, 연령집단별로 상이한 사회화(cohort socialization)로 인해 세대에 따라 부양 책임감에 차이를 보일 수 있다. 세대란 출생연도가 유사한 개인의 집합(Bentson, Cutler, Mangen & marshall, 1985)을 의미하는데, 세대가 의미를 갖기 위해서는 출생연도뿐만 아니라 유사한 가치관과 규범을 공유하는 집단이 되어야 한다. 세대에 따라 규범이나 가치가 차이를 보이는 것은 크게 두 가지 이유 때문이다. 첫째, 시대에 따라 고유한 문화적 특징을 보이기 때문이다. 한 예로 서구 사회의 경우 1960년대는 이전 시기에 비해 개인주의 및 물질주의적 가치가 크게 확대되었는데, 이 시기에 청소년기를 보낸 세대의 경우 이전 세대에 비해 당연히 개인주의와 물질주의적 가치관이 높게 나타난다.

둘째, 유년기를 보내는 과정에서 형성된 가치와 규범은 나이가 들어서도 쉽게 변화하지 않는다는 점 때문이다. Inglehart(1977)는 가치관을 물질주의와 탈물질주의로 구분한 바 있는데,

청소년기에 기본적인 욕구를 충족시킨 세대의 경우 성인이 되어서 물질적 가치를 넘어서서 탈물질적 가치를 지향하는 반면, 청소년기에 기본적 욕구를 충족시키지 못한 세대의 경우 물질적으로 풍요로운 시기에도 여전히 기본적 욕구를 지향한다고 주장한 바 있다. 이처럼 청소년기에 사회화된 가치와 규범은 나이가 들어서도 여전히 큰 변화를 보이지 않는다. 이처럼 가치나 규범은 생애주기에 따른 변화와 더불어 세대에 따라서도 차이를 보일 수 있다. 부양 책임감의 경우 개인주의와 물질주의가 강화된 환경에서 자라난 신세대일수록 구세대에 비해 부양 책임감이 낮아질 것임을 예측할 수 있다.

우리나라의 경우도 이처럼 세대에 따른 차이를 예상해 볼 수 있는데, 대표적으로 식민지 세대와 민주/산업화 세대 사이에서 나타나는 차이가 그것이다. 식민지/전쟁체험 세대란 식민지 치하에서 태어나 식민지 시기의 수탈과 한국전쟁을 경험한 세대를 의미한다. 이들 세대는 근대 이후 우리나라의 세대 중 가장 열악한 환경에서 성장한 세대라고 할 수 있다. 이 세대는 일제 치하 아래서 정규 교육이 아닌 전통적인 한문 교육을 받았던 사람이 많았고, 부모·조부모 세대가 유교적인 문화에 영향을 많이 받은 세대이다.

산업화/민주화 세대는 산업화, 도시화를 경험하면서 성장하였고, 공식 교육을 통해 자유, 개인주의, 평등 등 서구의 가치와 규범을 습득한 세대이다. 이들 세대의 경험은 1960년대 이래 민주화 운동의 토대를 제공한다. 결과적으로 이들은 식민지/전쟁체험 세대에 비해 전통적 가치관으로부터 상대적으로 자유롭다는 특징을 보인다(박재흥, 2009). 우리나라의 경우 일제 강점기에 청년기를 보낸 세대와 해방 이후 청년기를 보낸 세대 사이에서 부양 책임감에 유의미한 차이를 보이는 것으로 나타나고 있다(김영범, 2009).

이 외에 교육수준이나 소득 역시 부양 책임감에 차이를 낳는 요인으로 언급되기도 한다. 교육의 효과에 대해서는 상반된 주장이 제기되기도 하는데, 교육을 많이 받기 위해서는 그만큼 더 부모에게 많이 의존해야 하는데 이로 인해 부모에 대한 부양 책임감이 커진다는 주장이 가능하다. 이와는 달리 교육을 많이 받으면 소득이 높아지고 소득이 높아지면 시장에서 부모를 돌보는 일을 구매할 수 있기 때문에 결과적으로 부양 책임감이 낮아진다는 주장도 가능하다(Finley, Robert & Banahan, 1988; Rossi & Rossi, 1990).

3. 효의 실천을 어렵게 하는 요인들

우리의 관념 속에 전통적인 효 의식이 여전히 자리 잡고 있음에도 불구하고 현실적으로 효 의식을 통해서는 노인부양의 모든 문제를 해결하기 어려운 것 역시 현실이다.

첫째, 효 의식을 가족 중심의 윤리라는 점에서 가족이 돌보지 못하는 노인들에 대해서는 다양한 문제들을 낳을 수 있다. 교육이나 취업 등으로 인해 자녀가 대도시로 떠나거나 같은 도시라도 멀리 떨어져 사는 노인들이 점차 증가하고 있다. 이와 더불어 노부모와의 동거에 대한 생각도 점점 더 부정적인 쪽으로 변화해 가고 있다. 자녀와 지리적으로 분리되어 사는 노인들이 증가하는 현실 속에서 자녀의 책임만을 강조하는 효 의식만을 가지고는 노인부양의 문제를 적절하게 해결할 수 없다.

둘째, 여성의 경제활동 참가는 1970년대 30% 이하였다가 꾸준히 증가하여 2000년대에는 50%를 넘어서고 있다. 가족 내에서 노인을 수발하는 일은 주로 딸이나 며느리의 역할이었던 바, 여성의 경제활동 참여는 당연히 가사활동에 필요한 자원과 시간의 부족으로 이어지게 된다. 결과적으로 과거에 비해 가족 내에서 노인을 수발하는 역량은 현저히 약화되는 상황에 직면하게 되었다.

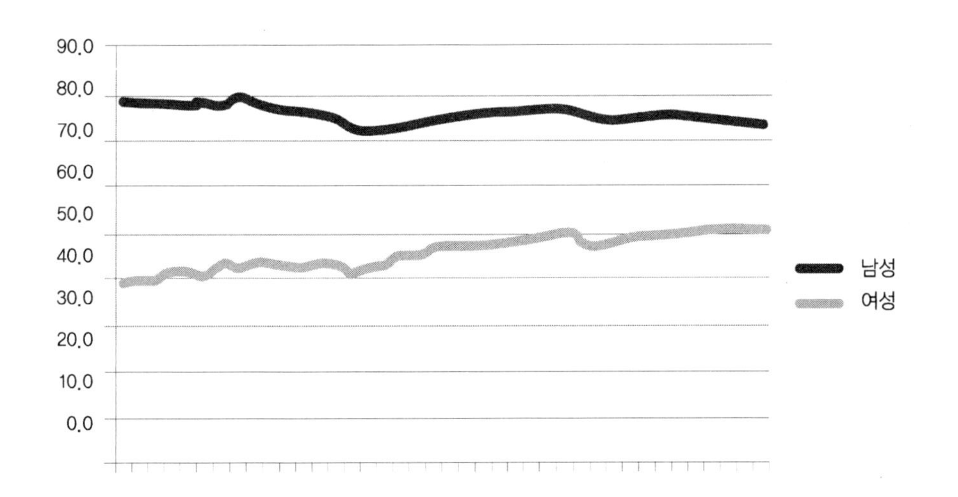

[그림 5-1] 연도별 성별 경제활동 참가율

자료: 통계청, 국가통계포털, http://kosis.kr/nsportal/abroad/abroad_01List.jsp

셋째, 고령인구의 증가에 따라 만성질환 노인들 역시 증가하는데, 이들의 경우 오랜 기간 가족 내에서 수발하는 것이 불가능하다. 노인에 대한 한 조사(보건복지부·계명대학교 산학협력단, 2009)에 의하면 65세 이상 노인 중 27%가 일상생활수행능력(Activity of Daily Living; ADL)에 제약이 있는 것으로 나타나고 있는데, 이들이 일상생활을 영위하기 위해서는 누군가가 장기간에 걸쳐 지속적으로 도움을 주어야만 한다. 과거 노인들은 수명이 길지 않았기 때문에 가족의 수발 기간 역시 단기에 그치는 경우가 많았다. 그러나 평균수명의 연장에 따라 노인 수

발의 기간이 길어지게 되면서 수발자의 신체적, 정신적 건강이 악화되고 이로 인해 가족 전체가 위기를 경험하게 될 수도 있다.

가구구조의 변화, 가족의 돌봄 능력 약화, 평균수명의 연장에 따른 장기간의 수발 필요성 등 새롭게 변화하는 환경으로 인해 효 의식에만 의존해 가족 내에서 노인 수발을 책임지게 하는 것은 더 이상 보편적인 모델이 될 수 없다. 노인에게는 누구보다도 가족이 중요한 자원이다. 그러나 가족의 역할에 대한 중요성을 인정하는 것과 더불어 노인 수발에 있어서 가족의 짐을 사회와 국가가 나누어 지는 노력 역시 필요하다. 우리나라의 경우 노인 수발의 부담을 가족과 사회과 분담하기 위해 2008년 '노인장기요양보험'제도를 실시한 바 있다.

Activity

1. 교재에 나와 있는 노인부양 척도를 해 보고 자신의 점수를 다른 친구들과 비교해 봅시다.

번호	항목	전혀 그렇지 않다	대체로 그렇지 않다	그저 그렇다	대체로 그렇다	매우 그렇다
1	결혼한 자녀는 부모 가까이 살아야 한다.	①	②	③	④	⑤
2	부모가 건강하지 못할 때, 자녀는 부모를 돌보아야만 한다.	①	②	③	④	⑤
3	자녀는 부모에게 경제적 도움을 주어야 한다.	①	②	③	④	⑤
4	자녀가 성장 후 부모 가까이 산다면, 자녀는 일주 일에 한 번은 부모를 방문해야 한다.	①	②	③	④	⑤
5	먼 곳에 사는 자녀는 일주일에 한 번은 편지/전화 해야 한다.	①	②	③	④	⑤
6	자녀는 부모님에 대한 책임감을 느껴야 한다.	①	②	③	④	⑤

2. 다음의 질문에 대해 친구들과 토론해 봅시다.

- 일상생활을 혼자 하기 어려운 노인들은 누가 돌봐야 하는가? 가족의 책임인가, 사회 혹은 국가의 책임인가?
- 일상생활을 혼자 하기 어려운 노인들을 가족 내에서 모시는 것과 요양시설에 모시는 것은 어떠한 장·단점이 있을까?

6장 노인과 복지제도

박재연

노인복지와 관련된 제도와 서비스들은 노인복지 관련법에 근거하여 이루어지므로, 노인의 복지제도를 살펴볼 때 노인복지 관련법에 대해 우선 고찰한 후, 다음으로 노인복지제도의 대표적 내용으로 소득보장, 건강보장, 주거보장, 고용보장에 대해 살펴본다.

1. 노인복지 관련법

현재 우리나라 노인복지 관련법으로는 노인복지법, 저출산 · 고령사회기본법, 노인장기요양보험법, 고용 상 연령차별금지 및 고령자고용촉진에 관한 법률, 고령친화산업진흥법, 국민건강보험법, 기초노령연금법 등 다양한데, 노인복지법이 모법(母法)으로서 관련법들의 기본이 되고 있다. 이 중 모법인 노인복지법과 노인복지에 중요한 영향을 미치고 있는 저출산 · 고령사회기본법, 노인장기요양보험법, 고용상 연령차별금지 및 고령자고용촉진에 관한 법률을 간략히 살펴보고자 한다.

1) 노인복지법

노인복지법은 노인복지제도의 기본이 되는 법으로서 국민들의 행복한 노후생활을 위해 지원하는 법률이다. 노인복지법은 1981년 제정되었으며, 그 후 시대적 요구를 반영하기 위해 수차례에 걸쳐 개정되었다. 최근 개정 중 2004년 1월에는 노인 학대를 예방하고 학대받는 노인을 보호할 수 있도록 긴급전화 및 노인보호전문기관을 설치하도록 하고, 노인 학대에 대한 신고의무와 조치사항을 규정하는 등 노인 학대 예방과 보호를 위한 제도를 강화하였다. 2010년 현재 우리나라 노인복지법은 총칙, 보건·복지조치, 노인복지시설의 설치·운영, 비용, 보칙, 벌칙의 총 6개장으로 구성되어 있다. 노인복지법의 목적은 '노인의 복지'와 '심신의 건강', '생활의 안정'의 3가지로 크게 나뉘는데, 노인들의 안정적인 생활유지와 삶의 질을 높이기 위한 목적을 가지고 있다.

다음 〈표 6-1〉은 현행 노인복지법의 주요 내용이다.

〈표 6-1〉 노인복지법의 주요 내용

구분	내용
제1장 총칙	목적, 정의, 기본 이념, 가족제도의 유지·발전, 보건복지증진의 책임, 노인실태조사, 노인의 날 등, 노인복지상담원, 노인전용 주거시설
제2장	삭제(2007년 4월 25일)
제3장 보건·복지조치	노인 사회 참여지원, 노인일자리전담기관의 설치·운영 등, 지역봉사지도원 위촉 및 업무, 생업지원, 경로우대, 건강진단 등, 홀로 사는 노인에 대한 지원, 상담·입소 등의 조치, 치매관리사업, 치매상담센터의 설치, 노인재활요양사업
제4장 노인복지시설의 설치·운영	노인복지시설의 종류, 「사회복지사업법」에 따른 신고와의 관계, 노인주거복지시설, 노인주거복지시설의 설치, 노인복지주택의 입소자격 등, 입소자격이 없는 자에 대한 노인복지주택의 처분명령, 노인의료복지시설, 노인의료복지시설의 설치, 노인여가복지시설, 노인여가복지시설의 설치, 재가노인복지시설, 재가노인복지시설의 설치, 요양보호사의 직무·자격증의 교부 등, 요양보호사교육기관의 지정 등, 긴급전화의 설치 등, 노인보호전문기관의 설치, 노인 학대 신고의무와 절차, 응급조치의무 등, 보조인의 선임 등, 금지행위, 실종노인에 관한 신고의무 등, 조사 등, 비밀누설의 금지, 요양보호사의 결격사유, 요양보호사 자격의 취소, 변경·폐지 등, 수탁의무, 감독, 사업의 정지 등, 청문

제5장 비용	비용의 부담, 비용의 수납 및 청구, 비용의 보조, 유류물품의 처분, 조세 감면
제6장 보칙	심사청구 등, 노인복지명예지도원, 권한의 위임·위탁, 국·공유 재산의 대부 등, 「건축법」에 대한 특례
제7장 벌칙	벌칙규정

출처: 법제처(2010. 7. 21).

2) 저출산·고령사회기본법

저출산·고령화가 급속도로 진행되면서 경제, 사회, 문화 등 모든 측면에 심각한 문제가 발생할 것을 우려하여 정부차원의 대책의 일환으로 저출산·고령사회기본법이 제정되었다. 우리나라 각 가정에서 자녀를 출산, 양육하는 일이 원활하게 이루어지도록 하고, 노인이 우리 사회에서 중요한 행위자로서 건강하고 활력 있는 생활을 영위할 수 있도록 국가의 책임을 정한 법이다. 또한 저출산·고령사회정책의 기본 방향과 그 수립 및 추진체계에 관한 사항을 규정하여 국민의 삶의 질 향상과 국가의 지속적인 발전에 이바지하고자 2005년 9월에 시행된 법이다(박차상·김옥희·엄기욱·이경남·정상양, 2009). 법이 제안된 이유는 우리나라의 출산율이 세계 최저수준을 기록하였고, 동시에 평균수명은 연장되면서 발생한 저출산·고령화 사회로의 전환은 향후 노동력 부족, 경제성장 감소, 세대 간 갈등 등의 부작용을 불러일으킬 수 있으며, 이는 국가의 성장을 위협할 수 있기 때문이다.

다음 〈표 6-2〉는 저출산·고령사회기본법의 주요 내용이다.

〈표 6-2〉 저출산·고령사회기본법의 주요 내용

구분	내용
제1장 총칙	목적, 기본 이념, 정의, 국가 및 지방자치단체의 책무, 국민의 책무, 다른 법률과의 관계
제2장 저출산·고령사회 정책의 기본 방향	- 제1절 저출산정책: 인구정책, 자녀의 출산과 보육 등, 모자보건의 증진 등, 경제적 부담의 경감, 고용과 소득보장 - 제2절 고령사회정책: 고용과 소득보장, 건강증진과 의료제공, 생활환경과 안전보장, 여가·문화 및 사회활동의 장려, 평생교육과 정보화, 취약계층 노인 등, 가족관계와 세대 간 이해증진, 경제와 산업 등, 고령친화적 산업의 육성

제3장 저출산·고령사회 정책의 수립 및 추진체계	저출산·고령사회기본계획, 연도별 시행계획, 업무의 협조, 저출산·고령사회위원회, 관계행정기관의 협조, 국회보고
제4장 보칙	전문인력의 양성, 조사 및 연구, 민간의 참여, 국제교류의 활성화 지원

출처: 법제처(2010. 7. 21).

3) 노인장기요양보험법

최근 급속한 고령화 진행으로 인해 고령 노인의 수가 증가하면서 노화로 인한 수발이 요구되어, 2008년 7월 치매·뇌졸중 등 요양이 필요한 노인성 질환의 간병 수발과 시설 입소 등 요양서비스에 관한 노인장기요양보험법을 시행하였다. 이 법은 그동안 노인에 대한 간병과 요양을 가족의 책임으로만 부과하였으나, 이제는 국가와 사회가 함께 그 책임을 분담하고자 하는 취지를 가지고 있다(조추용·김윤정·임희규·장경옥·정길홍, 2009). 특히 기존의 노인을 대상으로 하는 복지제도가 대부분 저소득층에 초점을 맞추어졌던 것에 비해 본 제도는 전국민을 대상으로 한다는 것에 큰 의의가 있다. 물론, 저소득층은 비용면에서 보다 큰 혜택을 받게 되는 차이는 있다. 노인장기요양보험 수급 대상자는 65세 이상 노인 또는 65세 미만 노인성 질환자로서 등급판정위원회로부터 6개월 이상 장기간 일상생활을 혼자 수행하기 어렵다는 판정을 받은 노인이다. 질병의 등급은 그 심각도에 따라 장기요양 1-3등급으로 구분된다. 다음 〈표 6-3〉은 노인장기요양보험법의 주요 내용이며, 노인장기요양보험과 관련한 내용은 이후 건강보장에서 보다 자세히 다루기로 한다.

〈표 6-3〉 노인장기요양보험법의 주요 내용

구분	내용
제1장 총칙	목적, 정의, 장기요양급여 제공의 기본 원칙, 국가 및 지방자치단체의 책무 등, 장기요양급여에 관한 국가정책방향, 장기요양 기본계획
제2장 장기요양보험	장기요양보험, 장기요양보험료의 징수, 장기요양보험료의 산정, 장애인 등에 대한 장기요양보험료의 감면, 장기요양보험가입 자격 등에 관한 준용
제3장 장기요양 인정	장기요양인정의 신청자격, 장기요양인정의 신청, 장기요양인정 신청의 조사, 등급판정 등, 장기요양등급 판정기간, 장기요양인정서, 장기요양인정서를 작성할 경우 고려사항, 장기요양인정의 유효기간, 장기요양인정의 갱신, 장기요양등급 등의 변경, 장기요양인정 신청 등에 대한 대리

제4장 장기요양급여의 종류	장기요양급여의 종류, 가족요양비, 특례요양비, 요양병원간병비
제5장 장기요양급여의 제공	장기요양급여의 제공 시기, 장기요양급여의 월 한도액, 장기요양급여의 제한, 장기요양급여의 제한 등에 관한 준용
제6장 장기요양기관	장기요양기관의 지정, 재가장기요양기관의 설치, 장기요양기관의 시설·인력에 관한 변경, 장기요양기관 정보의 안내 등, 장기요양기관의 의무, 장기요양기관의 폐업 등 신고, 장기요양기관 지정의 취소 등
제7장 재가 및 시설 급여비용 등	재가 및 시설급여비용의 청구 및 지급, 재가 및 시설급여비용의 산정, 본인 일부 부담금, 가족 등의 장기요양에 대한 보상, 방문간호지시서 발급비용의 산정 등, 부당이득의 징수, 구상권
제8장 장기요양위원회	장기요양위원회의 설치 및 기능, 장기요양위원회의 구성, 장기요양위원회의 운영
제9장 관리운영기관	관리운영기관 등, 공단의 장기요양사업 조직 등, 장기요양사업의 회계, 권한의 위임 등에 관한 준용, 등급판정위원회의 설치, 등급판정위원회의 운영, 장기요양급여의 관리·평가
제10장 이의신청 및 심사청구	이의신청, 심사청구, 행정소송
제11장 보칙	국가의 부담, 전자문서의 사용, 자료의 제출 등, 보고 및 검사, 비밀누설 금지, 청문, 시효 등에 관한 준용, 다른 법률에 따른 소득 등의 의제 금지, 수급권의 보호
제12장 벌칙	벌칙, 양벌규정, 과태료, 과태료의 부과·징수 절차

출처: 법제처(2010. 7. 21).

4) 고용상 연령차별금지 및 고령자고용촉진에 관한 법률

고령자가 그 능력에 적합한 직업에 취업하는 것을 지원·촉진함으로써 고령자의 고용안정과 국민경제의 발전에 이바지하기 위해 1991년 12월에 만들어진 법이다.

300인 이상의 사업장에 대해서는 55세 이상의 노령자를 3% 이상 고용하도록 권장하고 있으나, 이 규정이 법적인 강제규정이 아니고 권장사항이기 때문에 실효성이 떨어지는 문제를 갖고 있다. 따라서 적용대상과 기준고용률을 조정하고, 권장사항이 아닌 의무사항으로 전환할 필요가 있다(조추용·김윤정·임희규·장경옥·정길홍, 2009). 다음 〈표 6-4〉는 고용상 연령차별금지 및 고령자고용촉진에 관한 법률의 주요 내용이다.

〈표 6-4〉 고용상 연령차별금지 및 고령자고용촉진에 관한 법률의 주요 내용

구분	내용
제1장 총칙	목적, 정의, 정부의 책무, 사업주의 책무, 고령자고용촉진기본 계획의 수립
제1장의 2 고용상 연령차별 금지	모집, 채용 등에서 연령차별금지, 차별금지의 예외, 진정과 권고의 통보, 시정명령, 시정명령 이행상황의 제출요구 등, 해고나 그 밖의 불리한 처우의 금지
제2장 정부의 고령자 취업지원	구인·구직 정보수집, 고령자에 대한 직업능력 개발훈련, 사업주에 대한 고용지도, 사업주의 고령자 교육·훈련 및 작업환경 개선에 대한 지원, 고령자의 취업알선 기능 강화, 고령자 고용정보센터의 운영, 고령자인재은행의 지정, 중견전문인력 고용지원센터의 지정, 고령자인재은행 및 중견전문인력 고용지원센터의 지정취소 등, 고령자 고용촉진을 위한 사업
제3장 고령자의 고용촉진 및 고용안정	사업주의 고령자 고용 노력의무, 사업주의 고령자 고용현황의 제출 등, 고령자 고용촉진을 위한 세제지원 등, 우선고용직종의 선정 등, 우선고용직종의 고용, 고용 확대의 요청 등, 내용 공표 및 취업알선 중단
제4장 정년	정년, 정년제도 운영현황의 제출 등, 정년퇴직자의 재고용, 정년퇴직자의 재고용지원, 퇴직예정자 등의 구직활동지원, 정년 연장에 대한 지원
제5장 보칙	보고와 검사, 권한의 위임, 벌칙, 양벌규정, 과태료

출처: 법제처(2010. 7. 21).

2. 노인과 소득보장

노인기에는 퇴직 및 노동력의 상실, 기회의 부족 등으로 인해 소득이 줄어들거나 상실하게 된다. 노인에 대한 소득보장은 노인기에 소득 상실로 인해 빈곤에 처하는 것을 방지하고 삶의 질을 보존하기 위해 최소한의 소득을 확보해 주는 것을 의미한다. 소득보장은 지급방식에 따라 현금을 직접적으로 보장하는 직접적 소득보장제도로 연금제도, 국민기초생활보장제도, 기초노령연금제도 등이 있고, 간접적 소득보장으로 경로우대, 세제감면제도 등이 있다.

1) 직접적 소득보장제도

(1) 연금제도

연금급여가 제공되는 연금제도는 크게 국민연금과 특수직연금이 있다. 국민의 대다수를 대상으로 하는 국민연금은 사회보험방식으로 운영되며, 20년 이상 보험료를 내고 나이 60세가 되었을 때부터 사망 시까지 일정액을 지급받도록 되어 있다. 특수직연금으로는 공무원연금, 군인연금, 사립학교교원연금 등이 있는데, 이 직업군에 해당하는 소수의 노인만이 대상이 되고 있다.

(2) 국민기초생활보장제도

국민기초생활보장제도는 노인뿐 아니라 전 국민을 대상으로 하는 대표적인 공공부조이다. 노인의 경우 65세 이상으로, 부양의무자가 없거나 부양의무자가 있더라도 부양능력이 없어 부양을 받을 수 없는 자로서, 소득인정액이 최저생계비 이하인 경우가 수급 대상이 된다. 급여 종류는 생계급여, 의료급여, 자활급여, 주거급여, 장제급여 등이 있다.

(3) 기초노령연금제도

이 제도는 국민연금에 가입하기 어려운 저소득 노인층에게 기초노령연금을 지원하여 노후생활의 안정을 도모하는 데 목적이 있다. 기초노령연금의 대상은 소득인정액이 대통령령에서 정하는 기준 이하의 65세 노인이며 국민연금 전체 가입자 평균소득월액의 5%에 해당하는 금액을 지급한다(이해영, 2009).

2) 간접적 소득보장제도

경로우대제도는 생활 속에서 노인의 지출 부담을 감소해 주기 위한 제도이다. 경로우대제도의 대표적 내용으로는 철도할인(무궁화호, 새마을호, KTX호 등), 전철 및 도시철도의 운임, 국·공립 박물관, 국·공립 미술관, 항공기 운임, 여객선 운임 등이다. 이 외에 노인을 부양하는 가족의 세금을 감면해 주는 제도로 상속세 감면, 소득세 공제제도 등이 있다.

3. 노인과 건강보장

노인의 건강보장이란 노인의 건강에 관한 문제를 예방, 해결하는 사회적 제도를 말하며, 질병, 부상 등에 대한 의료적 처치뿐 아니라 건강증진과 관리, 요양이나 케어서비스 등을 포함하는 개념으로 사용되고 있다.

1) 건강보험

건강보장체계의 중심을 이루고 있는 건강보험제도는 1977년 공무원사립학교와 직장의료보험으로부터 실시되어 1981년 지역의료보험으로 확대, 실시되어 전 국민이 의료보험에 가입하게 되었으며, 2000년 세 가지 의료보험을 통합하여 국민건강보험제도로 전환하였다. 급여 내용은 진찰 및 검사, 약제, 처치, 수술 등의 치료행위, 예방, 재활, 입원, 간호 등이 해당된다. 직장과 지역에 해당하는 기준에 따라 보험료를 지불하게 된다. 입원의 경우 진료비 총액의 20%만을 본인이 부담하며, 외래는 전체 진료비의 40%를 본인이 부담하게 되고, 종합병원의 경우 요양급여비용 총액의 50%를 본인이 부담하게 된다(국민건강보험공단, 2010).

2) 의료급여

의료급여는 생활이 어려운 저소득층에 지원하는 제도로서, 국민기초생활보장수급권자들을 대상으로 하며, 1종은 수급권자 중 근로능력이 없는 세대, 희귀난치성 질환 세대, 시설수급권자, 북한이탈주민, 입양아동, 국가유공자, 행려환자 등이 대상이 되며, 2종은 국민기초생활보장수급권자 중 근로능력이 있는 세대가 해당된다.

1종 환자가 입원하는 경우 요양급여가 적용되는 범위 내에서 본인 부담은 없으며, 특진료 등은 예외로 본인 부담을 하게 된다. 2종 환자가 입원하는 경우에는 급여 총액의 15%를 본인이 부담하게 되며, 외래 진료나 약국 부담 등에 대한 세부규정이 있다(보건복지가족부, 2010).

3) 노인건강지원사업

노인건강지원사업은 노인의 건강증진과 관리를 위한 복지제도이다. 그 종류로는 첫째, 질병의 조기발견과 치료를 위한 노인건강검진사업이 있는데, 이는 65세 이상 국민기초생활보장수급권자와 차상위계층 노인이 대상이 된다. 둘째, 노인의 치매예방과 관리를 위한 치매상담센터 운영 및 치매조기검진사업이 있는데, 치매노인 등록 및 관리, 치매노인과 가족 상담 및 지원, 치매예방사업, 재가 치매노인 방문관리사업, 치매노인의 노인요양시설 입소 안내 등이 이루어지고 있다. 셋째, 노인 암검진 및 개안수술사업이 저소득층 노인의 시력 향상과 실명 예방을 위해 이루어지고 있다. 이 사업은 60세 이상 모든 노인을 대상으로 하며, 저소득층 노인이 우선순위이다. 이 외에도 결식우려 노인 무료급식사업, 노인건강증진 허브보건소 등이 노인의 건강지원을 위해 운영되고 있다.

4) 노인장기요양보험

2007년 노인장기요양보험법에 제정되고 3년간의 시범사업이 실시된 후, 2008년 7월부터 본격적으로 노인장기요양보험제도가 시행되었다. 노인장기요양보험제도는 고령이나 노인성 질환 등의 사유로 일상생활을 혼자서 수행하기 어려운 노인 등에게 신체활동, 가사지원, 간병지원 등의 요양서비스를 가정이나 요양시설에서 제공함으로써 노인들의 건강증진 및 가정의 생활안정을 도모하고, 부양가족의 부양부담을 경감하여 국민의 삶의 질을 향상시키고자 시행된 사회보험제도이다(국민건강보험공단, 2008). 노인장기요양보험은 전 국민이 대상이라는 점에서 매우 획기적이며, 기존에 저소득층에 치중되었던 건강보장에서 일반국민 전체로 확대되었다는 매우 큰 의미를 가지고 있다. 국민건강보험공단에 장기요양인정 신청을 하여 장기요양등급판정위원회를 통해 노인성 질환으로 6개월 이상의 기간 동안 혼자서 일상생활을 하는 데 어려움이 크다고 판정되어, 1-3등급을 받게 되면 장기요양보험 수급 대상자가 된다. 연령은 65세 이상 노인이 대상이 되나, 65세 미만이라도 노인성 질환임이 인정되면 그 대상이 될 수 있다. 노인장기요양보험의 급여는 시설에 입소하여 서비스를 받는 시설급여, 가정방문을 통해 서비스를 받게 되는 재가급여, 현금으로 지급되는 특별현금급여의 세 가지로 나누어져 있다.

4. 노인과 주거보장

노인의 주거보장정책은 노인에게 적합한 주거공간을 확보해 주고 주거권을 보장함으로써 노인들의 인간다운 삶의 질을 보장하는 것을 목적으로 한다. 그러나 지금까지 노인의 주거보장과 관련한 정책은 다른 제도들에 비해 미비한 편이다. 노인주거보장을 위해 시행되고 있는 직접적인 정책으로 국민기초생활수급자에게 지급되는 주거급여가 있다. 1999년부터 시작되었으며 국민기초생활보장법에 규정되어 있다. 이 급여는 수급권자에게 주거안정에 필요한 임차료와 유지수선비 등을 지급하는 내용이나 그 수준이 현실적이지 못하다. 이 외에 대부분의 제도들은 간접적인 형태로 운영되고 있다. 그 예로 노인부모를 부양하기 위해 세대를 합친 경우에 양도소득세의 면제혜택을 주는 경우, 소득세 공제로 부양가족공제와 경로우대공제, 부모를 부양하는 무주택세대주에게 건설되는 양의 일정 범위 내에서 우선공급을 해 주는 정책과 국민임대주택의 우선공급정책 등이 있다(김형수 · 모선희 · 유성호 · 윤경아, 2009). 또한 1995년부터 정부가 추진해 온 노인의 집 프로그램이 있는데, 이는 국민기초생활보장제도의 수급자 노인 4-5명이 함께 생활하는 주거공간을 제공하는 것이다. 그러나 정부의 적극적인 의지의 부족으로 활성화되고 있지는 않다(성명옥, 2000).

5. 노인과 고용보장

고용보장이란 '국가가 고용에 관한 정책을 종합적으로 수립 · 시행함으로써 국민 개개인이 그 능력을 최대한 개발하도록 하고, 노동시장의 효율성 제고와 인력의 수급균형을 도모하여 고용의 안정, 근로자의 경제적 · 사회적 지위의 향상을 도모하는 보장제도'이다(이희성, 2002). 우리나라는 본격적인 고령화 사회가 되면서 노년층의 고용 문제가 새로운 문제로 부각되고 있다. 일에 대한 의욕이 여전히 있으나 정년퇴직 · 명예퇴직 등으로 직장을 떠나게 된 노인들은 경제적으로 쇠약해짐과 동시에 사회 참여도 소외될 수 있다. 이러한 문제를 해결하고자 우리나라에서는 노인을 위한 고용보장정책을 펼치고 있다. 대표적으로 고령자고용촉진 프로그램과 고용알선 프로그램이 있다.

1) 고령자고용촉진 프로그램

1992년 7월부터 시행된 고령자고용촉진법에 의하면, 200인 이상 사업장에 대해서 55세 이상 고령자를 3% 이상 채용하도록 권장하고 있다. 그러나 강제조항이 아니고 권장사항이기 때문에 실효성이 떨어진다. 또한 55세 이상 고령자를 고용하고 있는 사업장에게 장려금을 지원해 주는 제도가 있는데, '고령자 다수고용 장려금제도, 신규고용 장려금제도, 재고용 장려금제도' 등이 있다. 이 제도는 고령자 고용을 유도하기 위한 정책이나 고령자의 연령을 55세로 규정하고 있기 때문에 65세 이상 노인의 고용촉진 효과는 그리 높지 않은 것으로 나타났다(박석돈 · 박순미 · 이경희, 2009).

2) 고용알선 프로그램

고용알선 프로그램으로는 고령자인재은행, 노인취업알선센터, 노인일자리사업 등이 있다. 고령자인재은행은 고령자에 대한 구인, 구직, 직업지도, 취업알선 등을 시행하는 제도이다. 그러나 대부분 인재은행을 통해 취업하는 업종은 단순 노무직이며, 근무기간도 짧은 편으로 알려져 있다. 노인취업알선센터는 노인인력을 필요로 하는 해당 지역 기업체에 장·단기 취업을 알선하는 역할을 하고 있다. 이 사업 역시 실제 노인취업을 활성화시키기에는 취업직종이 편중되어 있는 등 한계점 등을 갖고 있어 실효성이 높지는 않는 편이다. 노인일자리사업은 정부가 노인의 능력과 적성에 맞는 일자리를 창출·제공함으로써 노인의 삶의 질 향상과 사회적 부양부담을 감소시키기 위해 시행한 제도이다. 정부는 노인일자리사업을 공익형, 교육형, 복지형, 시장형, 인력파견형으로 나누어 추진하고 있으며, 향후 추가적인 개발과 계속적인 증대를 위해 노력해 나가고 있다.

Activity

1. 신문이나 뉴스를 통해 최근 이슈가 되고 있는 노인 문제를 찾은 후, 그 문제를 해결할 수 있는 복지제도는 무엇인지 토론해 봅시다.

2. 현재 거주하는 지역구의 노인복지 관련 기관과 그 기관에서 이루어지고 있는 노인복지서비스는 무엇인지 찾아본 후 발표해 봅시다.

3. 정부예산은 한정되어 있다. 이때 노인과 아동 중 어느 쪽에 보다 비중 있게 예산을 배분하는 것이 바람직한지 자신의 의견을 토론해 봅시다.

7장 노인의 경제생활 및 은퇴

정병은

1. 노년기 경제생활의 변화

개인의 일생 주기를 놓고 보면 노년기는 소득이 점차 감소하거나 미미한 수준이 되거나 소득이 없는 상태가 되며, 지출의 측면에서는 기본적인 생활비 이외에 건강의 약화 및 질병으로 인해 의료비 지출의 비중이 높은 시기이다. 따라서 퇴직 후 일상생활이 가능한 만큼의 연금이나 자산이 준비되어 있지 않거나 재취업으로 근로소득을 얻지 못한다면 대부분의 경우 자녀를 비롯한 타인에게 경제적으로 의존하게 될 것이다. 우리나라의 노인은 스스로 경제력을 지닌 자립형에 비해서 가족, 국가, 사회단체 등의 경제적 지원에 의존하여 생활하는 의존형 경제생활 비중이 높은 편이다. 그러나 향후에는 점차 가족에 의존하는 유형은 감소하고 국가에 의존하는 유형이 증가할 것으로 전망되며, 적극적인 노동시장정책, 고령친화적인 기업정책 등은 노인의 취업을 제고할 수 있을 것이다.

한편 노년기는 중년기, 장년기와는 구별되는 수입, 지출구조를 보여 준다. 중년기는 수입이 점차 증가하여 최대소득을 올릴 수 있는 시기이며, 기본 생활비 이외에 자녀양육 및 교육비, 주택마련을 위한 지출이 커다란 비중을 차지한다. 장년기에는 퇴직 등의 고용형태 변화로 소득이 격감하는 한편 재취업 기회를 얻지 못할 경우 소득이 없게 될 수 있다. 지출의 측면에서는 기본 생활비 이외에 자녀 교육비와 자녀의 독립을 지원하는 비용이 중요하다. 노년기에는 대부분의 경우 소득이 없어서 자산이나 연금 등으로 생활하거나 자녀에게 의존할 가능성이 높다.

〈표 7-1〉 노년기의 소득원 유형 분류

유형	원천	세부사항
근로/사업소득	노동	임금소득, 사업소득, 부업소득 등
자산소득	시장	임대소득, 이자소득, 저축, 개인연금 등
사적이전소득	가족	자녀, 친척 등 비공식적 지지망으로부터의 이전소득 등
공적이전소득	국가	공적연금, 경로연금, 생계급여 등

우리나라 노인의 주요한 소득 원천으로는 크게 근로/사업소득, 자산소득, 사적이전소득, 공적이전소득의 4가지 유형으로 구분해 볼 수 있다. 노년기의 주요 소득원 구성은 주요한 변화를 보여 주는데, 무엇보다도 퇴직 등의 고용형태 변화와 재취업 기회의 제한으로 연령이 증가함에 따라서 점차 근로소득의 비중이 감소하게 된다. 특히 여성 노인의 경제활동 참여율이 상대적으로 낮아서 근로소득의 비중이 매우 낮다. 또한 공식적, 제도적 노인복지체계의 수준이 상대적으로 발달하지 못하여서, 국가가 제공하는 공적이전소득의 비중은 매우 낮은 반면에 성인자녀를 포함하여 가족, 친척이 제공하는 사적이전소득에 대한 의존도가 높다.

〈표 7-2〉 중년 이후 소득원의 구성 변화(%)

유형	55세 이상	60세 이상	65세 이상
근로/사업소득	71.4	60.7	37.9
자산소득	13.6	17.8	26.8
사적이전소득	11.1	15.7	27.5
공적이전소득	3.9	5.7	7.8

출처: 김태현(2007), 『노년학』.

또한 노인들은 한 가지 단일한 소득원에 의존하기보다 중층적으로 다수의 소득원을 갖고 있는데, 소득원이 1개인 경우는 7.5%에 불과하며, 소득원이 2개인 경우는 48.5%, 3개인 경우는 28.4%, 4개인 경우는 15.2% 등이다. 즉, 대다수의 노인들이 2-3개의 소득원을 가지고 있으며, 특히 '자녀, 친척 등 비공식적 지지망으로부터 받는 이전소득이 있다'는 79%를 차지하고 있다(정경희 외, 2005).

노인의 특성별로는 농어촌 지역에 거주하는 노인, 고령 노인, 배우자가 없는 노인이 소득원에 관계없이 소득액이 적은 편이며, 그중에서도 여성 노인의 빈곤화 수준이 심각하다. 여성 노인은 남성 노인보다 평균 수명이 8년 정도 길고, 소득이 낮은 편이며 건강 상태가 좋지 않은 편이다. 월평균 소득액이 10만 원 미만인 인구의 비율을 비교해 보면 남성 노인의 33.7%를 차지하는 반면, 여성 노인의 66.3%를 차지하여, 노인층에서 성별에 따른 경제력 차이가 상당히 벌어진다. 이는 여성의 생애주기에서 결혼 또는 출산/양육으로 인한 불연속적인, 단절된 경제활동, 노동시장에서의 성차별(이차적 지위, 무급가족종사자 등), 가족 내에서 주요한 자원에 대한 통제권/처분권의 한계, 모순적인 사회복지제도 등으로 인해 여성 노인의 빈곤화가 가중되고 있음을 보여 준다.

한편 노년기의 지출구조를 살펴보면(보건복지부 · 계명대학교 산학협력단, 2009), 월 생활비 지출항목 중에서 식료품비 28.4%, 교통통신비 20.0%, 주거비 16.3%, 보건의료비 10.5% 등으로, 기본적인 생계유지 및 건강 유지비용의 비중이 높은 것으로 조사되었다. 이런 연유로 다수의 노인이 다양한 형태로 경제활동을 하고 있는데, 노인이 주로 일하는 분야는, 산업으로는 농림어업(52.7%), 사업 · 개인 · 공공서비스(18.5%), 도소매음식숙박업(17.7%) 등이며, 직종은 농림어업직(51.2%), 단순노무직(26.2%), 서비스판매직(11.4%) 등이고, 종사상 지위는 자영업(58%)이 다수이며, 무급가족종사자(20.4%)의 비중도 적지 않은 편이다.

2. 노인도 일할 수 있다

노동은 다른 어떤 활동보다도 인간의 삶에서 커다란 부분을 차지한다. 노동은 때로 하기 힘든 고역(苦役)으로 인식되기도 하지만, 만일 일자리를 얻지 못해 노동하지 못하게 된다면 상실감을 느끼고 방황하게 될 것이다. 일하는 조건이 상대적으로 좋지 않고 하는 업무가 지루하더라도, 노동은 인간의 사회심리와 일상생활에서 매우 중요한데, 노동의 다음과 같은 특성 때문이다(Giddens, 2001).

- 돈: 임금은 인간이 생존하고 일상생활을 영위하기 위해 필요한 것을 충족시켜 줄 수 있게 하는 주요한 자원이다.

- 활동수준: 인간은 노동을 함으로써 기술과 능력을 습득하고, 또한 그것을 발휘할 기회를

얻게 된다.

- 다양성: 노동은 집안 환경과는 다른 환경에 접근할 수 있도록 해 준다. 아무리 반복적인 노동으로 인해 지겨워도 집에서 하는 일과는 다른 것을 하게 된다.

- 시간구조: 노동하는 사람들에게 하루 24시간은 일의 리듬을 중심으로 짜이게 된다. 때로는 시간에 매이게 되지만 다른 한편으로는 일상생활에서 방향감각을 제공한다.

- 사회적 접촉: 대부분의 노동은 다른 사람들과 함께 일할 수 있는 기회를 제공한다. 직업을 잃게 되면 사회관계의 폭은 가족과 개인적으로 아는 사람들로 좁혀지게 된다.

- 정체성: 일은 안정된 사회적 정체감을 제공하며, 특히 남성의 자긍심은 대부분 그들이 직업을 통해 경제적으로 기여하는 것과 밀접하게 관련되어 있다.

이러한 다양한 배경으로 인해 일이 없으면 인간은 자신이 사회적으로 가치 있는 존재라는 믿음이 약화될 수 있다. 이러한 노동의 영향은 정도는 줄어들 수 있을지 모르지만 노년기에도 마찬가지로 적용된다. 이와 같은 맥락에서 노년기의 일과 노동은 삶의 질과 밀접하게 관련되어 있을 뿐만 아니라 최근 들어 부각되고 있는 생산적 노화, 성공적 노화 패러다임에서도 핵심적인 구성요소를 차지한다.

노인이 일하게 되면 일상생활을 영위하는 데 필요한 소득을 제공할 뿐만 아니라 신체적인 건강을 유지시켜 주기도 한다. 한국노인인력개발원의 연구(2008)에 따르면 2004-2006년의 노인일자리사업에 참여한 경우는 그렇지 않은 경우에 비해서 연간 의료비를 187,817원을 덜 지출하였으며, 총 295억 6천 8백만 원을 절감하였다. 특히 참여하기 전에 건강 상태가 좋았던 경우에는 연평균 68,259원의 의료비를 절감한 반면, 건강 상태가 좋지 않았던 경우에는 연평균 290,975원의 의료비를 절감하였다. 취업에 의한 의료비 절감효과는 건강이 좋지 못한 노인에게 더욱 크다는 것을 알 수 있다.

또한 노인일자리사업에 참여함으로써 노인가구의 빈곤율은 참여 전 72.5%에서 참여 후 68.2%로 감소하였고, 특히 최저생계비 50% 이하의 비율은 참여 전 46.3%에서 참여 후 36.6%로 감소하였으며, 최저생계비 120% 이상의 비율은 참여 전 20.1%에서 참여 후 25.5%로 증가하였다. 따라서 일할 의사가 있는 노인이 일자리사업에 참여할 경우 노인가구 빈곤율이 30.1%에서 23.6%로 하락할 것으로 추정되었고 소득격차가 감소하는 것으로 분석되었다(한국노인인력개발원, 2008). 이 밖에도 노인의 경제활동은 자아정체성과 유능감 제공, 사회적 친분관계의 형성을 통해서 노년기 삶의 질 향상에 긍정적인 영향을 미치는 것으로 알려져 있다.

그런데 일반적으로 산업화가 진전되면 고령 노동자에 대한 수요는 감소하고, 소득수준이 전반적으로 향상되면서 제도적인 은퇴가 요구될 뿐만 아니라 개인적으로도 은퇴에 대한 동기가 강화된다. 그러나 우리나라는 다른 OECD국가에 비해서 전반적으로 노인의 취업률이 높을 뿐만 아니라 계속 증가하는 추세를 보이고 있다. 이는 첫째, 주로 농어업부문에서 노인의 취업이 빠른 속도로 증가하고 있기 때문인데(OECD, 2005), 농어업부문은 공식적인 정년이 없는데다가 도시로 떠나간 젊은 노동력을 대체하고 있어서 농촌의 노인들은 지속적으로 취업 상태에 놓이게 된다.

둘째, 전통적인 효 규범의 영향으로 지속되어 왔던 성인자녀에 의한 노부모 부양이 약화되면서 노년기의 주요 소득구성이 변하게 된 것도 고령자의 취업률을 증대시킨다. 즉, 가족구조의 변화 및 기능의 약화로 인해 자녀로부터의 경제적 지원이 어려워지면서 노년기에도 계속 소득을 목적으로 일할 수밖에 없다. 통계청(2008) 조사를 보면, 노인 중에서 취업희망자는 57.1%였으며, 취업이유는 생활비 마련(31.2%)과 노동의 즐거움(19.8%)의 순으로 나타났다. 『2004년도 전국 노인생활실태 및 복지욕구 조사』에서도 노인이 취업을 원하는 이유로는 경제적 이유 56.8%, 건강 유지를 위해서 16.2%, 능력을 느끼고 싶어서 10.6% 등으로 나타났다.

셋째, 그동안 고도의 경제성장과정에서 지속되어 왔던 노동인구의 유입이 은퇴 시기까지 계속되었다. 한국 사회의 '압축적 성장'은 양질의 풍부한 노동공급의 증가에 의존한 측면이 강한데, 강력한 노동윤리로 무장한 이들 산업화, 근대화 세대들이 노년기에도 계속 일하려고 한다.

넷째, 97년 외환위기 이후 기업의 구조조정 및 노동조건의 변화로 평생직장의 패러다임이 점차 쇠퇴하고 고용의 불안정이 초래되었다. 이런 상황에서 고령 노동자는 임시일용직의 단순노무직, 비정규직 일자리를 중심으로 일하게 된다.

일부에서는 노인의 생산성 및 근로능력에 대해 회의적이고 부정적인 평가를 내리고 있다. 즉, 일할 수 없을 정도로 병들어 있고, 은퇴하고 싶어 하며, 업무상 재해 또는 사고를 일으키기 쉽고, 생산성이 떨어지며, 조직보다 개인적인 일에 더 관심이 많고, 창의성과 업무주도성이 낮고, 질병 등에 의한 결근이 잦고, 상사의 지도감독에 협조적이지 않고, 새로운 지식/기술을 습득하는 데 시간과 비용이 들고, 일하는 것에 비해 급여는 많이 받아가며, 동료와의 업무보조를 맞추기가 어려우며, 이직과 전직이 빈번하다는 것이다. 반면 이러한 인식은 편견에 불과하다고 반박하는 주장도 있다. 즉, 자신의 일에 대한 자긍심을 갖고 있으며, 물질적 보상/지위 상승에 대한 욕심이 작으며, 지도감독자의 지시와 규칙에 순응하고 협력하며, 일 자체에서 즐거움을 얻으며, 어떤 영역에서는 젊은 층보다 생산성이 더 높으며, 결근이 적고, 이직률이 낮고, 업무상 사고, 재해당하는 비율이 더 낮으며, 젊은 층이 기피하는 궂은일을 마다하지 않으며, 성실하고 양심적이라고 한다.

그러나 연령차별적인 노동시장, 고령 노동자에게 적합한 일자리의 부족, 연공서열적인 임금체계, 기업의 고령자 채용 기피 등으로 인해 일하고자 하는 의지가 강하며, 일할 수 있는 능력이 있는데도 불구하고 실제로 노인들에게 취업은 매우 어려운 실정이다. 이에 따라 최근 일자리가 절실한 노인들이 목소리를 내기 시작했는데, 2007년 2월 13일에 "일하는 노인 전진대회"가 개최되어 「일하는 노인(努人) 선언문」을 채택하였다. 이 선언문에서는 노인이 늙을 로자의 '老人'이 아니라 힘쓸 로, 부지런할 로의 '努人'이라고 풀이함으로써, 일할 수 있는 사회구성원으로서의 존재의 의미를 부각시키고 있다.

또한 선언문에는 국가에 대하여 노인들의 요구사항을 제시하고 있는데, 첫째, 연령과 관계되는 모든 차별을 철폐하고, 건강한 노인이 사회에 참여할 수 있는 제도적 장치를 마련할 것, 둘째, 노인이 건강한 삶을 영위할 수 있도록, 국가발전에 이바지할 수 있도록 적합한 일자리를 제공할 것, 셋째, 노후생활을 보장할 수 있는 수준의 기초노령연금제도를 시행할 것, 넷째, 각종 신체, 정서적 기능장애로 고통 받는 노인의 삶의 질 향상과 가족의 부양부담 경감을 위해 장기요양보험제도를 도입할 것을 요구하는 내용이 포함되어 있다. 노인인구가 증가하면서 고용을 포함하여 사회 참여 기회의 확대를 요구하는 목소리는 갈수록 확대할 것이며, 이러한 노인의 욕구를 생산적이고 건설적으로 반영하기 위한 노력이 보다 강화되어야 할 것이다.

3. 은퇴 및 노후준비

은퇴(retirement)란 사회적으로 인정된 실업으로서, 일하는 것을 명백하게 그만두고 공식적인 노동시장에서 물러나는 것을 의미한다. 우리나라는 선진국에 비해 제도적 정년연령이 빠를 뿐만 아니라, 최근에는 사오정, 오륙도 등의 용어에서 알 수 있듯이, 사회 경제적으로 왕성하게 활동할 시기에 퇴직하는 경향을 보인다. 퇴직 후 은퇴생활을 하려면 축적된 자산, 공적연금 등이 있어야 하며, 문화적 가치가 노년기까지 일하지 않고 은퇴하는 것을 지지하여야 한다. 그러나 한국은 노인에 대한 제도적, 공식적 복지수준이 미약하고, 50대는 생애주기에서 자녀 교육 및 결혼을 위해 지속적인 소득이 필요하기 때문에, 퇴직 후에도 다양한 형태의 경제활동을 하게 된다. 이러한 현상을 전통적 은퇴(traditional retirement)와 구별하여 점진적 은퇴(gradual retirement) 또는 부분 은퇴(partial retirement)로 개념화하고 있다(장지연, 2003).

그러나 효율성 및 경쟁을 중시하는 현대사회의 규범과 맞물려 노동시장의 연령차별, 제도적 정년제도 그리고 경기침체, 기업의 구조조정 등의 비자발적 요인은 노인의 취업과 재취업을 곤란하게 만들어 경제활동을 하지 못하게 만든다. 노인은 자신의 의지에 따라서 자발적으로 퇴직하기도 하는데 공적연금, 기업연금 등 소득보장제도가 잘 정비되어 있고 충분한 노후준비가 되어 있다면 취업보다 은퇴를 선택할 수 있다. 그러나 노후에 소득이 충분하지 않다면 일하는 기간을 연장하거나 퇴직 후에도 일하기 위해 재취업해야 할 것이다. 노인의 취업 또는 은퇴를 설명하는 또 다른 접근으로서, 은퇴 후 생활을 보장하는 소득보다 은퇴계획 자체가 은퇴 후의 취업을 설명할 수 있다는 주장이 있다. 이에 따르면 개인은 은퇴하기 전에 은퇴에 대한 계획을 세우는데 은퇴계획보다 일찍 퇴직하게 되면 새로운 일자리를 찾거나, 일할 기회가 있으면 다시 일을 시작하게 된다는 것이다.

우리나라 노인의 취업 또는 은퇴에 관한 선행 연구를 검토해 보면, 인구학적 특성, 사회경제적 지위, 가족관계, 노후대비 등의 개인적 요소뿐만 아니라 노동시장정책, 연금제도, 사회정책 등의 구조적 요소도 중요한 영향을 미치는 것으로 분석되었다. 또한 퇴직 후 경제활동을 종결할 수 있는 은퇴자는 고소득의 안정적인 일자리에 있었던 소수의 전문직 남성에게만 해당되는 것으로 밝혀졌다. 사무직, 서비스직에 종사했던 대다수는 퇴직 후 불안정한 일자리를 갖게 되고 일부는 노동시장의 위계상 하강이동을 경험하고 있다(박경숙, 2000, 2003; 장지연, 2003). 또한 단순노무직의 경우에는 지속적으로 일자리를 유지하지만 노동시장의 주변부 일자리를 전전하게 된다.

특히 우리나라의 퇴직제도가 갖는 문제점은 첫째, 정년연령이 절대적으로 낮다는 점이다. 외국의 경우에는 정년제도가 아예 없는 경우도 있고 60대, 70대 이후로 매우 높기 때문에 건강에 문제가 없는 한 본인이 원하는 시기까지 일할 수 있다. 둘째, 퇴직 후의 소득보장에 대한 고려를 하지 않는데, 자녀교육, 결혼자금 등 가계지출이 최대화되는 시점에서 비자발적으로 퇴직하게 됨으로써, 50대 초반의 퇴직시점과 60대 중반의 연금 수급시점 사이에는 10년 이상의 괴리가 생기게 된다. 셋째, 직종, 직급 등에 따른 차별적 정년연령이 적용되는 경우가 있는데 이와 같은 차등적 정년을 적용하는 기준의 타당성에 의문을 제기할 수 있다. 넷째, 퇴직 이후의 재고용, 재취업을 위한 제도적 장치가 미흡하여서 일하고자 하는 욕구와 의지가 있더라도 실제로 일할 수 기회는 매우 좁다.

이에 대한 개선방안으로는 (1) 55세로 되어 있는 정년연령을 연장, (2) 직종이나 직급에 따라 차등을 두는 제도의 개선, (3) 임금피크제와 같은 부분적 정년제도의 도입, (4) 정년퇴직 후 재고용제도의 확대, (5) 고령자를 위한 직업능력의 개발 강화, (6) 은퇴준비 프로그램 확대 및 실시, (7) 퇴직자 가족을 위한 다양한 프로그램 개발 등이 거론되고 있다.

뿐만 아니라 최근에는 노년기를 대비한 은퇴계획 및 노후대비의 중요성에 대한 사회적 인식이 점차 증가하고 있는데, 아들 또는 자녀에게 노후를 의지하려는 의식은 감소하고, 노인 자신과 정부/사회의 책임을 강조하는 의식이 높아지고 있다. 노후대비에 있어서 가장 중요한 것은 신체적 건강과 아울러 경제적 자원일 것이다. 건강과 경제자원은 노인의 노후에 사회 속에서의 정체성을 유지하고 다양한 활동과 모임에 참여할 수 있도록 한다. 금융기관 및 경제연구소에서 밝힌 노후생활에 필요한 비용은 다소 차이가 있지만, 65세 부부가 평균 기대수명까지 살면서 최소한의 수준으로 생활하는 데 드는 비용은 약 4억 원이 필요하고, 여유 있게 생활하는 데 드는 비용은 약 12억 원이 필요하다고 한다(한국노년학회, 2009). 이는 부부 모두가 신체적으로 건강하고 질병에 걸리지 않아 의료비가 반영되지 않는 것을 전제로 하기 때문에 실제로는 이보다 비용이 더 필요할 것이며, 또한 평균 기대수명이 점차 길어진다는 것도 염두에 두어야 할 것이다.

그런데 우리나라 노인에게 '노후준비의 최대의 적은 자식'이라고 주장하는 의견도 있다. 자녀의 대학등록금은 물론 결혼준비, 주택마련까지 부모가 지원해 주느라고 부모는 정작 자신의 노후준비를 할 여력이 없게 된다. 실제로 노후에 주택을 팔아서 또는 실버타운의 보증금을 빼내서 자녀의 사업자금을 대주었다가 집을 날리거나 길거리에 나앉게 되는 일도 벌어지고 있다. 금융기관들이 경매에 붙이는 대출 연체 부동산은 연간 40만 건에 달하는데, 이 중의 20%가 부모의 집을 담보로 하는 대출이며, 매년 8만 명의 은퇴자가 파산 위기에 몰린다고 한다(조선일보, 2006. 9. 4자).

이렇게 볼 때 노후준비는 노년기에 진입하기 이전부터 미리 장기적인 계획을 가지고 계획해야 한다. 그러나 대한상공회의소가 2006년에 서울의 직장인 1,000명을 대상으로 노후대책 실태에 대한 조사를 한 결과, 노후대비는 '주택비를 제외하고 3억 원 필요할 것이다'라는 응답이 약 80%를 차지하였다. 이는 실제로 노후를 보내는 데 필요한 지출과 비용이 얼마만큼 소요되는지에 대한 정확한 정보를 알지 못한다는 것을 의미한다. 뿐만 아니라 응답자의 45%는 '노후자금 준비를 안 하고 있다'고 응답하였고 심지어, 예비 노년기라고 할 수 있는 50대의 37%가 '준비를 안 하고 있다'고 응답하였다. 노후준비가 의식적으로, 물질적으로 모두 미비한 수준인데, 이는 무엇보다도 경제력의 부족에서 연유한 것으로 볼 수 있다. 고용의 불안정과 실업의 문제가 심각해지면서 청년층의 사회 진출 시기가 점차 지연되고 있을 뿐만 아니라, 결혼연령과 주택마련 연령이 높아지고 있고, 사교육비 부담 등으로 인해 노후준비가 지연되고 있다.

Activity

1. 과거와 달리 경제성장이 일자리 창출에 미치는 임팩트의 크기가 감소하고 있다. 우리 사회는 IMF 이후 고용의 안정성 및 실업이 개인의 삶의 질을 결정하는 가장 커다란 요인으로 작용하고 있다. 또한 일자리 창출과 실업은 핵심적인 국정과제이기도 하다. 그런데 청년실업과 노인실업은 모두 국가적으로 해결해야 할 과제이지만, 둘 중 한 가지 문제가 우선적으로 해결되어야 한다면 어떤 문제가 해결되어야 하는가? 이에 대한 주장의 근거를 중심으로 함께 토론해 봅시다.

2. 일반적으로 노인의 생산성은 젊은이에 비해 낮다고 평가되기도 하고, 그렇지 않다고 반박하는 주장도 있다. 노인의 근로능력은 젊은 사람에 비해 부족한지 이야기해 봅시다.

3. KBS 수요기획 〈캥거루 아이와 헬리콥터 부모〉(2007. 5. 16 방영) 보기

8장 노인과 사회활동

김영범

1. 사회활동의 의미와 종류

노년기의 신체적 변화로 인해 노인들은 다양한 사회활동에 참여할 수 있는 시간과 여유를 얻게 된다. 직장으로부터의 은퇴나 자녀의 성장으로 노인들이 의무적으로 해야 할 활동의 내용과 시간은 줄어든 반면 스스로 선택해 할 수 있는 활동을 위한 시간은 증가한다.

사회활동(social activity)이란 '육체적, 정신적으로 대외적인 관계와 접촉을 유지할 수 있는 모든 행위를 총칭하는 것'(김영범 · 이승훈, 2007)으로 정의된다. 광범위한 의미로 사회활동은 경제활동과 여가활동, 일상생활의 활동 등 본능적인 활동을 제외한 모든 활동을 포함한다. 그러나 좁은 의미로 사회활동은 경제활동이나 일상적인 도구적 활동을 제외한 활동을 의미한다. 사회활동과 유사한 개념으로는 여가활동(leisure activity)을 들 수 있다. 여가활동은 크게 시간의 측면, 활동의 측면, 정신의 측면에서 그 특징을 살펴볼 수 있는데(나항진, 2004), 시간의 측면에서 보면 사회활동은 자유 시간의 활동을 의미한다. 즉, 아무런 의무나 제약 없는 시간에 하는 활동으로 정의된다(Kelly, 1987). 다른 한편으로 여가활동은 활동의 특성으로 정의될 수도 있다. 즉, 경제활동이나 가족활동과 같은 의무적인 활동과는 달리 자유로운 의사와 기분전환을 위해 참여하는 활동으로 정의되는 것이다. 마지막으로 여가는 마음의 상태로도 정의되는데, 즉 여유로운 마음이나 한가로운 마음을 갖고 하는 활동이 모두 여가활동이라는 것이다. 여가활동은 앞서 살펴본 세 가지 특징, 즉 시간, 활동, 정신 상태 중 한 가지 규정으로 정의할 수 있다기보다는 모두를 포함하는 것으로 정의하는 것이 바람직하다고 판단된다. 사회활동 중 비강제적이며 자율적으로 선택된 활동의 경우 여가활동(leisure activity)과 유사한 의미를 갖는다. 본 장에서는 사회활동을 좁은 의미의 사회활동만을 포함하는 것으로 정의한다.

좁은 의미의 사회활동도 매우 다양한 활동으로 구성되어 있음을 알 수 있다. 여가활동을 분석한 연구(Lawton, 1993)에 의하면 여가활동은 명목적 의미(Denotative meaning of leisure)와 여가의 내포적 차원(Connotative dimensions of leisure)으로 구분할 수 있다. 여가의 명목적 의미에 따른 구분은 여가활동을 그 특징에 따라 몇 가지 유형으로 묶는 방법을 통해 구분하는 것이다. 한 예로 여가활동을 가족친교(family involvement), 연대활동(solitary activity), 지역활동(community involvement), 가구 내 활동(household activity) 등으로 구분하는 것이 이에 해당한다. 이와는 달리 여가의 내포적 차원에 따른 구분은 여가에 대한 태도나 여가에 대한 만족 등을 중심으로 여가를 구분하는 것으로 세 가지로 나누어 볼 수 있다, 첫째, 경험형 여가(Experiential leisure)로 이는 흥미나 즐거움, 재미 등의 의미를 갖는 여가활동을 의미한다. 다음으로 사회형 여가(Social leisure)는 사회적 상호작용, 경쟁에서의 승리 또는 사회적 서비스의 제공 등을 목적이나 의미로 갖는 여가를 말한다. 셋째, 발전형 여가(Developmental leisure)는 여가활동의 목적이나 의미가 참여자에게 배우고, 창조하는 것에 있는 경우를 의미한다. 물론 여가를 이렇게 그 의미를 기준으로 구분하는 경우 동일한 여가활동이 다른 사람들에게 다른 의미를 갖고 있는 여가활동으로 분류될 가능성도 배제할 수는 없다.

다른 한편으로 여가 혹은 사회활동이 사회적 의미를 갖는다는 점에 주목하여 그 목적에 따라 구분할 수도 있는데, 표현적 사회활동과 도구적 사회활동으로 구분 가능하다(김영범 · 이승훈, 2007). 표현적 사회활동이란 취미활동, 스포츠, 여가활동 등과 같이 구성원들이 자신의 관심을 표현하고 만족시키기 위한 사회활동을 포함하는 반면, 도구적 사회활동은 활동을 통해 사회 질서의 변동 등과 같은 특정한 목표를 지향하는 사회활동을 의미한다.

켈리(Kelly, 1983)는 사회활동을 핵심적 사회활동(core activity)과 균형적 사회활동(balance activity)으로 구분한 바 있는데, 전자는 생애주기 속에서 비교적 변화하지 않는 사회활동을 의미하는 것으로 가족과의 관계 속에서 나타나는 사회활동이 여기에 해당한다. 이에 반해 균형적 사회활동은 생애주기의 변화하는 역할과 능력에 따라 변화하는 사회활동으로 운동이나 여행, 취미활동 등을 포함한다.

사회활동을 구분하는 데 있어서 우리나라의 사회활동이 갖는 독특성 역시 주목해야 하는데, 대표적인 것으로는 연고집단활동을 들 수 있다. 예를 들면 동창회나 향우회 등은 표현적 사회활동의 범주에 들어가지만 서구의 경우 표현적 사회활동이 자발적 참여에 기반하는 반면 우리나라의 경우는 귀속적인 성격이 강하다는 점에서 서구에서 말하는 표현적 사회활동과는 다른 측면을 보인다(김영범 · 이승훈, 2007).

2. 노인 사회활동 참여 실태

노년기에는 신체적인 변화 외에 사회활동의 변화를 가져오는 몇 가지 사회 경제적 변화를 동반한다. 경제활동으로부터의 은퇴, 자녀의 성장 등은 노년기에 사회활동의 변화를 가져오는 주요한 요인들이다.

경제활동으로부터의 은퇴는 몇 가지 점에서 사회활동의 변화를 요구한다. 첫째, 시간적 측면에서 은퇴는 다양한 사회활동을 선택할 수 있는 시간을 제공한다. 은퇴 후 온전히 부여되는 하루를 어떻게 소일할 것인가는 노인들에게 매우 곤란한 문제가 아닐 수 없다. 따라서 경제활동으로부터의 은퇴는 다양한 사회활동에 참여할 수 있는 새로운 기회를 제공할 수 있다. 둘째, 은퇴로 인해 경제적 능력이 축소된다는 점을 고려하면 새로운 여가활동 참여가 모두 가능한 것만은 아니다. 새로운 활동을 시작하는 대신 기존의 활동에 대한 시간을 증가시키는 방법으로 은퇴 후 시간을 소비하는 것이 보다 일반적이다(Acthley, 2000).

자녀의 성장 역시 자녀의 양육을 위한 시간과 노력이 절약된다는 점에서 역시 사회활동을 위한 시간이 증가함을 의미한다. 그러나 자녀의 성장과정에서 교육 등을 목적으로 구성되었던 다양한 사회관계가 소멸된다는 점에서 사회활동에 참여할 기회가 축소되는 측면 역시 존재한다(Acthley, 2000).

이제 우리나라 노인들의 사회활동이 어떻게 구성되어 있는지 자료를 통해 살펴보자. 먼저 전체 사회활동 참여율을 살펴보면 74.5%의 노인이 한 가지 이상의 사회활동에 참여하는 것으로 나타나고 있다. 이를 사회활동 종류별로 나누어 보면 종류에 따라 참여율에 큰 차이를 보이고 있음을 확인할 수 있다. 즉, 친목단체와 종교단체의 경우는 참여율이 상대적으로 높은 반면, 그와 활동에 대해서는 대부분 5% 미만의 참여율을 보이고 있다. 다시 말해 학연, 지연, 혈연 등의 귀속적 단체나 과거부터 해 오던 종교활동 외에는 다른 사회활동이 거의 없음을 알 수 있다.

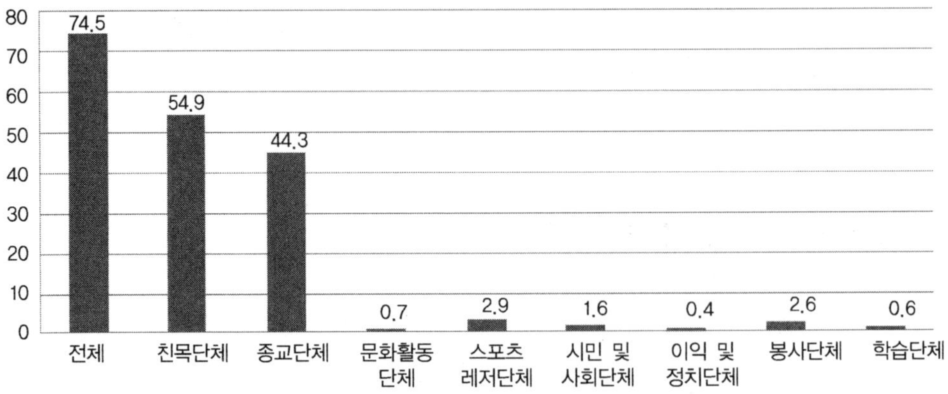

[그림 8-1] 65세 이상 노인의 사회활동 참여율: 참여활동별

자료: 보건복지부 · 계명대학교 산학협력단, 2009.

다음으로 사회활동 참여가 성에 따라 차이를 보이는지 살펴보자. 전체적으로 보면 남성이 여성에 비해 사회활동 참여율이 약간 높은 것으로 나타나고 있지만 그 정도가 아주 심한 것은 아니다. 사회활동 종류별로 나누어 살펴보면 학연, 지연 등의 모임은 주로 남성들이 참여하는 반면, 종교활동의 경우는 여성들의 참여율이 높은 것을 알 수 있다. 기타 활동의 경우 학습단체를 제외하곤 남성이 여성에 비해 참여율이 높은 것으로 나타나고 있다. 남성과 여성의 이러한 차이는 여러 가지 측면에서 설명될 수 있다. 첫째, 몇몇 사회활동은 금전적 지출을 요구하는 것이라는 점에서 남성 노인과 여성 노인의 경제력 차이는 한 요인이 될 수 있다.

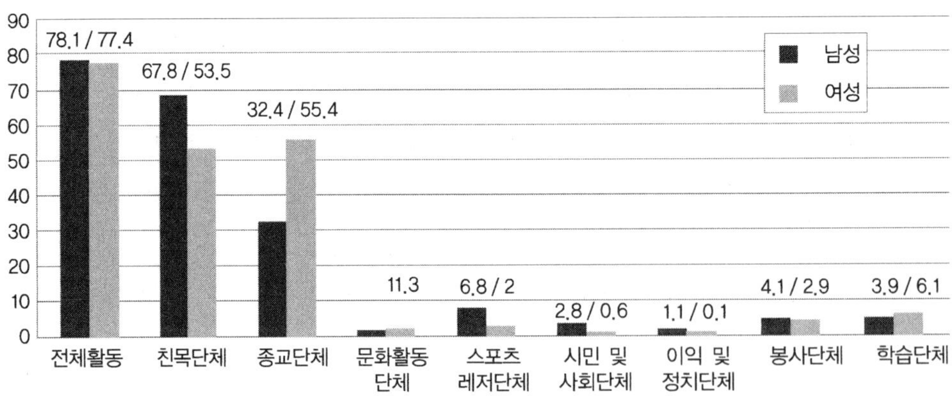

[그림 8-2] 성별 사회활동 참여율

자료: 보건복지부 · 계명대학교 산학협력단, 2009.

둘째, 여성 노인과 남성 노인의 학력 차이는 여성 노인의 귀속적 사회활동이 남성 노인의 그것에 비해 적은 것을 설명하는 이유가 될 수 있다. 셋째, 남성과 여성의 차별적 사회화로 인해 남성은 사회활동을 당연한 역할로 받아들이는 반면 여성은 가정 내 역할로 활동이 제한된다. 이러한 성별 차별적 사회화 결과 여성은 노인이 되어서도 남성에 비해 사회활동에 적극적으로 참여하지 않게 된다.

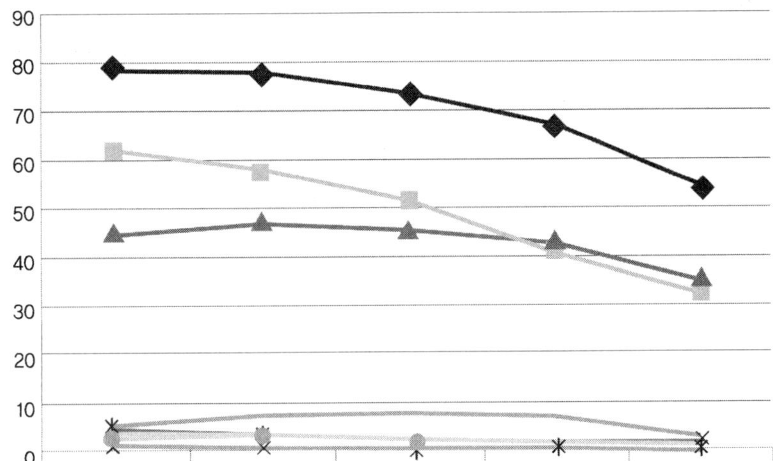

	65-69세	70-74세	75-79세	80-84세	85세 이상
전체활동	78.6	77.4	72.9	66.3	53.6
친목단체	61.9	57.7	51.1	40.8	32.2
종교단체	44.4	46.6	44.6	42.6	34.7
문화활동단체	0.7	1.1	0.4	0.5	0.5
스포츠레저단체	4.5	3	1.4	0.3	0.4
시민 및 사회단체	1.3	2.2	2.1	0.8	0.4
이익 및 정치단체	0.4	0.4	0.3	0.3	0
봉사단체	3.3	3	1.7	1.1	0.2
학습단체	4.9	7.2	7.4	6.3	2.6

[그림 8-3] 연령별 사회단체 참여율

자료: 보건복지부 · 계명대학교 산학협력단, 2009.

나이가 들어감에 따라 사회활동 참여도 변화하게 되는데, 나이에 따라 나누어 이를 살펴보면 전반적으로 나이가 들어감에 따라 사회활동의 참여율이 감소하는 것을 확인할 수 있다. 특히 나이에 따른 변화는 70세 이전과 이후 큰 차이를 보이는데, 70세 이전까지는 사회활동의 감소폭이 크지 않은 반면, 70세 이후부터는 나이가 들어감에 따라 사회활동 참여율이 큰 폭으로 감소되는 것을 확인할 수 있다.

사회활동 종류별로 살펴보면 대부분의 사회활동 참여율이 70세 이후 큰 폭의 감소세를 보이는 반면 종교활동의 경우는 나이가 들어서도 꾸준히 참여율이 유지되고 있다는 특징을 보이고 있다.

이제 취업 여부에 따라 사회활동에 차이가 있는지 살펴보자. 먼저 전체 활동 참여비율을 살펴보면 취업자에 비해서는 미취업자의 사회활동 참여비율이 낮은 것을 알 수 있다. 앞서 은퇴는 자유로운 시간이 증가한다는 점에서는 사회활동에 긍정적이지만 경제적 또는 인적 자원의 감소라는 측면에서는 부정적이라고 설명한 바 있다. 우리나라 노인에 대한 조사 결과는 은퇴 이후 사회활동 참여가 감소하는 것으로 나타나고 있다.

활동 종류별로 살펴보면 대부분 미취업자가 취업자에 비해 사회활동 참여율이 높은 것으로 나타나고 있는데, 종교단체와 학습단체의 경우는 미취업자의 참여율이 취업자의 참여율에 비해 높은 것으로 나타나고 있다.

노인들의 경제활동은 남성이 여성에 비해 그리고 나이가 젊은 노인일수록 더 많이 하는 것으로 알려져 있다. 이 점에서 경제활동에 따른 사회활동의 차이는 경제활동에 따른 차이라기보다는 성이나 나이에 따른 차이를 반영하는 것일 가능성이 크다.

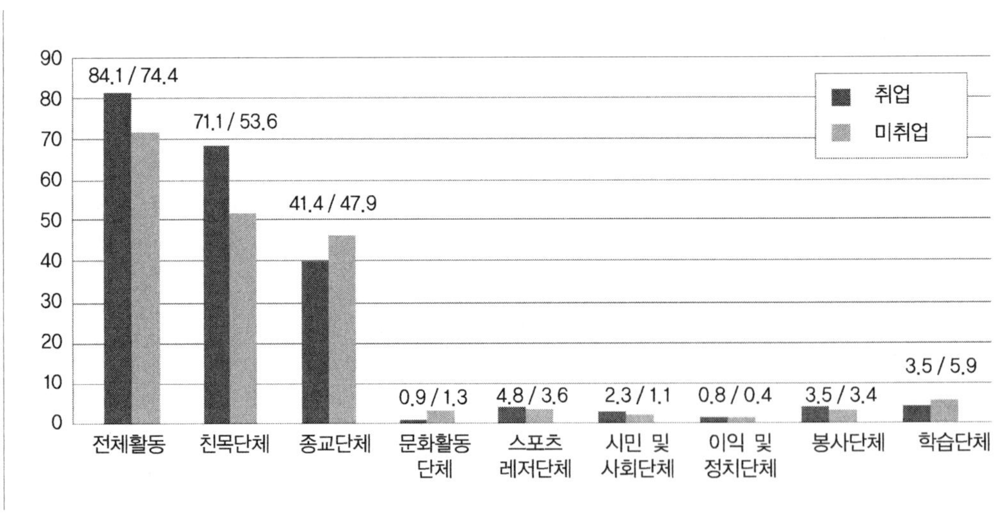

[그림 8-4] 취업 유무별 사회활동 참여율

자료: 보건복지부 · 계명대학교 산학협력단, 2009.

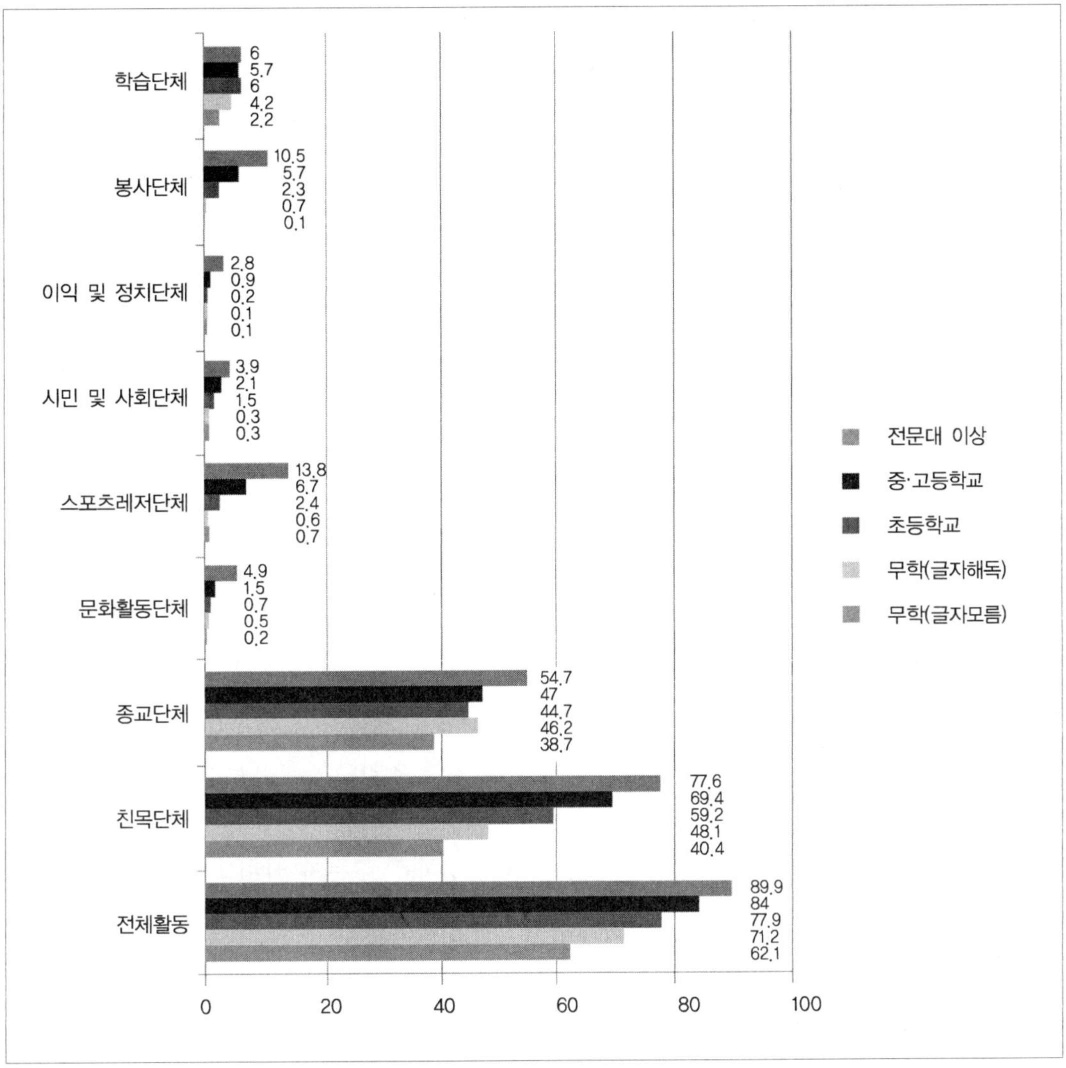

[그림 8-5] 학력별 사회활동 참여비율

자료: 보건복지부 · 계명대학교 산학협력단, 2009.

학력에 따른 사회활동 참여율은 일관되게 학력이 높을수록 높다는 점을 보여 주고 있다. 사회활동 종류에 따라 나누어 살펴보아도 학력이 높을수록 사회활동 참여율이 높은 것으로 나타나고 있다. 학력이 높을수록 노후 사회활동 참여에 긍정적인 요인들을 많이 가지고 있다는 점은 분명하다. 첫째, 학력이 높을수록 경제활동기 동안 소득도 높을 것이고 결과적으로 노인이 되어서도 경제적으로 여유가 있을 가능성이 크다. 둘째, 사회활동 참여를 위해서는 필요한 정보를 얻어야 하는데, 학력이 높을수록 이러한 정보에 접근할 수 있는 기술(인터넷 사용이나 기타 홍보 매체에 대한 접근)을 더 많이 지니고 있을 가능성이 높다.

다만 우리나라 노인들은 세대나 성에 따라 학력의 차이가 크다는 점 역시 주의해야 한다. 즉, 남성이 여성에 비해, 상대적으로 젊은 노인이 나이가 많은 노인에 비해 학력이 높다는 점에서 학력에 따른 사회활동 참여율의 차이 중 일부는 성에 따른 차이, 나이에 따른 차이가 반영된 것으로 이해할 수 있을 것이다.

이제 사회활동 참여율에 대한 분석 결과를 요약해 보자.

첫째, 노인의 사회활동 참여는 나이, 성에 따라 비교적 큰 차이를 보이는 것으로 나타나고 있다. 구체적으로 사회활동 참여는 70세 이전까지 비교적 안정적이다가 70세 이후 급속히 감소하는 모습을 보이고 있으며, 남성이 여성에 비해 사회활동에 더 많이 참여하는 것으로 나타나고 있다.

둘째, 학력에 따라 그리고 취업 여부에 따라서도 차이를 보이고 있음을 확인할 수 있다. 즉, 학력이 높을수록 그리고 취업한 경우 사회활동 참여율이 높은 것으로 나타나고 있다. 다만 학력이나 취업은 나이나 성에 따라 차이를 보인다는 점에서 학력과 취업 여부에 따른 차이의 일부는 성과 나이에 따른 차이가 반영된 것으로 볼 수 있다.

셋째, 사회활동 별로 나누어 살펴본 바에 의하면 사회활동 별로 참여율이 큰 차이를 보이고 있음을 알 수 있다. 가장 많이 참여하는 활동으로는 친목단체나 종교활동으로 나타나고 있으며, 이 외 활동의 경우는 그 참여율이 매우 저조함을 확인할 수 있다. 이 점에서 노인들의 사회활동 참여를 다양화할 수 있는 노력이 필요하다고 판단된다.

그렇다면 사회활동 참여는 노인들의 삶에 어떠한 영향을 주는지 살펴보도록 하자.

3. 사회활동 참여와 노년기 삶의 행복

사회학 이론 중 하나인 상징적 상호작용론(symbolic interactionism)에 따르면 인간은 다른 사람과 상호작용을 통해 역할(role)을 부여받게 되는데,[1] 역할을 수행하는 과정에서 사회적 자아가 형성, 유지되고 역할 수행에 대한 긍정적 반응을 통해 행복감을 느끼게 된다고 주장한다. 이 이론을 노년기의 삶에 적용한 활동이론에 의하면 노년기 역시 다양한 역할을 경험할 수 있는 사회활동에 참여함으로써 자아를 유지하고 그 과정에서 삶의 행복을 증진시킬 수 있다고 주장한다.

---

1) 선생으로서, 학생으로서, 자녀로서, 친구로서 우리는 모두 역할을 부여받는다. 역할이 없다면 우리는 어떠한 행동을 하는 것이 바람직한지 판단할 수 있는 기준을 가질 수 없다.

사회활동 참여가 역할을 부여함으로써 행복감을 증진시킨다는 주장에 대해 많은 연구들이 경험적으로 이를 증명하고자 노력하여 왔다. 그러나 아쉽게도 연구들이 모두 일관된 결론에 도달한 것은 아니다. 사회활동 참여가 긍정적 기능을 하는 연구(김경식, 1995; 나항진, 2004; 홍현방, 1999; Lemon et al., 1972)는 사회활동에 참여함으로써 주변 사람들로부터 역할수행에 대한 긍정적 피드백을 얻을 수 있으며 이로 인해 삶의 만족이나 행복감을 증진시킬 수 있다고 주장한다. 다른 한편으로 사회활동 참여와 노후의 행복감이 관련이 없거나 부적 관계를 보이고 있다는 연구 결과(김영범 · 이승훈, 2007; Longino & Kart, 1982; Reitzes, Mutran & Verrill, 1995; Litwin & Shiovitz-Ezra, 2006)도 제시되고 있다. 이들 연구들은 단순히 사회활동 참여가 긍정적 자아를 형성할 수 있도록 도와준다기보다는 참여하는 사회활동의 종류, 역할의 특성 등에 따라 그 효과가 상이할 수 있다는 점을 강조하고 있다. 즉, 노후의 사회활동 참여와 삶의 행복 사이의 관계에 있어서 사회활동 참여 그 자체보다는 자신이 참여과정에서 얼마나 활동에 헌신하는지 그리고 그 활동을 얼마나 중요한 것으로 인식하는지가 더욱 중요한 요인이 된다는 것이다. 다른 한편으로 사회활동의 속성이 다른 사람과의 상호작용을 얼마나 강조하는지 역시 중요한 요인이 되는데, 상호작용을 통해서 인간은 역할을 부여받기 때문이다.

사회활동이 노년기 삶의 행복에 한 요소가 될 수 있는지에 대해서는 아직까지 명확한 결론에 도달한 것 같지는 않다, 단순한 사회활동 참여보다는 사회활동 속에서 스스로 어떠한 역할을 부여받는지 그리고 얼마나 활동에 스스로를 헌신하는지 등이 사회활동 참여가 주는 긍정적 효과를 극대화시키는 데 더욱 중요한 요소가 될 수 있을 것이다.

다른 한편으로 사회활동의 효과가 노인의 성이나 소득, 건강 상태 등에 따라 차이를 보이는지에 대해서도 추가적인 연구가 필요하다. 일례로 남성과 여성이 선호하는 사회활동은 차이를 보일 수 있으며, 동일한 사회활동이라도 남성과 여성에 대하여 갖는 효과가 상이할 가능성을 배제할 수 없다(Kim, 2009).

Activity

1. 주변의 복지관이나 노인 관련 시설을 방문하여 노인 여가 프로그램은 무엇이 있는지 조사해 봅시다.

2. 경로당이나 복지관을 방문하여 노인들이 좋아하는 여가활동에는 무엇이 있는지 조사하여 목록을 만들어 봅시다.

3. 노인의 사회활동 비디오 시청: 공중파 방송에서 제작한 노인의 사회활동에 대한 비디오를 시청하고 감상문을 작성해 봅시다.

9장 노인과 환경

임연옥

방문턱에 걸려 넘어져 다리가 부러진 노인, 지팡이나 보행보조기 대신 낡은 유모차를 밀고 다니는 노인, 은행 현금인출기를 어떻게 사용하는지 몰라서 매번 은행 창구에서 오랜 시간을 기다릴 수밖에 없는 노인들을 주변에서 심심치 않게 볼 수 있다. 그러나 사람들의 키 차이를 배려하여 서로 높이가 다른 두 종류의 핸드레일을 나란히 설치한 계단이나 복도, 시력이 떨어지는 사람들 또는 돋보기가 필요한 사람들을 위해 글자 크기를 조절할 수 있도록 준비된 인터넷 홈페이지, 어린이와 어른이 함께 사용할 수 있도록 키 높이가 조절되는 세면대, 휠체어를 타고서도 그릇을 수납할 수 있도록 상하로 움직이는 싱크대 수납장, 신발을 신고 벗을 때 편리하도록 자그마한 의자를 현관에 놓아둔 노인주거복지시설 등이 눈에 띄기도 한다.

노후에 머물러 살 주택과 주거 환경은 노년의 삶의 질과 직결되기 때문에 노인 주거 환경에 대한 사회적 배려가 필요함을 주장하면서 '고령친화'가 강조되고 있지만 이러한 시도가 오히려 노인의 비인간화 또는 유아화하는 경향을 강화시킬 수 있다는 비판을 받아왔다. 그리고 노인이 노화로 인해 경험하는 주거생활의 불편함이나 장애에만 초점을 맞출 경우 이는 또 다른 연령차별 문제를 불러일으킬 수 있다고 지적되어 왔다. 이에 대한 대안으로 1990년대부터 유니버설 디자인이 하나의 해답으로 제시되었고, 최근 주택, 공공시설, 일상생활용품, 정보화 등의 여러 영역에서 유니버설 디자인이 적용되고 있다. 본 장에서는 유니버설 디자인이 등장하게 된 배경을 이해하고, 유니버설 디자인의 관점에서 노인의 주거 환경, 일상생활용품, 인터넷 사이트 등을 살펴보고자 한다.

1. 왜 유니버설 디자인인가?

1) 유니버설 디자인의 정의

20세기 과학기술의 발달과 산업화를 거치면서 대량생산을 통해 다양한 환경과 시설, 제품을 비롯한 모든 것들이 새로이 개발되고 만들어졌다. 그 결과 고도의 경제성장을 이루며 인간의 삶의 질이 높아지고 보다 편리한 삶을 영위할 수 있게 되었지만 그 과정에서 개인의 요구나 필요를 반영하기보다는 모든 것이 표준화되어 획일적인 생산으로 이어지게 되었다. 결과적으로 일반인을 기준으로 만들어진 환경이나 제품을 비롯한 모든 것들은 장애인이나 노인, 아이나 임산부 등의 장애를 가진 사람들이 사용하기에는 어려움이 있었고 이에 따라 각종 문제점들이 발생하였다. 그리고 장애를 가진 사람들은 일반인과 구분되면서 불편뿐만 아니라 좌절감과 소외감을 느끼게 되었다. 이에 대한 비판과 반성으로 나타난 것이 유니버설 디자인이다(이연숙, 2005). 이러한 배경에서 등장한 유니버설 디자인은 약자를 위해 구분된 배려가 아니라 누구나 동등한 인간의 기본권인 평등을 보장해야 한다는 인식의 전환이며, 모두를 위한 디자인을 해야 한다는 새로운 디자인 개념이다(김현정 · 유보현, 2009). 한마디로 유니버설 디자인은 인간 중심 사고를 바탕으로 한 새로운 패러다임이다.

유니버설 디자인(Universal Design)이라는 말을 처음 제창한 건축가이며 공업디자이너인 미국 노스캐롤라이나주립대학의 로널드 메이스(Ronald Mace) 교수는 유니버설 디자인을 '특별한 개조나 특수설계를 하지 않고 모든 사람들이 가능한 한 최대한까지 이용할 수 있도록 배려된, 제품이나 환경 디자인'이라고 정의하였다(임강혁 · 전양덕, 2010). 따라서 유니버설 디자인은 다양한 사용자 계층의 복합적인 요구를 만족시킬 수 있는, 현대사회의 모든 사람들을 만족시킬 수 있는 디자인이다(배윤선, 2005). 그리고 모든 생산품과 환경, 의사소통 수단들을 가장 많은 사용자들의 요구를 만족시키도록 디자인하는 전 세계적인 운동으로서 '모두를 위한 디자인' '포괄적인 디자인' '생애주기 디자인'이라고도 불린다(우진희, 2001).

세계에서 유례없는 급속한 고령화를 겪고 있는 우리 사회도 이제 새로운 패러다임으로 '연령이나 심신의 능력 혹은 사용 환경에 관계없이 가능한 모든 사람이 사용하기 쉬운 디자인'을 목표로 하는 유니버설 디자인(최호천, 2009)에 대한 관심이 높아지고 있다. 이러한 유니버설 디자인이 적용되는 범위는 처음에는 건축분야에서 시작되었지만, 점차 제품 디자인, 환경 디자인, 정보, 시각 디자인으로 그 쓰임새가 점점 넓어지고 있다(김동혁 · 이해만, 2009).

2) 유니버설 디자인의 원리

로널드 메이스에 의해 유니버설 디자인이 소개된 이후 유니버설 디자인 센터(Universal Design Center, 1997)는 유니버설 디자인의 원리로 기능적 지원성(Supportive Design), 수용성(Adaptable Design), 접근성(Accessible Design), 안전성(Safety Oriented Design)이라는 4가지를 제안하였다. 이 후 로널드 메이스 교수는 이를 보다 구체적으로 제시하고자 노력하여 7가지 원칙을 제시하였다. 7원칙은 공평한 사용(Equitable Use), 사용상의 융통성(Flexibility in Use), 간단하고 직관적인 사용(Simple and Intuitive Use), 인지하기 쉬운 정보 전달(Perceptible Information),

〈표 9-1〉 유니버설 디자인의 5가지 원리

원리	내용
기능적 효용성	- 공간/제품 자체의 기능성이 높을 것(공간계획상 편리성과 효율성, 조작 및 사용상의 편리성, 다기능성 및 고기능성 등) - 공간/제품의 신체적인 기능을 잘 지원할 것(청력, 시력, 인체공학, 관절염, 적은 물리적 노력, 신체 지지 등)
수용성	- 다양한 사용자에 대한 배려를 할 것(일반인, 노인, 장애자, 어린이 등) - 다양한 사용 가능성을 제공할 것(환경 적응 변화에 대비한 공간 및 제품의 조절/변경 가능성, 사용상의 융통성, 옵션 제공, 여러 가지 방법 제공, 필요시 이동, 제어 가능 등)
커뮤니케이션의 효율성	- 정보 자체가 이해하기 쉬울 것(복잡성의 제거, 단순, 직관 등) - 공간/제품이 정보의 효과적인 전달을 위해 다양한 방법을 사용할 것(지시, 방향, 대조, 그림, 음성, 촉각 등을 복합적으로 이용)
쾌적성	- 안전사고로부터 예방할 수 있는 특성을 가질 것(위험, 상해, 오류와 장애, 안전, 보안, 내구성의 지속) - 생물학적, 심미적 쾌적성을 높일 것(생리적 불쾌감, 편안함, 소음, 온도, 습도, 조명, 채광, 기후 등)
접근성	- 공간/제품이 지니는 물리적 장애를 제거할 것(장애물의 제거, 손에 닿기 쉬움, 크기, 휠체어의 접근) - 공간/제품의 사회/심리적 장애를 제거할 것(사회적 상호작용 유인, 자극요소들의 조화, 시각적 접근성, 조망, 프라이버시 보호, 심리적 만족감 등)

실수에 대한 방지(Tolerance for Error), 적은 신체적 노력(Low Physical Effort), 그리고 접근과 사용이 쉬운 크기와 공간(Size and Space for Approach and Use)이다. 이 원칙들은 모든 디자인 분야를 위하여 유니버설 디자인 개념들을 구체화하였다는 점에서 큰 성과를 가져왔다. 그리고 이 원칙들은 현재 계속 검토되고 있으며, 각각의 원칙을 만족시키는 방법들을 위한 디자인 전략들을 제공하고, 제품이나 환경이 다양한 사용자들에게 보편적으로 사용 가능한지에 관한 측정도구나 검사들을 개발하는 방향으로 진행되고 있다(김동혁 · 이해만, 2009). 우리나라에서는 기존의 유니버설 디자인 원리들과 머사 앤 리의 사용자 이득 기준을 종합, 수정하여 박정아와 이연숙이 유니버설 디자인 원리를 〈표 9-1〉에서와 같이 제시하고 있다(류혜지, 2008).

한편, 우리나라의 유니버설 디자인에 관련된 법규로는 보건복지부에서 제정한 「장애인 · 노인 · 임산부 등의 편의증진 보장에 관한 법률」 중 [별표 1] 편의시설의 구조 · 재질 등에 관한 세부기준 제2조 1항이 있으며, 기존 법규보다 유니버설 디자인의 개념이 적극적으로 반영된 「서울시 장애인 편의시설 설치 매뉴얼」(2002년 제정)이 있다(조민정 · 최상현, 2009).

2. 주거 환경은 노인들이 살기에 적합한가?

노인들은 그동안 살아온 집에서 안전사고를 당하거나 노화로 인해 장애를 얻게 되어 불편함이 큰 경우 기존의 주택을 개조하거나, 개조가 수월하지 않은 경우에는 불가피하게 거주지를 옮기게 된다. 본 장에서는 노인이 주로 거주하는 주택의 실태를 살펴보고, 대안으로 제시되는 주거형태인 노인복지주택과 노인요양시설에 대해서 살펴보고자 한다.

1) 주택

국토해양부와 국토연구원의 2007년도 주거실태조사에 따르면 전국 고령자의 27.7%, 도시 고령자 가구의 37.9%가 아파트에 거주하고 있다. 지금까지 공급된 대부분의 아파트들은 노인들이 생활하기에 편리한 공간 구성이나 무장애를 추구함으로써 고령자를 배려하는 관점과는 거리가 멀다(이특구 · 이효성, 2009). 그리고 일반 주택의 경우에는 더 더욱 이러한 관점에서 벗어나 있다.

노인은 젊은 세대에 비해 많은 시간을 집에서 보낸다. 상당수의 노인들이 집에서 방문턱에 걸려 넘어지거나, 화장실에서 미끄러져 낙상사고를 당하고, 냉난방이 잘 안 되는 집에서 저체온 또는 열사병으로 사망하고, 온도 조절이 잘 안 되는 수도꼭지로 인해 화상을 입곤 한다. 홍형옥(2005)의 연구에서는 조사 대상자 중 절반이 넘는 55.7%가 주택 내에서 안전사고를 경험한 적이 있다고 한다. 단독주택에 거주하는 노인들이 다세대나 아파트에 사는 노인보다 안전사고를 더 많이 경험하였다. 그런데 주택 내 안전사고는 노인을 돌보는 부양자가 있고 없는가 그리고 노인의 건강상태가 어떠한가에 따라 영향을 받지 않았다. 즉 주택 내 안전사고가 노인의 질환이나 신체 기능의 약화로 몸을 가누기 어려운 상황에서 피치 못하게 발생되기보다는 주택의 안정성 결함에 의한 것이었다. 이는 노인이 있는 가정의 주택구조와 기능에 대해 관심을 기울여야 함을 의미하는 것으로 노인들은 가스 화재에 대한 위험 경보기가 없음, 바닥이 미끄러움, 집과 현관 또는 문턱의 단차가 큼, 주방의 식기 수납이 불편함, 난방의 어려움, 현관출입구의 폭 좁음 등의 불편함을 호소하고 있다(홍형옥, 2005).

이특구와 이효성(2009)은 국민주택 규모의 10개 아파트를 대상으로 살펴보고 다음과 같은 공통적인 문제점이 있음을 발견하였다. 첫째, 현관 내부의 면적이 협소하고, 현관과 거실 간에 단차가 컸다. 둘째, 3개의 침실 중에서 2개의 침실은 가구배치 후 휠체어가 회전할 공간이 확보되지 않았다. 셋째, 주방 역시 휠체어 사용이 수월치 않은 크기의 면적이었고, 주방 싱크대의 작업대 높이, 배기 후드의 조작 장치의 높이가 모두 노인이 사용하기에 높았으며 싱크대에 휠체어의 접근이 어려웠다. 넷째, 전기설비 중 콘센트와 인터폰의 높이가 부적합하여 노인이 무릎을 꿇고 허리를 구부리는 자세로 콘센트를 꽂게 되어 있었다. 다섯째, 화장실 출입문의 외부활동공간이 협소하였고, 출입문의 폭이 좁았으며, 안여닫이로 설치되어 있었다. 그리고 화장실 안과 거실 간에 단차가 컸으며, 화장실의 면적 또한 좁았다. 욕조의 높이는 높은 반면 세면기는 기준보다 낮게 설치되어 있고, 휠체어 사용자의 경우 무릎 여유공간이 없고, 출입문 옆 활동공간도 없고, 욕조 전면에 휠체어가 접근할 수 있는 여유공간이 없어 휠체어는 물론 워커나 보행보조기 사용시 수발자 없이 독립적인 진출입이 곤란하고, 혼자 문을 개폐하기 어려웠다. 또 욕실 내 인터폰이나 비상벨 등의 안전장치가 설치되어 있지 않고, 바닥 마감재는 미끄럼방지 처리가 없는 바닥타일로 마감되어 있었다.

앞에서 노인들의 주택 실태에 대해 살펴보았다. 노인 주거에 있어서 가장 바람직한 것은 Aging in Place로 노인은 자신이 거주하던 지역사회와 자신의 주택에서 지속적으로 살 수 있어야 하는데 이를 위해서는 주택이 무장애 공간, 더 나아가 유니버설 디자인에 의해 구성되어야 할 것이다.

2) 노인복지주택

Aging in Place가 어려워 주거 이동이 불가피한 경우 개인 차이는 있지만 노인의 신체적, 심리적, 사회적 노화 진행 상태를 고려한 다양한 설비와 기능을 갖춘 주택이 필요할 뿐만 아니라 노인에게 필요한 사회활동 보조서비스, 가사 보조서비스, 간병서비스 등이 통합적으로 제공될 수 있는 노인복지서비스 시설이 필요하다. 이러한 두 가지 필요를 충족시켜 주기 위해 일반적으로 실버타운, 실버주택, 고령자주택, 은퇴촌 등이라고 불리는 노인복지주택이 등장하였다. 노인복지주택은 노인복지법 상 노인주거복지시설에 해당하며 노인을 위한 복합생활공간으로 주거는 물론, 문화, 의료, 스포츠, 복지 및 케어 서비스를 담당하는 원 스톱 리빙(One-Stop-Living) 등을 포함하는 노인을 위한 복합생활공간으로 평가받고 있다(김경숙 · 사영재, 2009).

김경숙과 사영재(2009)가 수도권의 도시형 노인복지주택인 노블카운티, 노블레스, 시니어타워, 그레이스 힐, 하이힐 빌리지, 클리시온 등은 유니버설 디자인의 원리를 적용하여 살펴보고 다음과 같은 공통점을 발견하였다. 첫째, 외부와의 소통을 원활하게 할 수 있도록 현관과 사고의 위험성이 높은 주방을 연계하여 배치하고 있다. 둘째, 거실과 식당, 주방, 현관, 테라스 등의 서비스공간이 하나의 유닛으로 구분되어 공간 활용도를 높이며, 유사시에는 시야확보를 용의하게 한다. 셋째, 소형 평수는 모두 원룸 형식을 취하고, 대형 평수는 사생활보호 및 다세대 거주가 가능한 형식을 취하고 있으며 2, 3개 이상의 침실과 개별실, 서재 등을 갖고 있다. 대부분의 노인들이 살고 있는 일반주택에 비해 노인복지주택은 노인과 노화의 특성을 반영하고 있어서 현관-주방-거실-서비스 연계구성, 안정성, 접근성, 사생활 보호 등의 주거 기능을 발휘하고 있다.

3) 노인요양시설

2008년 노인장기요양보험이 시작된 이래 시설급여에 대한 수요가 급증하여 노인요양시설이 수적으로 크게 증가하고 있다. 노인요양시설이란 노인복지법 34조에 의해 '치매 · 중풍 등 노인성 질환 등으로 심신에 상당한 장애가 발생하여 도움을 필요로 하는 노인을 입소시켜 급식 · 요양과 그 밖에 일상생활에 필요한 편의를 제공함을 목적으로 하는 시설'로 규정되어 있다. 예비노인이자 노부모를 보살필 성인자녀 세대인 40대와 50대의 60.4%가 노후에 거동이 불편하게 되면 노인요양시설 또는 노인전문병원에서 생활하기를 원하여 간병인이나 가사도우미, 자녀의 도움을 받겠다고 응답한 사람보다 많았다(이현진 · 박현승, 2010). 이를 통해 앞으로 노인요양시설에 대한 욕구는 점점 더 커질 것임을 예상할 수 있다.

수요를 충족시키기 위해 수적으로 크게 증가하고 있는 노인요양시설이 질적으로도 성장하고 있는지 살펴보기 위한 여러 방법들 중에 한 방법으로 유니버설 디자인이 얼마나 잘 적용되어 있는지를 살펴볼 수 있다. 조민정과 최상헌(2009)이 서울시 6개 노인요양시설들에서 유니버설 디자인의 4원리를 적용하여 장애인 전용 주차구역, 접근로, 주 출입구, 계단, 엘리베이터, 복도, 공용화장실, 공용세면장 및 목욕실, 의무실, 오락실, 식당, 물리치료실, 요양실 등의 10개 공간을 살펴보았다. 대부분의 시설에서 장애인 전용 주차구역이 마련되어 있으나 주차공간의 크기가 작았다. 그리고 대부분의 시설에서 엘리베이터의 배면에 거울을 부착하지 않아 휠체어 사용자가 후진하여 문의 개폐 여부를 확인하고 내리는 데 도움을 주지 못하는 것으로 파악되었다. 또한 공용세면장 및 목욕실의 경우 샤워기 수도꼭지의 냉온수 구분이 점자로 표시된 곳은 한 곳도 없었으며 바닥재도 미끄러질 위험성이 컸다. 이 외에 부분적으로 접근로의 기울기가 급격하고 표면이 평탄하게 마감되지 않은 곳, 복도와 계단의 손잡이가 너무 높아 잡고 이동하는 데 불편한 곳, 주 출입구 손잡이가 높아 불편한 곳, 복도가 좁아 휠체어 사용자와 일반 보행자의 동시 통행 시 불편을 초래하는 곳, 공용화장실 출입문의 폭이 충분하지 않아 휠체어 출입이 불편한 곳 등이 있었으며 초인종 및 점자 표지판 등 시각장애인에 대한 배려가 부족하였다. 종합적으로 볼 때 노인요양시설이 수적으로 급증하고 있지만 유니버설 디자인에 대한 고려는 아직까지는 부족하였다.

3. 일상생활용품들은 노인들이 사용하기에 적합한가?

일상생활에서 우리가 자주 쓰는 여러 가지 물건을 노인이나 특별한 장애를 가진 사람이 쓸 경우에는 불편함을 느끼거나 아예 사용하기 어려울 수도 있다. 예를 들어 보면 편마비로 인해 수저를 사용하거나 반찬통을 여닫는 데 어려운 경우, 너무 작은 글씨로 쓰인 유통기한을 찾아서 읽기 어려운 경우, 방문이나 현관문의 손잡이가 둥그런 모양이어서 돌려서 열기 어려운 경우, 디지털 도어 록의 숫자 버튼이 너무 작아서 자꾸 옆 번호를 누르거나 비밀번호를 잊어버리는 경우 등은 의외로 주위에서 찾아보기 어렵지 않다. 이러한 상황이 반복되는 것은 편리성이나 안정성 등을 고려한 아이디어 상품들이 나오고 있긴 하지만 정확한 유니버설 개념을 가지고 설계단계부터 이루어지는 경우가 그리 많지 않기 때문이다(김동혁 · 이해만, 2009).

제품 디자인에서 유니버설 디자인은 세 기능을 하여야 한다. 첫째, 제품에 대한 설명문의 내용, 문자 크기와 색채, 글이나 그림 또는 점자 등의 사용을 통해 제품에 대한 올바른 정보를 쉽게 전달하는 정보와 커뮤니케이션으로서의 기능이다. 둘째, 제품의 재료가 사람이나 환경에게 나쁜 영향이 없어야 하므로 제품의 용기, 구조, 재료를 새로 개발하거나 개선하여야 하는 제품의 용기와 구조로서의 기능이다. 셋째, 소비자가 제품 브랜드에 좋은 이미지와 믿음을 가지도록 하는 브랜드 이미지로서의 기능이다(김동혁 · 이해만, 2009).

정보와 커뮤니케이션의 기능 측면에서 유니버설 디자인을 적용할 때 고려할 사항은 첫째, 제품을 개봉할 때 개봉 장소를 쉽게 알 수 있도록 색채 대비, 기호, 그림문자, 문자 표시 또는 촉각으로 알 수 있도록 형상이나 텍스추어를 이용하여 주위와 명확한 차이를 주어야 한다([그림 9-1] 참조). 둘째, 내용물에 대해 쉽게 알 수 있도록 그래픽 디자인으로 배려함과 동시에 문자에 의한 표시는 보기 쉬운 서체, 사이즈, 대비로 표시하여야 한다. 예를 들어 시력이 저하된 사람이라도 쉽게 볼 수 있도록 8포인트 이상의 문자크기로 설명을 쓰거나 대조가 강한 배색을 사용하여 정보전달을 효과적으로 하여야 한다. 셋째, 내용물이 무엇인지 시각과 촉각으로 쉽게 알도록 촉각기호, 홈파기, 점자표시, 블록기호 등이 함께 명시되어야 한다([그림 9-2] 참조. 김동혁 · 이해만, 2009).

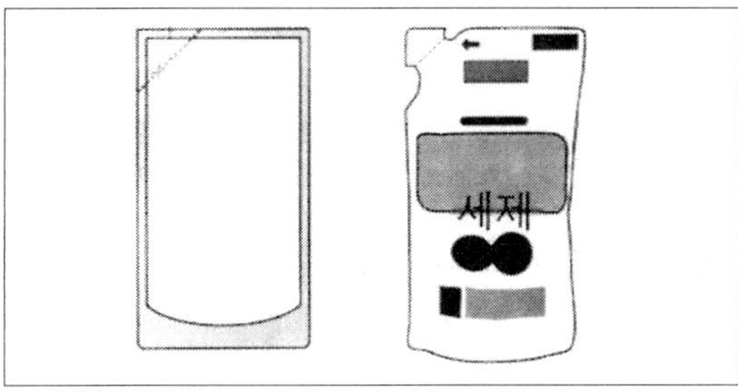

[그림 9-1] 세제용 리필 용기

우측 그림은 세제용 리필 용기의 개봉구가 명확하지 않은 좌측 용기를 개봉이 쉽도록 개봉 위치를 형상으로 조정한 것이다(김동혁 · 이해만, 2009)

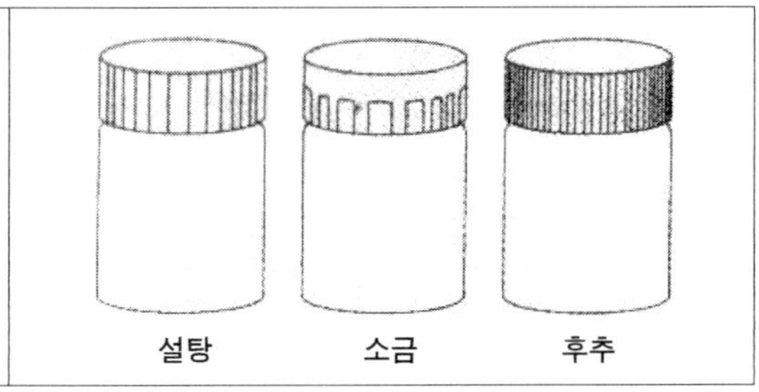

[그림 9-2] 내용물 식별을 위한 용기 뚜껑

내용물들을 구분하기 쉽도록 뚜껑을 서로 다르게 디자인하였다(김동혁 · 이해만, 2009).

제품 용기와 구조로서의 기능 측면에서는 사용상의 편의성을 고려하여야 한다. 먼저 열고 닫는 것이 쉽도록, 내용물을 꺼내고 담기 쉽도록 용기구조를 개선하여야 한다. 예를 들어 요구르트 용기의 뚜껑은 연포장재로 되어 있는데 이를 열기 위해서는 잡아당길 수 있는 부분이 충분한 크기이어야 한다. 그러나 대부분의 경우 잡아당기는 부분이 작아 여는 데 어려움을 겪곤 한다. 둘째, 용기를 잡기 쉽고 미끄러지지 않도록 제품의 무게와 크기에 맞게 손잡이를 만들거나, 용기 표면에 요철이나 홈 등을 마련해야 한다([그림 9-3] 참조).

[그림 9-3] 미끄럼 방지를 위한 용기
손에서 용기가 미끄러지지 않도록 용기의 옆면에 돌기를 만들거나 홈을 파거나 또는 손잡이를 만든 디자인이다(김동혁 · 이해만, 2009).

신체적으로 그리고 심리적으로 노화를 경험하는 노인들의 입장에서 일상생활용품들을 살펴보면 젊은 세대가 미처 생각지 못한 불편함이 많다. 아침에 눈을 떠서 잠이 들기까지 매순간 사용하는 여러 도구들, 예를 들어 의복 및 신발류, 부엌용품과 식기류, 필기도구 및 사무용품, 세제류 및 목욕용품, 청소용품과 청소기기, 지팡이를 비롯한 보행보조기 등이 소소히 노인들의 삶에 장애가 되고 있지만 이를 노인들은 표현하지 않고 감내하면서 살아가고 있다. 따라서 세밀한 관찰을 통해 이러한 장애들을 해결하는 방안을 모색해 나가는 노력이 필요하며, 그러한 노력들은 결국 미래의 노인 세대의 삶의 질을 향상시키기 위한 준비가 될 것이다.

4. 인터넷 사이트는 노인들이 이용하기에 적합한가?

1) 노인과 인터넷

www로 소개된 인터넷 접근방식은 정보화 사회를 자리 잡게 한 핵심 기술로 우리 사회에 큰 변화를 가져왔다. 컴퓨터 이용자들은 인터넷 기반의 사이버공간을 통해 정보와 지식을 탐색하고 이를 공유하여 옴으로써 공간과 시간의 제약을 뛰어넘어왔다. 최근에는 인터넷 사용이 보편화되고 사용자층이 확대되면서 인터넷을 매개로 사람들 간에 관계를 맺어 정보를 교환하고 사회적 교류를 돕는 소셜 네트워킹이 붐을 일으키고 있다.

한국인터넷진흥원의 2008년 「인터넷이용실태조사」에서 보면 60세 이상 인터넷 이용비율이 2007년 17.6%에서 2008년 19.0%로 1.4%의 상승세를 보인다. 우리나라는 인터넷 사용 이후 주요 포털 사이트 중에 노인 관련 커뮤니티와 실버커뮤니티 사이트가 1,000여 개에 이를 정도로 확장되고 있다(문자현 · 전양덕, 2009).

노인 세대의 인터넷 커뮤니티 사이트 활용은 인간관계의 확대라는 효과를 지닌다. 대부분의 고령자들은 노화에 따라 사회적인 관계가 약화되면서 타인과의 커뮤니케이션 정도가 미약해진다. 특히 고령이 되면 활동력이 줄어들고 정서적으로 의기소침해져서 이런 현상은 더욱 현저해진다(김재휘 · 김지호 · 신상화, 2001). 인터넷 활용은 웹쇼핑을 통해 외출하지 않고도 물건을 구매할 수 있고, 관공서의 행정적인 절차를 간편하게 할 수 있다. 특히 정보검색의 기능은 인터넷 활용 기술에 관계없이 비교적 초보자도 쉽게 할 수 있는 기능이다. 더 나아가 사회적 관계의 강화 및 확대는 사회적 지지를 획득하는 데 효과적이다(문자현 · 전양덕, 2009).

컴퓨터를 통한 인터넷 사용은 노인들에게는 사회적 고립을 피할 수 있도록 도와주며, 세대간의 의사소통 기회를 제공해 줄 수 있다는 장점을 지닌다(서혜경 · 김은주, 2004). 그렇지만 대부분의 노인들은 정보화의 물결, 더 나아가 최근 붐을 일으키고 있는 소셜 네트워킹에 대해서는 수동적이며, 이에 대해 두려움을 느끼고 있다. 정보화 사회의 도래에 대해 노년층이 1/3 정도가 두려움이나 불안감을 느끼고 있는데, 특히 여성과 저학력층의 두려움이 컸다(박충선 · 이춘옥, 2003). 서혜경과 김은주(2004)는 서초노인종합복지관 이용 노인을 대상으로 한 조사에서 노인들이 컴퓨터가 일상생활에 필요하고 도움이 된다는 것을 인정하면서도 상대적으로 컴퓨터에 대한 자신감은 떨어짐을 보고하고 있다. 이러한 컴퓨터 이용에 대한 노인들의 태도는 정보에 대한 불평등한 분배로 이어지고, 정보의 불평등은 곧 권력이나 사회적 역할의 불평등으로 이어짐으로써 새로운 사회에서의 노년 세대의 차별화가 더욱 가속화될 위험이 있다(박충선 · 이춘옥, 2003).

이러한 점에 주목하여 우리나라에서도 노인들을 대상으로 정보화 노력을 기울여왔으며 고령자 및 장애인의 컴퓨터 이용과 인터넷 접근을 돕기 위한 보조기기들이 연구되고 있기는 하지만 상용화는 지연되고 있는 실정이다(박충선 · 이춘옥, 2003). 정보 소외계층인 노인의 정보화를 위한 유니버설 디자인의 실행에 있어서 컴퓨터와 같은 테크놀로지의 개발과정에서 접근성의 배려와 함께 고령자들의 접근이 가능한 웹을 디자인하여야 함이 주장되고 있다(문자현 · 전양덕, 2009).

2) 실버 커뮤니티

대다수의 노인들이 인터넷 사용 시 안경을 착용하고 있지만, 시각적인 측면에서 젊은 세대보다 떨어진다. 현재 실버 커뮤니티 사이트임에도 불구하고 젊은 계층의 사용자를 기준으로 디자인이 되어 있다(문자현 · 전양덕, 2009). 예를 들어 보면 서울특별시고령자취업알선센터(www.noinjob.or.kr)는 흰 바탕 화면으로 되어 있고 공간의 여백을 많이 두어 깨끗하고 한 눈에 들어오는 구조로 되어 있다. 하지만 그에 비해 글씨가 너무 작아 노년층이 보기에는 어려움이 있을 것이다(문자현 · 전양덕, 2009). 경기실버인력뱅크(www.silverhrd.com)는 단순한 구조로 되어 있지만 배경색이 그라데이션으로 되어 있고 왼쪽 사진은 움직임이 많은 이미지로 다소 산만한 느낌이 들 수 있다. 하지만 다른 실버커뮤니티사이트에서 볼 수 없었던 돋보기 기능이 되어 있어 글씨 크기 조절이 가능하게 되어 있다(문자현 · 전양덕, 2009).

실버 커뮤니티를 비롯한 모든 사이트들은 노인의 신체적인 조건을 고려하여 사이트 구조, 레이아웃, 그래픽, 서체, 아이콘, 컬러 같은 디자인 요소를 효과적으로 사용해야 한다. 노인들은 적어도 글씨가 12pt 이상의 크기이어야 편하게 볼 수 있으며, 14pt 크기의 글씨를 선호한다. 그러므로 사용자가 글자 크기를 조절할 수 있도록 하는 것이 좋다. 그리고 글씨체는 한컴 돋움이나 한컴 바탕 글씨체를 선호한다. 디자인이 복잡하지 않아야 하며, 스크롤바의 사용이 많은 긴 레이아웃보다는 화면에 잘 맞는 레이아웃으로 이루어져야 한다. 사진 또는 일러스트를 사용할 경우 적절해야 한다. 노인들은 노랑, 빨강, 보라, 검정 색상에 대해 피로를 많이 느끼므로 눈에 편안한 배색을 해서 눈에 피로감을 덜 주어야 하므로 사용자가 컬러를 재구성할 수 있는 기능이 추가되는 것이 좋다. 그리고 어떤 사이트인지 알아볼 수 있도록 웹사이트의 정체성이 뚜렷하게 드러나야 하고, 정보들의 위치를 파악하기 쉬워야 한다. 제공된 단어들이 이해되기 쉬워야 하며, 사진의 보충 설명이 충분해야 한다(문자현 · 전양덕, 2009).

노인들은 여가생활정보, 전자우편, 쇼핑정보와 관련된 인터넷 사이트를 선호한다(서혜경 · 김은주, 2004). 따라서 실버 커뮤니티 외에 노인들이 선호하는 인터넷 사이트뿐만 아니라 모든 인터넷 사이트들이 모든 연령층을 위한 디자인을 적용함으로써 인터넷 이용에 있어서 노인들이 또 다른 차별을 받지 않도록 하여야 할 것이다.

5. 유니버설 디자인이 넘어야 할 산은 무엇인가?

유니버설 디자인은 역사가 짧아서 아직까지는 우리 사회에 제대로 알려지지 않아 일반 소비자들에게는 생소한 단어이다. 하지만 급속하게 진행되고 있는 고령화로 인해 유니버설 디자인 또는 배리어 프리 그리고 고령친화를 표방하는 여러 움직임들이 최근 곳곳 보이고 있다. 그런데 실제 유니버설 디자인의 개념을 제대로 이해하고 그 원리를 적절하게 적용한 사례를 주거환경, 일상생활용품, 인터넷 사이트, 공공시설, 교통수단 등에서 찾기가 쉽지 않다.

이렇게 유니버설 디자인을 적용하고 확산하는 데 장애가 되는 요인들을 찾아보면, 첫째, 유니버설 디자인은 '누구나 편리하게 사용할 수 있도록 배려한 디자인'임에도 불구하고 아직도 우리 사회 일각에서는 노인이나 장애인을 위한 디자인으로 국한된 것으로 이해함으로써 유니버설 디자인을 보편화하는 데 어려움이 있다. 이는 장애가 있는 사람과 없는 사람, 젊은 사람과 늙은 사람으로 구분하는 사회적 분위기와 연결되어 있다. 따라서 모든 사람의 인권을 존중하는 사회, 즉 '함께 사는 사회'를 추구하고자 하는 사회적 노력이 우선되어야 한다.

둘째, 유니버설 디자인을 적용함에 있어서 모든 사람들을 위한다는 명제에 갇혀서 모든 사람들을 위한 최대공약수를 찾는 디자인으로 잘못 적용되는 부분도 적지 않다. 예를 들어 노인, 장애인, 어린이, 젊은이를 모두 고려하여 층간 이동을 돕는 디자인을 찾는다면 이들 모두를 만족시킬 수 있는 한 가지 대안이 가능한지 고민해 볼 필요가 있다. 일반 이용자들은 에스컬레이터 이용시 기다리지 않고, 즉각적으로 이용할 수 있지만, 노인이나 시각장애인들이 이용시 에스컬레이터는 타이밍을 맞춰야 하기 때문에 어려움이 있다. 휠체어를 탄 사람에게는 에스컬레이터 이용이 불가능하고 엘리베이터를 이용해야만 한다. 또 어떠한 사람들은 에스컬레이터는 너무 느려서 답답하고 건강을 위해서 계단을 이용하는 경우도 있다. 따라서 다양한 특성을 지닌 이용자들이 엘리베이터, 에스컬레이터, 계단 등 자신에 맞는 이동수단을 선택할 수 있도록 다중 형태가 제공되어야 한다. 이는 최대공약수를 찾는 디자인이 아니라 최소공배수를 찾아 다양한 대안을 제시하는 노력이 필요한 것이다.

셋째, 유니버설 디자인을 적용함에 있어서 모든 사람을 위한 디자인이라는 측면이 강조되어 기능적인 부분에만 초점이 맞추게 될 경우 심미성이 무시되거나 또는 너무 유아화됨으로써 일반 소비자들로부터 외면을 받는 경우도 적지 않다. 따라서 유니버설 디자인의 원리들을 정확하게 이해하고, 원리들 간에 균형을 맞추어 적용하기 위한 노력이 필요하다.

넷째, 유니버설 디자인을 적용함에 있어서 개발비와 제작비 등의 비용적인 측면에서 투자비용이 크기 때문에 상품화하거나 이를 공공시설이나 주택에 설치할 경우 이용자들이 구입하기에 너무 가격이 비싸다는 문제점을 안고 있다(정원준, 2009). 이는 유니버설 디자인이 적용된 제품의 생산과 시장이 아직 소규모에 머물고 있기 때문이다. 이를 해결하기 위한 기업과 정부 간의 긴밀한 조정 및 지원책이 필요하다.

다섯째, 유니버설 디자인을 적용한 의도를 우리 사회에 전달하기 위한 홍보 노력이 부족하여 이용자뿐만 아니라 대중에게 그 의도가 충분히 전달되지 못하고 있다. 일반인들에게 유니버설 디자인이라는 단어가 매우 생소한 것도 홍보 부족에 따른 것이다.

유니버설 디자인은 노인을 비롯한 아동, 장애인, 여성을 포함하는 것은 물론 모든 개개인을 위한 사회적 배려가 담겨 있는 개념이다. 유니버설 디자인이 지닌 인간존중 정신의 실현은 생활 속의 작은 것부터 적용 가능성이 있는지 세밀하게 관찰하는 개개인의 관심, 기업의 기술 및 영업 부분에서의 투자 그리고 이를 지원하는 정부의 노력이라는 삼박자가 함께 어우러져야 가능할 것이다.

Activity

1. 공공시설이나 공공 공간, 또는 대중교통수단을 노인이 이용하는 모습을 관찰해 봅시다. 예를 들어 공원이나 박물관의 실내외 안내도, 실내외의 휴지통이나 승강기, 시설안내표지판 또는 안내도, 공중전화기, 음료자판기, 공원의 벤치와 계단 등을 살펴봅시다. 김현정과 유보현(2009)이 제안한 평가항목을 사용하여 유니버설 원리가 어떻게 적용되고 있는지, 개선할 점은 무엇인지 서로 생각을 나누어 봅시다.

기준	평가항목	세부평가항목
공평성	누구나 사용가능한가?	신체적 차이에 따라 사용에 제한이 따른다.
		사용에 차별이 있다
		사용자의 상황에 따라 때때로 사용이 불가능하다
	사용에 차별이 없는가?	사용 자체가 차별이라고 느낀다.
		사용 방법 등에서 다른 사람과 차별을 느낀다.
		차별을 느끼지 않도록 사용법 복수 제공 등의 배려가 되어 있지 않다
인지성	직관적으로 이해할 수 있는가?	사용방법이나 용도 등을 파악할 수 없다.
		사용방법이나 용도를 파악하는 데 시간이 오래 걸린다.
		사용방법이나 용도를 파악하는 데 경험이나 사전 지식이 필요하다.
	인지하기 쉬운가?	한 가지 방법만으로 정보를 전달한다(오감 중 두 가지 이상을 사용하여 정보를 전달하고 있지 않다).
		색의 콘트라스트가 적절하지 않다.
		픽토그램 등의 사용이 적절하지 않다
		텍스트만으로 정보를 전달하고 있다
	인지의 오류가 발생할 가능성은 없는가?	인지한 사용법이나 용도 등이 잘못되었다.
		정보의 표시가 잘못되어 있다.
사용성	사용법이 단순한가?	사용에 있어 사전지식이 필요하다.
		사용 속도의 제한이 있다.
	사용속도의 제한이 없는가?	일정시간 내에 조작하여야만 한다.
		빨리 조작하지 않으면 사용이 불가능하다.
	조작이 간단한가?	정밀한 조작을 요구한다.
		조작이 복잡하다.
편리성	사용이 편리한가?	사용하기에 너무 크거나 작다.
		사용이 안정적이지 않다.
		사용자세가 불편하다.
		신체에 부담이 된다.
		보조자와 함께 사용하는 것이 불편하다

	사용이 안정적인가?	사용 환경이 적절하지 않다.
		사용을 돕는 보조 장치가 없다.
심미성	호감을 주는가?	미관상 불쾌하다.
		모양과 형태가 적절하지 않다.
		품질이 좋지 않아 보인다.
	모양과 형태가 적절한가?	모양과 형태가 어울리지 않는다.
		주변 환경과 어울리지 않는다.
안전성	사용이 안전한가?	사용에 위험이 따른다.
		위험을 일으킬 요소가 있다.
	위험을 일으킬 요소가 없는가?	물리적 위험요소가 있다.
		잠재적 위험요소가 있다.
	실수를 발생시킬 가능성은 없는가?	실수로 인한 사고가 발생할 수 있다.
		실수를 하였을 때 현상복귀가 되지 않는다.
		실수를 하였을 때 실수를 알리는 장치(경보, 불빛 등)가 없다.
	심리적 불안감을 주지 않는가?	사용하는 것이 불안하다.
		경우에 따라 사용이 불안하다.
		사용을 불안하게 만드는 요인이 있다.

2. 나이가 들면 걸음걸이가 변합니다. 노인들은 걸음을 걸을 때 발을 높이 들지 않는 경향이 있고, 관절통, 관절의 불안정, 근력약화 등으로 인하여 신체가 불안정하게 되고 걸음걸이도 변하게 됩니다. 남자 노인들은 양쪽 발의 간격이 넓어지면서 보폭은 좁아지고, 여성 노인들은 발 간격은 좁아지면서 비틀거림이 많아집니다. 이러한 노인들의 보행을 돕기 위해 '실버카'라고 불리는 여러 가지 종류의 보행보조기가 개발되어 사용되고 있습니다. 보행보조기를 사용하는 노인을 보면 어떤 생각을 하게 되는지요? 여러분이 여러분의 부모님이나 조부모님을 위해 보행보조기를 구입하려 한다면 어떤 점을 고려하게 됩니까? 개발자, 구입자, 사용자의 입장에서 생각해 봅시다.

10장 노인 학대

박재연

고령화 사회의 진행으로 노인인구가 증가하면서 가정폭력 중 노인 학대에 대한 사회적 관심이 증대되었다. 우리나라는 2004년 1월 노인복지법에 노인 학대방지에 대한 조항을 신설한 후, 2004년 7월에는 현 노인보호전문기관인 노인학대예방센터를 전국 16개 시 · 도에 설치 · 운영하고 있다. 이는 더 이상 노인 학대가 단순히 가정의 문제가 아니라 사회 문제로 다루어지게 된 것을 의미한다. 이 장에서는 노인 학대의 개념과 유형, 특징 및 실태에 대해 살펴본 후, 노인 학대를 설명하는 이론과 앞으로 노인 학대를 방지하기 위한 대안 등에 대해 살펴보기로 한다.

1. 노인 학대의 개념과 유형

노인 학대의 개념은 사회 · 문화적 배경과 관점에 따라 다양하게 내려질 수 있다. 미국의 노인법에서는 노인 학대의 개념에 학대(abuse), 방임(neglect), 착취(exploitation)를 포함시키며, 영국에서는 노인 학대를 신체적 학대, 심리적 학대(위협, 비난, 폭언), 성적 학대, 기본권 침해(식사, 난방, 의류, 오락의 결여), 강제적 격리, 약물남용, 금전과 재산의 남용 등으로 해석하고 있다(양옥남 · 김혜경 · 김미숙 · 정순둘, 2009). 우리나라의 노인복지법에서는 노인 학대를 '노인에 대해서 신체적 · 정신적 · 정서적 · 성적 폭력 및 경제적 착취 또는 가혹행위를 하거나 유기 또는 방임을 하는 것'으로 규정하고 있다. 또한 중앙노인보호전문기관(2010)에서는 노인 학대는 '노인의 가족 또는 타인이 노인에게 신체적, 언어 · 정서적, 성적, 경제적으로 고통이나 장해를 주는 행위 또는 노인에게 필요한 최소한의 적절한 보호조차 제공하지 않는 방임, 자기방임 및 유기'를 의미한다.

노인 학대의 유형은 노인 학대의 발생공간에 따라 분류되기도 하고, 노인 학대의 행태에 따라 분류되기도 한다. 이를 중앙노인보호전문기관(2010)에서는 다음 〈표 10-1〉과 〈표 10-2〉와 같이 분류하고 있다.

〈표 10-1〉 노인 학대의 발생공간에 따른 유형

유형	정의
가정학대	노인과 동일가구에서 생활하고 있는 노인의 가족 구성원인 배우자, 성인자녀뿐만 아니라 노인과 동일가구에서 생활하지 않는 부양의무자 또는 기타 사람들에 의하여 행해지는 학대
시설학대	노인에게 비용(무료 포함)을 받고 제공하는 요양원 및 양로원 등의 시설에서 발생하는 학대
기타	가정 및 시설 외의 공간에서 발생하는 학대

〈표 10-2〉 노인 학대의 행태에 따른 유형

유형	정의
신체적 학대	물리적 힘 또는 도구를 이용하여 노인에게 신체적 혹은 정신적 손상, 고통, 장애 등을 유발시키는 행위
정서적 학대	비난, 모욕, 위협 등의 언어 및 비언어적 행위를 통하여 노인에게 정서적으로 고통을 유발시키는 행위
성적 학대	성적 수치심 유발행위 및 성폭력(성희롱, 성추행, 강간) 등의 노인의 의사에 반하여 강제적으로 행하는 모든 성적 행위
경제적 학대 (착취)	노인의 의사에 반(反)하여 노인으로부터 재산 또는 권리를 빼앗는 경제적 착취, 노인 재산에 관한 법률 권리 위반 등 경제적 권리와 관련된 의사결정에서 통제하는 행위
방임	부양의무자로서의 책임이나 의무를 의도적으로 거부, 불이행 혹은 포기하여 노인의 의식주 및 의료를 적절하게 제공하지 않는 행위(필요한 생활비, 병원비 및 치료, 의식주를 제공하지 않는 행위)

	※ 자기방임: 노인 스스로가 의식주 제공 및 의료 처치 등의 최소한의 자기보호 관련 행위를 의도적으로 포기 또는 비의도적으로 관리하지 않아 심신이 위험한 상황이나 사망에 이르게 하는 행위
유기	보호자 또는 부양의무자가 노인을 버리는 행위

다음으로 노인 학대가 실제 어떤 방식으로 이루어지는지에 대한 이해를 돕기 위해 노인 학대 유형에 따른 구체적인 내용을 살펴보면 다음 〈표 10-3〉과 같다.

〈표 10-3〉 노인 학대의 구체적인 내용

학대의 종류	학대의 내용
신체적 학대	· 노인을 강제로 지하실이나 방에 감금한다. · 노인을 강제로 의자나 침대에 묶어둔다. · 노인에게 주변의 물건을 집어 던지거나 흉기로 위협한다. · 약품 등을 사용하여 노인에게 의도적으로 화상을 입힌다. · 노인을 담뱃불로 지진다. · 노인을 발로 차거나 주먹으로 때린다. · 노인을 밀어서 넘어뜨린다. · 노인의 머리채를 잡아당기거나 움켜잡아 뽑는다.
정서적 학대	· 부양자가 부양부담으로 인한 스트레스를 노인에게 노골적으로 표현한다. · 노인에게 모욕적인 말을 하여 노인의 감정을 상하게 하거나 수치심을 느끼게 한다. · 노인에게 집을 나가라는 폭언, 욕설, 고함, 위협을 한다. · 노인을 부양하는 것이 부담스럽다고 노인 앞에서 노골적으로 말한다. · 집안 의사결정과정에서 고의로 노인을 소외시킨다. · 위협적이고 무례한 태도를 취한다. · 거동이 불편한 노인에게 청소나 빨래 등 어려운 일을 강요한다. · 노인의 친구나 친지 등이 방문하는 것을 싫어한다. · 노인이 보는 앞에서 물건을 던지거나 부수면서 화풀이를 한다. · 노인이 가족을 타이르거나 의견을 말하면 간섭한다고 불평하거나 화를 낸다. · 노인의 일상적 사회활동이나 종교활동 등을 노골적으로 방해한다. · 노인에게 발을 구르거나 방문을 세게 닫는 등 거친 행동을 한다. · 부양자가 노인에게 없어져 주었으면 하는 느낌을 갖게 한다.
경제적 학대	· 노인의 유언장을 허위로 작성한다. · 노인의 허락 없이 부양자가 마음대로 노인의 부동산 소유권 이전 등과 같은 재산권을 행사한다. · 연금이나 임대료 등 노인의 소득을 가족이나 친지가 가로챈다.

	· 노인에게서 빌린 노인의 물건을 돌려주지 않는다. · 보석 등 값나가는 노인의 물건을 빼앗는다. · 노인의 허락 없이 노인의 재산을 담보로 해서 대출받는다. · 생활이 어려운 노인에게 생활을 유지하는 데 필요한 용돈이나 생활비 등을 주지 않는다.
방임	· 병원에서 치료를 받아야 할 상황인데도 노인을 병원에 모셔가지 않는다. · 목욕이나 배변 시 도움이 필요한 노인에게 도움을 주지 않는다. · 노인에게 음식을 주지 않아 끼니를 거르게 한다. · 경제적인 능력이 있는데도 불구하고 돋보기, 보청기, 틀니 등 필수적인 보장구를 제대로 마련해 주지 않는다. · 치매 등으로 인하여 인지 기능을 상실한 노인에게 주의를 기울이지 않아 노인을 배회하게 한다. · 거동이 불편한 노인을 2-3일 이상 혼자 집에 내버려둔다.
자기방임	· 노인 스스로 외부와의 접촉을 기피하여 고립을 자초한다. · 노인 스스로 식사 횟수를 제한하거나 식사량을 줄여서 영양실조나 탈수 상태에 빠진다. · 노인이 자신의 처지를 비관하여 자살을 시도한다. · 노인이 죽고 싶다는 말을 자주 하는 등 삶에 대한 체념적인 태도를 갖는다.

자료: 이해영, 2009.

2. 노인 학대의 원인

노인 학대의 원인으로는 스트레스, 주거상황, 부양자의 특성 등이 거론되고 있다. 첫째, 부양부담으로 인해 발생하는 스트레스는 노인 학대의 주요 원인이 된다(Hamel et al., 1990). 특히 노인이 부양자에게 지나치게 의존하거나, 정신적 · 신체적으로 문제가 있어 부양자에게 공격적인 행동 등을 하는 경우 부양자의 스트레스는 가중된다. Pillemer와 Suitor(1992)의 연구에 의하면 상호작용하는 스트레스가 부양관계에서 학대를 유발하게 되는데 심각한 장애가 있는 노인일 때, 노인에게 더 많은 도움을 제공해야 할 때, 노인이 정신장애가 있을 때, 부양자의 자아존중감이 낮거나 연령이 어릴수록 학대의 가능성이 높아진다고 하였다. 또한 경제적 부담으로 인해 발생하는 스트레스도 학대의 주요 원인이 되기도 한다. 경제적으로 어려운 상황의 부양자가 노인과 함께 거주하게 될 경우 재정적인 부담과 스트레스가 커지게 되며 이는 노인 학대로 이어질 수 있는 위험요인이 된다. 이러한 부양 스트레스를 받았을 때 이를 적절히 대처하지 못하면 노인 학대가 유발될 수 있다.

둘째, 부양자의 특성에 따라 학대가 발생하게 된다고 한다. 부양자의 특성 중에는 알코올이나 약물 중독 증세를 갖는 경우도 있고, 재정적으로 노부모에게 의존하거나 자기 자신에 대한 자존감이 낮은 경우에도 학대를 하게 될 수 있다고 하였다. 또한 과거 부모로부터 학대를 받은 경험이 있거나, 성격이나 정서장애를 가지고 있는 경우 학대의 가능성이 높아진다(서윤, 2004; 김형수 · 모선희 · 유성호 · 윤경아, 2009).

셋째, 주거상황이 노인 학대와 관련이 있다고 보고되고 있는데, Pillemer와 Finkelhor(1988)의 연구에서는 부양자와 피부양자가 함께 사는 경우에 학대가 더 많이 발생한다고 하였다. 즉, 부양자가 피부양자와 함께 살면서 발생하는 신체적 · 정신적 스트레스로 인해 학대가 발생할 수 있다는 것이다. 그러나 반면 혼자 사는 독거노인이 사회적으로 고립되기 쉽고 다른 사람의 눈에 띄지 않기 때문에 학대가 발생할 가능성이 더 높을 수 있다는 주장도 있다(Wolf, 1996).

넷째, 사회 문화적 요인으로 노인을 차별하는 의식이나 가치관의 변화, 사회적 지지망의 부족, 노인복지서비스 등 국가의 사회보장이 결여된 경우 노인 학대가 증가될 수 있다(서윤, 2004).

3. 노인 학대의 실태

우리나라 노인 학대의 실태는 가장 최근에 조사된 2010년 보건복지부에서 실시한 전국노인학대의 실태조사를 바탕으로 살펴본다. 본 조사는 2009년 4월부터 2010년 4월까지 실시하였는데, 조사 대상은 전국 노인 6,745명, 일반국민 2,000명 및 전문가 177명을 대상으로 하였다. 조사 내용 및 방법을 보면, 노인에게는 학대받은 경험에 대한 면접조사를 실시하였고, 일반국민 대상으로는 노인 학대에 대한 인식 · 원인 · 심각성을 전화로 조사하였다. 전문가에게는 한국형 노인 학대 선별지표 개발 · 검증, 노인 학대의 심각성 및 정책방안에 대한 인식을 파악하였다. 조사는 한국보건사회연구원에서 주관하였다.

1) 노인 학대 실태조사 결과

(1) 학대 경험자

전체 노인의 13.8%가 학대를 경험했다고 응답했으며, '노인복지법'상 금지행위에 해당하는 노인 학대(신체적 · 경제적 · 성적 학대, 유기, 방임)를 경험한 노인은 5.1%로 조사되었다. 학대유형별로는 노인 학대 경험이 있다고 응답한 노인 중 정서적 학대(67%)를 경험한 노인이 가장 많았고, 방임(22%), 경제적 학대(4.3%), 신체적 학대(3.6%) 순으로 나타났다.

학대 경험자의 특성을 살펴보면 농어촌 · 여성 · 배우자가 없는 경우, 연령이 높을수록, 교육 및 소득수준이 낮을수록, 건강 상태가 나쁠수록 노인 학대를 많이 경험한 것으로 나타났다. 또한 학대 경험 노인은 자녀 및 친인척과의 접촉 정도가 낮고, 친한 이웃 · 친구가 전혀 없는 비율이 높은 것으로 나타났다.

학대 경험자의 가족관계와 자존감은 학대 비경험자에 비해 낮게 나왔으며, 학대 경험자의 50% 이상이 5년 이상 학대가 지속되었고, 노인 학대의 약 26%는 초기 발생 이후 강도가 점차 강해졌다고 한다. 5년 이상 노인 학대가 지속된 비율은 노인 부부가구가 61.6%로 노인 독신가구 54.6%, 자녀 동거가구 52.5%보다 높아 노인기 이전부터 배우자 학대가 발생하여 지속된 것으로 추정된다. 이 중 신체적 학대는 타 유형에 비해 최초 발생 이후 더욱 강해지는 특성을 보였다고 한다(강해졌다는 응답: 신체적 학대 38.9%, 경제적 학대 34.3%, 방임 21.1% 등).

(2) 학대 행위자

자녀와 자녀의 배우자에 의한 학대가 전체의 71.9%를 차지했다. 신체적 학대는 주로 배우자에 의해, 다른 유형의 학대는 주로 자녀 및 자녀의 배우자에 의해 이루어지는 것으로 조사되었다. 학대 행위자는 40-59세 연령대가 54.9%로 가장 높게 나타났으며, 학력별로는 초등학교 졸업자가 40%로 가장 많았으나, 대학 및 대학원 졸업인 고학력 학대행위자도 14.8%로 조사되었다.

(3) 학대 후 대응태도

학대 경험 노인의 65.7%가 아무 대응을 하지 않는다고 응답하였으며, 2.5%만이 전문기관이나 경찰에 전문적 도움을 요청하는 것으로 나타나, 아직까지 학대를 사회적 문제가 아니라 '개인(가족) 문제'로 한정하는 경향이 강하였다. 학대유형별 신고비율은 정서적 학대가 0.8%로 가장 낮고, 신체적 학대 11.1%, 경제적 학대 9.1%, 방임 5.2%, 유기 2.9% 순이었다.

2) 노인 학대 원인과 해결방안에 대한 인식조사 결과

(1) 노인 학대의 원인에 대한 인식조사 결과

일반노인의 50.1%가 노인 개인적인 원인을, 20.3%가 학대행위자의 개인적인 원인을, 15.9%가 피해자와 행위자의 갈등관계를, 11.0%가 노인에 대한 부정적인 인식 때문이라고 응답하였으며, 학대 경험자의 41.2%가 학대행위자의 특성, 11.5%가 가족 내 갈등을, 17.0%가 노인의 낮은 경제 상태를, 9.2%가 노인의 건강 상태를 언급하였다.

일반국민의 43.1%가 피해노인과 행위자의 갈등관계를, 26.6%가 노인복지서비스 부족을, 15.3%가 노인에 대한 부정적 인식을 지적하였으며, 전문가들의 69%가 피해노인과 행위자의 갈등관계를, 10.9%가 노인복지서비스 부족을, 8%가 학대행위자의 개인적 원인을 지적하였다.

(2) 노인 학대의 해결방안에 대한 인식조사 결과

일반노인의 52.0%는 노인복지향상, 18.6%는 학대 예방 및 보호서비스 확대, 11.7%는 학대행위자에 대한 처벌강화를 제시하였으며, 일반국민의 31.9%가 노인복지향상을, 22.5%가 학대예방보호 서비스 확대, 16.9%가 노인 학대에 대한 국민인식 개선, 13.7%가 학대행위자에 대한 처벌 강화를 언급하였다. 전문가들의 37.1%가 노인 학대에 대한 국민인식 개선을, 28.0%가 학대 예방 및 보호서비스 확대, 15.4%가 노인복지향상을 지적하였다.

(3) 노인 학대의 심각성에 대한 인식조사 결과

노인 학대의 심각성에 대해 일반국민의 55%, 전문가의 85%가 매우 심각하거나 심각한 편이라고 응답하였다.

4. 노인 학대 대책방안

우리나라의 노인복지법에 노인 학대에 대한 법적 조치가 마련됨으로써 과거에 비해 노인 학대를 방지할 수 있는 확실한 근거가 마련되었다. 그러나 실태조사의 결과를 보면 알 수 있듯이 아직까지도 노인 학대에 대해서는 개인적 · 가족적 차원의 사건으로만 생각하는 인식이 강하며, 과거로부터 계속적으로 학대를 받아온 만성적 피해자인 경우가 많아 이를 근본적으로 차단하고 예방하기 위해서는 현재보다 적극적인 대안이 마련되어야 한다.

현재 정부에서 마련한 노인 학대 예방 및 대응·강화방안을 살펴보면 다음과 같다(보건복지부, 2010). 첫 번째, 노인 학대 발생을 사전에 차단하기 위해 노인 신체 상해자에 대한 벌칙을 강화하고(7년→10년 이하 징역), 존속폭행 시 '반의사 불벌죄'(피해자의 명시한 의사에 반하여 공소 제기 불가) 적용배제 등 관계부처 협의를 거쳐 학대행위자 제재 강화를 추진한다. 또한 신고의무자, 노인복지관·경로당 이용노인 대상으로 노인 학대 사례 및 대응방안을 교육하고, 노인 학대예방(Silver Smile) 캠페인을 지속 전개해 일반의 노인 학대 인식을 높여 나간다. 두 번째로, 노인 학대를 조기에 발견하기 위해 신고의무자의 범위를 확대(119소방대원, 전체 사회복지시설 종사자 포함)하고, 학대 현장조사 방해시 벌칙부과를 통해 신고체계의 실효성을 확보한다. 노인 학대 신고번호(1577-1389)를 적극 알리고, 전국에 산재한 노인복지관(237개)을 '노인 학대 신고기관'으로 활용하는 한편, 통·반장·부녀회와 협조하여 지역사회 내 노인 학대 신고율을 제고한다. 셋째, 학대 발생 시 피해 노인을 철저하게 보호하기 위해 '학대 피해노인 전용 쉼터' 16개소(시·도별 1개소)를 신규 설치(2011년)하여 일시보호, 치유 프로그램 및 가족상담서비스를 제공할 계획이다. 더불어 노인보호전문기관(노인 학대 사례개입 및 상담) 시·도별 2개소 설치를 목표로 매년 3개소씩 확충하여 학대사례에 대한 조기발견, 집중 사례개입을 강화할 계획이다(현재 전국에 24개의 중앙 및 지방노인보호전문기관 설치·운영 중). 이 외에도 공익형 노인일자리사업을 활용한 '노인학대지킴이단'을 운영(1천 명)하여 학대 피해 노인 모니터링 등을 수행함으로써 학대 재발을 차단할 계획이다.

지금까지 정부의 노인 학대 대책방안을 살펴보았는데, 학대사건과 관련하여 처벌 및 신고 규정 등이 매우 구체적이지만, 노인 학대가 발생한 이후 사후조치인 경우가 대부분이다. 물론 노인 학대사건을 신고하고 처벌하는 등의 제재조치와 인프라 구축을 통한 예방사업이 정부차원에서 해야 할 매우 중요한 노력이 될 것이다. 그러나 이 외에도 노인 학대를 근본적으로 근절시키기 위해서는 그 주요 원천이 되는 원인들을 제거하는 노력이 필요한데, 앞서 살펴본 바와 같이 노인 학대의 첫 번째 요인이 되고 있는 것은 부양자의 스트레스이다. 이는 여러 가지 상황으로 인해 발생될 수 있는데, 특히 경제적으로 어려운 형편에 있는 부양자의 경우 노인을 부양해야 하는 것이 생계의 차원에서 부담이 크게 되며, 노인이 무거운 짐처럼 느껴질 수 있다. 노인의 의존성이 클 경우 더 더욱 부양자의 스트레스는 가중된다. 따라서 노인의 의존성을 감소시키고 자립력을 강화하며, 노인을 부양하는 가족의 경제적 부담을 완화시킬 수 있는 보다 실제적인 대책마련이 요구된다. 이를 위해 노인의 소득보장, 의료보장, 고용보장, 주거보장 차원에서의 정책마련이 보다 현실화되어야 한다. 현재도 위의 정책들이 실시되고는 있으나 그 실효성이 미미한 것들이 많다. 따라서 현실적이고 실제적으로 가정에 도움이 될 수 있는 노인복지정책이 마련된다면 경제적 스트레스로 인해 발생하는 노인 학대를 감소시킬 수 있을 것이다.

두 번째로는 노인과 학대자의 개인적 특성 때문에 발생하는 노인 학대를 근절시키기 위해 노인과 학대자 개인에 대한 전문적 개입이 요구된다. 노인이 공격적 행동을 보이거나 치매 등 신체적 · 정신적으로 질환을 갖고 있는 경우 부양자의 스트레스가 가중되며, 이는 학대로 이어질 위험이 보다 크다. 따라서 노인이 가지고 있는 개인적 위험요인을 치료받을 수 있도록 해야 하는데, 모든 부담을 부양자에게 지운다면 그 스트레스는 더욱 가중될 것이다. 따라서 현재 실시하고 있는 노인장기요양보험제도 등 공적 자원이 보다 충실히 적용되어 항시 보살핌을 받아야 하는 노인이나 공격적 행동을 가지고 있는 요보호 노인에 대해 집중적인 지원이 필요할 것이다. 또한 부양자의 개인적 특성에 따라 학대가 발생할 수 있는데, 그 예로 부양자의 약물남용이나 과거 학대에 대한 경험, 인격적 장애 등을 들 수 있다. 따라서 부양자 개인에게 심리적 · 신체적 문제가 있을 경우 이를 방치하지 말고 적극적으로 치료와 도움을 받을 수 있는 방안이 마련되어야 한다. 노인 학대는 주로 가족에 의해서 발생되므로, 가족구성원들의 적극적인 협조가 필수적으로 요구된다.

세 번째로, 노인에 대한 존중과 노인 학대에 대한 인식개선이 필요하다. 노인복지법에 노인 학대에 대한 조항이 마련되고, 노인보호전문기관을 중심으로 노인 학대예방을 위한 여러 가지 국가적 대책과 사업을 실시한 이후, 노인 학대에 대한 인식이 많이 개선된 것은 사실이나 아직도 일반인들에게는 노인 학대에 대한 정확한 인식이 이루어지지 않고 있는 경우가 많다. 특히 정서적 학대나 경제적 학대, 방임과 같은 경우는 신체적 학대에 비해 자신도 의식하지 못한 채 저지르게 되는 경우가 많다. 따라서 노인 학대에 대한 정확한 개념과 유형이 전 국민들에게 교육되어야 할 것이며, 경로효친사상 등 노인을 존중하는 인식도 증진시킬 수 있도록 해야 할 것이다.

Activity

1. 그동안 자신의 일상생활이나 주변에서 경험한 상황 중 노인 학대라고 깨닫지 못했던 일이 있었는지 토론해 본 후, 노인 학대의 기준에 대해 토론해 봅시다.

2. 노인 학대를 근절·예방하기 위한 방안은 어떤 것들이 있을지 토론해 봅시다.

부록: 노인학대 선별도구 항목(보건복지부, 2010)

영역	학대 항목
정서적학대(7)	01. 가족이나 보호자가 나와 대화하는 것을 싫어하거나 말을 걸어도 무시한다.
	02. 가족이나 보호자가 나에게 욕을 하거나 화를 낸다.
	03. 가족이나 보호자가 나와 함께 생활하는 것이 싫다는 행동이나 말을 한다.
	04. 가족이나 보호자가 가족 · 친지 · 이웃과의 만남 또는 사회활동 참여를 방해한 적이 있다.
	05. 가족이나 보호자가 생명에 위협을 느끼게 하는 말을 한 적이 있다.
	06. 가족이나 보호자가 원하는 것을 해주지 않거나, 원하지 않는 것을 강요한 적이 있다.
	07. 가족이나 보호자가 물건이나 흉기로 위협한 적이 있다.
경제적학대(4)	08. 다른 사람이 내 돈이나 재산 등을 허락 없이 사용하거나 빼앗아간 적이 있다.
	09. 금전적인 합의 사항을 지키지 않아 내가 경제적 손해를 본 적이 있다.
	10. 내 명의의 은행 대출 서류, 유언장, 계약서 등이 거짓으로 작성되거나 강제로 서명한 적이 있다.
	11. 다른 사람이 내 돈이나 재산 관리를 마음대로 못하게 한 적이 있다.
신체적학대(9)	12. 나를 꼬집거나 물거나 머리채 등을 잡아당긴 적이 있다.
	13. 나를 밀치거나 넘어뜨린 적이 있다.
	14. 발이나 주먹으로 나를 때린 적이 있다.
	15. 물건, 흉기 등으로 나를 폭행한 적이 있다.
	16. 다른 사람이 내 목을 조른 적이 있다.
	17. 나를 가두거나 집으로 못 들어오게 하거나 집 밖으로 못 나가게 한 적이 있다.
	18. 나의 손발이나 몸을 묶어 움직이지 못하게 한 적이 있다.
	19. 나에게 불필요한 약을 먹이거나 주사를 놓은 적이 있다.
	20. 내가 할 수 없거나 원하지 않는 노동을 하게 한 적이 있다.
성적학대(2)	21. 가족이나 보호자가 나의 성적 신체 부위를 노출시켜 수치심을 느낀 적이 있다.
	22. 나는 성희롱, 성추행과 같은 성폭행을 당한 적이 있다.
방임(4)	23. 혼자서는 식사, 집안일 등 일상생활이 어려운데도 가족이나 보호자가 도와주지 않는다.
	24. 내가 살고 있는 집은 위험하거나 적절한 설비가 없는데도 가족이나 보호자가 조치를 해주지 않는다.
	25. 생계 유지가 어려운데도 가족이나 보호자가 나를 도와주지 않는다.
	26. 치료가 필요한데도 가족이나 보호자가 의료 조치를 해주지 않는다.
유기(2)	27. 가족이나 보호자가 나를 버린 적이 있다.
	28. 가족이나 보호자 중 누구와도 연락이 되지 않는다.

11장 노인의 우울 및 자살

박재연

노인의 우울과 자살은 최근 들어 심각한 사회 문제로 주목을 받고 있다. 우리나라의 평균 자살률이 OECD 회원국의 평균치보다 2배가량 높은 실정인데(보건복지가족부, 2008), 특히 65세 이상 노인의 자살률은 OECD 국가의 평균보다 8.3배 높은 것으로 나타났다(통계청, 2010). 노인 자살의 주요 원인으로는 우울증이 보고되고 있어 노인의 우울과 자살은 같은 맥락에서 연구될 필요가 있다. 이 장에서는 노인의 우울 및 자살의 개념과 특징, 원인, 실태, 대책방안 순으로 살펴보고자 한다.

1. 노인 우울 및 자살의 개념과 특징

1) 우울의 개념과 특징

우울(Depression)은 슬픔과 절망 등의 증상으로 대표되는데, 우울한 기분이 일시적인 상태를 넘어서 2주 이상 일상생활에 지장을 줄 정도가 되면 치료가 필요한 질병으로 구분된다. 우울의 주요 증상을 살펴보면 첫째, 우울은 정서적 증상을 동반한다. 우울한 사람은 지속적으로 슬픈 감정과 외로움, 공허감을 느끼며 흥미와 기쁨을 상실한다. 둘째, 우울은 인지적 증상을 동반한다. 우울한 사람은 독특한 인지적 증상을 나타내는데, 자기비난과 자기비하를 하며 죄의식과 무가치감을 느끼고 사고력 및 주의력의 저하가 일어난다. 또한 일상생활에서 무력감과 미래에 대한 절망감을 갖는다. 즉, 우울한 사람은 자기 자신, 자신의 세계, 자신의 미래에 대해 인지적인 왜곡을 보인다. 셋째, 우울은 생리적인 증상을 동반한다. 우울한 사람은 불면증, 식욕감퇴, 체중감소, 피로감 등의 생리적 증상을 나타낸다(김세진, 1999).

노인 우울의 단서로는 지속적인 불안 혹은 공허함, 수면장애, 식욕과 체중감소, 흥미로운 활동에 대한 관심의 상실, 초조함과 짜증남, 만성적인 아픔 호소와 소화장애 등과 같은 육체적 증상의 지속, 집중과 기억력 및 결정의 어려움, 피곤함, 죄책감, 절망감 혹은 무가치감, 죽음 혹은 자살에 대한 생각 등이 있다(김형수 · 모선희 · 유성호 · 윤경아, 2009).

우울은 특히 자살과 관련된 대표적인 요인으로, 자살 시도자에게서 빈번하게 보고되고 있으며, 우울이 자살충동과 직접적인 상관을 보이는 중요한 요인이라는 것이 확인되었다(우선유, 1999). 또한 자살이 심각한 우울의 최종산물이라는 것이 보고되고 있는데, 정신장애의 진단 및 통계편람 4권(DSM-IV)과 국제질병분류 제 10판(ICD-10)에 의하면, 우울증의 가장 보편적인 증세 중 하나는 자살충동이 반복적으로 일어나거나 또는 자살 시도나 자살하려는 구체적인 계획을 가지고 있다는 것이다(박병금 · 노필순, 2007).

2) 자살의 개념과 특징

'자살'은 스스로 자신의 생명을 끊는 것을 의미한다. 세계보건기구(WHO)에서는 자살을 죽음이라는 치명적인 결과를 초래하는 행위로 보고, 자살행위를 어느 정도의 의도된 자살동기를 가지고 자신에게 상해를 가하는 것이라고 정의하였다(박재황 · 노용환 · 위대한, 2001). 일반적으로 자살에 관한 연구는 자살 사망자를 연구하는 것이 현실적으로 불가능하므로 자살의 예측변인이 될 수 있는 자살 생각이나 계획, 시도자를 대상으로 이루어지고 있다. 이 중 자살 생각(suicidal ideation)은 죽음에 대한 일반적인 생각으로부터 자살을 하는 수단에 대한 생각까지를 포함하며, 자살계획(suicidal plan)은 자살 생각을 넘어서 행동적 차원을 포함하지만 자해적 행동에는 이르지 않는 유서작성, 소지품 정리, 인터넷 등을 통한 자살 관련 정보 수집 등을 포함한다. 자살 시도(suicidal attempt)는 고의적이고 실제적인 자해 등을 포함하며, 죽으려는 명백한 의도를 가진 자기 파괴적인 행동이다. 자살을 하기 위해 다양한 행동은 하지만, 자살에 성공하지 못하는 경우를 의미한다. 자살 시도는 종종 생을 끝내기보다는 '도움을 절실히 청하는 외침'으로 자신이나 자신 주변의 사람을 변화시키고자 하는 의도에서 행해지는 경우도 있다. 마지막으로 자살 사망(suicidal completion)은 자살 실행으로 죽음에 이르는 실제적 자살을 의미한다(Reynolds, 1998).

노인의 자살은 다른 연령대와는 달리 자살 성공률이 높아 매우 치명적이다. 청소년의 자살의 경우 실제로 자살을 원하기보다는 '도움을 청하는 외침'인 경우가 많으나, 노인 자살은 보다 심사숙고하여 결정한 자신의 인생에 대한 대안인 것이다(De Leo & Meneghel, 2001). 또한 자살계획을 치밀하게 세우는 경향이 있으며, 자신의 자살계획을 주변에 알리는 경우가 드물다. 따라서 노인 자살은 성공확률이 높다는 측면에서 더욱 주의를 기울여야 한다. 경제적 어려움에 처한 노인이나 배우자가 없는 노인, 건강이 악화된 노인의 자살 가능성이 높으며, 주거환경과 관련해서는 도시에 사는 노인, 독거노인, 최근에 이사를 한 노인 등이 자살률이 높다. 이렇듯 노인의 자살은 매우 복합적인 원인에 의한 경우가 많고, 노인들은 자살의도를 은폐하려는 경향이 있기 때문에 이를 예방하기 위한 노력이 절실한 상황이다(김현순, 2008).

2. 노인 우울 및 자살의 원인

1) 노인 우울의 원인

노인의 우울은 성별, 연령 등 인구사회학적 특성에 따라 다른 것으로 나타났는데, 남성보다 여성이 우울의 정도가 높으며, 연령이 높아질수록 우울이 더 높다(한국보건사회연구원, 2001). 생물학적 원인으로 신경전달물질의 불균형이나 불충분한 공급으로 발생하기도 하며(Gerner & Jarvik, 1984), 노인의 건강쇠약은 종종 우울증상을 더욱 악화시킨다. 심리 사회적 요인으로 삶의 만족도와 자아존중감이 낮을수록, 스트레스 수준과 고독감이 높을수록 높은 것으로 나타났으며, 상실로 인해 우울증이 유발되기도 한다. 우울증을 유발하는 상실로는 사랑하는 사람의 상실, 건강의 상실, 직장의 상실, 사업의 실패, 개인 소유물의 상실 등을 들 수 있다(Gaylord & Zung, 1987). 사별 등으로 배우자가 없는 노인이 우울 정도가 높게 나타났으며, 독거노인의 우울 정도가 높았다. 자녀와 불화가 있거나 가족의 지지가 낮은 노인도 우울 정도가 높았으며, 사회활동 참여가 활발한 노인은 우울 정도가 낮은 것으로 나타났다(박석돈 · 박순미 · 이경희, 2009). 또한 경제적 어려움도 우울의 결정적인 요인이 된다(배지연, 2004).

2) 노인 자살의 원인

노인의 자살과 우울은 상관관계가 매우 높기 때문에 노인 자살의 원인은 노인 우울의 원인과 공통점이 많은 편이다. 다만, 성별에 관해서는 차이가 있는데, 노인의 자살은 남성 노인이 여성 노인보다 자살 가능성이 높다(박경애, 1996). 연령과 관련해서는 고령 노인이 자살률이 높은 것으로 나타났는데, 85세 초고령 노인의 자살률이 그전 연령대의 노인보다 자살률이 현저하게 높다. 우리나라의 경우 65-80세 미만 노인인구의 자살자 평균은 인구 10만 명당 68.39명인 데 반해, 80세 이상 초고령 노인 자살자의 평균은 116.7명으로 나타났다 독거노인, 노인가구, 질병이 있는 배우자나 외부의 도움 없이 혼자서 간병하는 노인가구의 경우 자살 위험성이 높으며, 자살을 시도했던 경험이나 가족처럼 의미 있는 사람의 자살을 경험한 경우 자살 위험성이 3-4배 높아진다(중앙노인보호전문기관, 2010).

또한 심리적 요인으로 노인 자살의 대표적 요인인 스트레스는 노년기의 배우자 사별, 퇴직으로 인한 경제적 어려움, 사회적 역할 상실, 건강상의 고통 등으로 인해 발생한다. Baumeister(1990)는 자살은 현실에서의 스트레스, 즉 개인의 기대치와 현실 상황과의 괴리, 스트레스들이 자신에게 주는 의미를 심각하게 인식하는 것으로부터 기인할 수 있다고 하였다. 또한 스트레스의 영향을 받아 발생할 수 있는 우울(Atchley, 1994)은 자살충동에 영향을 주게 된다(박병금, 2007). 우울은 단일 요인으로서 자살충동과 가장 밀접한 상관을 보이는 심리장애로 보고되고 있다(김현순, 2008). 이 외에도 반복되는 부정적 생활사건의 경험, 상실감, 고독감, 소외감, 무력감, 죄책감 등이 영향을 미치고 있다.

신체적 원인으로는 치매 및 정신질환이 원인이 될 수 있으며, 신체적 건강에 문제가 있는 경우 노인 스스로의 절망감과 가족에 대한 죄책감을 초래하여 자살의 원인이 되고 있다. 또한 사회지원망이 약화되고, 역할을 상실한 후 경제적으로도 빈곤에 처하게 되면 자살의 위험이 높아지게 된다(중앙노인보호전문기관, 2010).

3. 노인 우울 및 자살의 실태

세계 보건기구에서(WHO)에서는 21세기에 인류를 괴롭히는 질병 중 하나로 우울증을 꼽고 있는데, 노인들은 만성적 질병, 배우자와의 사별, 자녀들과의 관계에서 고립감 등으로 우울증에 빠지기 쉽다. 노인 자살자 중 80% 정도가 우울증과 관련이 있다고 추정되고 있으며, 최근 우리나라의 노인 우울증 환자가 크게 증가하고 있는 추세이다. 건강보험연구센터에 의하면

2003년 60대 이상 노인 우울증 진료 환자는 11만 340명으로 2000년 6만 366명에 비해 82.8%가 증가하였다(이해영, 2009).

우리나라의 자살로 인한 사망자는 2008년 1만 858명이었으며, 인구 10만 명 당 자살자 수는 26.0명으로, 자살로 인한 사망 증가율이 OECD 회원국 중 1위이고, 평균 자살률 또한 OECD 회원국의 평균치보다 2배가량 높은 실정이다(보건복지가족부, 2008). 연령대별 자살의 실태를 살펴보면, 20-30대 사망원인의 1위가 자살로 집계되고 있으며, 45-54세 연령에서 자살률이 급증하여, 65세 이상의 자살률은 OECD 국가의 평균보다 8.3배 높은 것으로 나타났다(통계청, 2010). 노인 자살은 고령화 사회가 진행되면서 지속적으로 증가하는 추세를 보이고 있는데, 인구비례에 따른 노인 자살 인구비율은 다른 연령대에 비해 매우 높은 편이다. 우리나라의 전체 자살 인구는 인구 10만 명당 23명으로 보고되고 있는데, 노인인구에서는 10만 명당 86명으로 전체 인구에 비해 3.7배가량 높은 실정이다. 우리나라에서 65세 이상 인구의 노인이 2006년 한해에 3,203명 자살하였는데, 이는 전체 자살자의 30%에 해당하는 높은 비율을 차지하였다(통계청, 2007).

이렇듯 국내 노인의 우울과 자살의 실태는 매우 심각한 상황인데, 그 심각성에 비해 적극적인 대안마련이 이루어지지 못하고 있다. 노인기에 자신의 전체 인생에 대한 의미를 찾고 삶을 잘 마무리할 수 있어야 하나, 노인들이 스트레스나 우울 등을 극복하지 못하고 극단적 수단인 자살로 자신의 삶을 마무리하는 비극이 늘어난다면 이는 사회의 책임으로 간주될 수밖에 없다. 이에 보다 적극적인 예방정책을 마련하여 노인의 우울과 자살을 막아낼 수 있도록 노력해야 할 것이다.

4. 노인 우울 및 자살 대책방안

노인의 우울 및 자살은 앞서 살펴본 바와 같이 복합적인 원인으로 발생하기 때문에 이를 예방하기 위해서는 다양한 측면의 개입이 필요할 것이다.

우선 노인의 스트레스를 완화시키는 것이 급선무이다. 노인의 스트레스원은 경제적 어려움, 배우자의 사망으로 인한 외로움, 사회적 역할 상실, 건강상의 고통 등 여러 측면에서 발생하게 된다. 경제적 문제로 인한 스트레스로 우울을 경험한 후, 노인 비관자살로 이어지지 않도록 위기시 긴급지원, 노인 소득보장, 노인취업알선 등 복지지원이 체계적으로 이루어지는 것이 필요하다. 또한 노인들이 사회에서 점차 소외되고 스스로 쓸모없는 존재로 인식되는 스트레스와 우울감으로 인해 비관하여 자살하는 일을 방지할 수 있도록 노인의 삶의 질을 개선시킬 수 있는 방안을 강구하여야 한다. 노인 건강과 복지 전문가들은 노인의 스트레스를 해소할 수 있는 분노조절 훈련이나 스트레스 관리 프로그램을 개발하여 보급, 실시하는 것이 노인의 우울과 자살을 예방하는 데에 기여할 수 있을 것이다.

노인의 우울은 스트레스가 발전되어 생길 수 있으며(Atchley, 1994) 보다 심각해지면 자살의 전조증상이 될 수 있다는 점을 주의해야 한다. 따라서 스트레스로 인해 발생한 우울의 단계에서 이를 잘 치료·관리해 주는 것이 노년기 자살을 예방하는 데 매우 중요한 전략이 될 수 있다. 노인은 자신의 자살에 대한 구체적인 계획을 외부에 직접적으로 노출하지 않는 경향이 있으며, 정말로 죽고자 하는 확신에서 시행하기 때문에 성공확률이 높음을 주의해야 한다. 따라서 자살의 이전 단계가 될 수 있는 우울한 노인을 사전에 선별하여 치료하는 것은 우울과 자살을 모두 예방하는 효과를 거둘 수 있다. 이를 위해 특별히 독거노인이나 소외된 지역의 노인들에게는 보건소 등에서 실시하는 건강진단검사에 우울선별검사를 함께 실시하도록 하여 이들 노인의 우울과 자살을 사전에 예방하는 적극적 정책마련이 필요하다.

주변인의 자살을 경험한 노인에게 자살 위험성이 커지는 것을 고려하여 노인 주변에 자살이 발생한 경우, 모방자살이 일어나지 않도록 각별한 관심을 기울여야 하며, 대중매체에서는 자살에 대한 보도 시 노인들에게 자살충동을 일으키지 않도록 주의해야 한다.

노년기에 자신의 영적 발달을 도모하고, 인생의 의미와 목적을 정립하도록 하는 것도 매우 중요하다. 즉, 개인의 존재 가치와 삶의 이유를 깨닫고 있다면 극단적인 스트레스 상황에서도 이를 극복할 수 있는 활력요인이 될 수 있을 것이다. 또한 노인의 고독감, 소외감, 상실감을 회복할 수 있는 다양한 여가 프로그램을 확충하고, 노인복지관을 활성화하는 것이 도움이 될 것이다. Hot-line을 이용한 노인 자살위기 긴급지원망 구축이나 노인을 위한 자살예방센터 등의 운영도 노인의 우울 및 자살을 예방하는 데에 필요할 것이다.

Activity

1. 주변에 가까운 노인(할머니, 할아버지 등)을 생각해 보고, 어떤 때에 우울을 가장 많이 경험하신다고 느꼈는지 토론해 봅시다.

2. 노인이 자살을 생각하는 원인은 무엇이라고 생각하는지 토론해 봅시다.

3. 노인의 우울과 자살을 예방하는 방법은 무엇인지 토론해 봅시다.

12장 노인과 죽음

정병은

1. 행복한 노후와 죽음

우리나라는 죽음에 대해 이야기하는 것 자체를 금기시하는 경향이 있는데, 숫자 4가 '죽을 사(死)'와 발음이 같다는 이유로 사무실이나 아파트의 엘리베이터 층에서 아예 빼고 대신 F 등으로 대체한 곳이 있을 정도이다. 그러나 인생의 마지막 시기에 그 누구도 피할 수 없는 죽음에 대하여 어떻게 받아들이고 대처할 것인지 하는 문제는 누구나 직면하는 가장 중요한 과제이다. 특히 주위 사람들의 죽음을 목격하는 일이 빈번해지고 자신의 죽음을 가까운 시기에 앞둔 노인들에게는 죽음에 대한 인식이나 그에 대한 의미 부여가 삶의 방식을 변화시킬 수 있다. 즉, 죽음에 대한 의미 부여는 노인의 삶의 질과 연관되어 있으며, 죽음에 관한 인식이 노인들의 삶을 재조명하는 데 매우 중요하다고 볼 수 있다. 노인들이 한정된 기간 동안 삶을 살면서 죽음에 직면하고 있으며, 그들 주위에서 죽음과 관련된 불안감을 체험하면서 동시에 자기의 죽음에 대해서도 준비할 수 있기 때문이다. 따라서 노년기에서 죽음의 의미를 직시하는 것은 노인이 삶의 마지막 단계를 적절히 준비하고, 죽음에 임박해 닥쳐올 여러 가지 변화에 적극적이며 생산적으로 대처할 수 있게 하는 긍정적인 요소로 작용하게 된다(김미혜 외, 2004). 이런 연유로 최근 들어 죽음에 대한 긍정적인 태도를 형성하도록 하는 죽음 준비 교육의 중요성이 대두되고 있다.

우리 사회는 그동안 웰빙(well being, 잘 사는 것)에 대한 관심에 매몰되었던 까닭으로 웰다잉(well dying, 잘 죽는 것)의 중요성은 간과되어 왔다. 그런데 최근 김수환 추기경, 법정 스님의 죽음과 그들의 나눔과 무소유의 유언이 전해지고, 또한 김씨 할머니의 '존엄사 허용' 판결 등과 같이 생명과 관련된 문제가 이슈가 되면서 웰다잉에 대한 관심이 증대하고 있다. 웰다잉은 '죽음을 선택할 권리', '품위 있게 죽을 권리'를 넘어 '아름답고 편안한 죽음을 준비할 권리'를 의미하며, 죽음 준비를 통해 남은 인생을 행복하게 살 수 있다는 의미로 집약된다. 나이가 들면서 죽음에 대한 의식은 항상 수반되며, 여생이 상대적으로 짧아지고 죽음이 다가온다고 하는 자각은 앞으로의 삶을 유용하게 보내는 데 중요한 역할을 할 수 있을 것이다.

개봉 전부터 세간의 이목을 끌었던 영화 〈내 사랑 내 곁에〉는 몸이 굳어가는 루게릭병을 앓는 종우와 장례지도사 지수의 사랑 이야기이지만, 실제로는 삶과 죽음을 이야기한다. 이 영화는 영영 깨어날 것 같지 않은, 깨어 있더라도 몸을 움직일 수 없을 것 같은 장기입원병동의 환자들과 그들의 보호자들을 비추고 있다. 그 영화에서의 한 장면은, 상조회사에 소속된 장례지도사라는 직업을 가진 지수는 이제는 장례문화가 바뀌어야 한다고 역설하면서 노인들에게 입관체험을 권유한다. 입관체험은 실제로 수의를 입고 깜깜한 관 속에 누워서 지나온 시간을 성찰함으로써 자신에게 주어진 시간과 주위 사람들의 소중함을 확인할 수 있는 기회이다. 그러나 그 자리에 있었던 노인들은 평소 죽음 준비가 되어 있지 않았기 때문에 거부감을 느끼고 격노하게 된 것이다.

그런데 입관체험 자체가 곧 죽음 준비를 의미하는 것은 아니며, 그 일부분에 불과하다. 죽음 준비는 전반적으로 지금까지 살아왔던 자신의 인생을 되돌아보고 앞으로의 삶을 어떻게

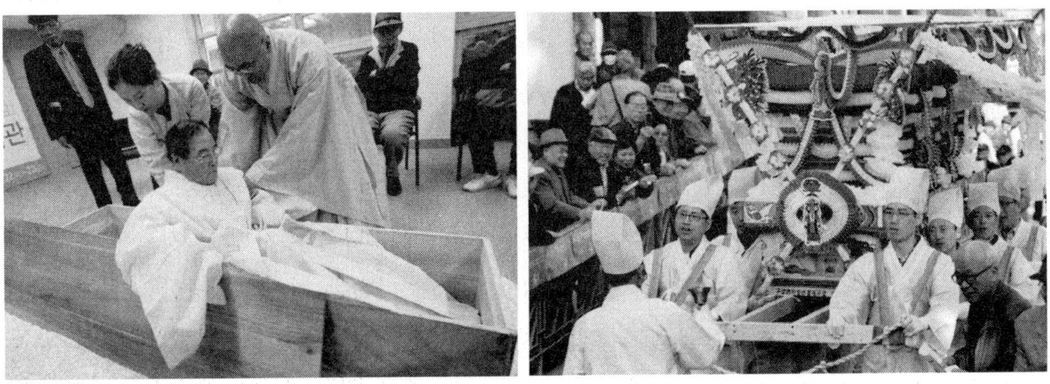

[그림 12-1] 서울시어르신상담센터에서 열린'2009 사(死)축제 사는 기쁨'행사 장면

보낼 것인가를 계획함으로써 죽음에 대한 공포를 극복하고 죽음을 받아들이는 과정을 말한다. 죽음 준비 교육은 잘 죽는 것(well dying)은 잘 사는 것(well being)과 긴밀히 연관되어 있다는 인식을 갖게 하며, 죽음을 두려움의 대상이 아니라 편안하게 받아들이도록 하는 교육 프로그램이다. 웰다잉이나 죽음 준비 교육은 단순히 "얼마나 오래 사느냐"에만 집착하는 것이 아니라, 생존과 함께 "어떻게 사느냐"가 중요한 문제라는 인식이 퍼지면서 일반인의 관심을 끌고 있다.

다른 생애주기와 달리 노년기에는 죽음이라는 특별한 문제가 당면과제로 부각된다. 노년기에 자신, 배우자, 가까운 사람 등의 죽음은 누구나 겪지만 정신적, 심리적으로 개인의 삶의 태도와 죽음에 대한 사회적 이해에 따라 다양한 의미를 갖게 된다. 인간은 노년기에 접어들면 죽음이라는 불가피한 현상을 지각하기 시작하고, 지나온 일생을 회고하며 자신의 성격을 재조직, 재통합하려는 행동 경향이 있다. 이는 과거에 대한 회상을 통해 자아에 대한 새로운 사고, 과거 경험과 그 의미의 재평가 등으로 나타난다. 또한 나이가 들면서 죽음에 대한 의식은 항상 수반되며, 살아갈 수 있는 시간이 상대적으로 짧아지고 죽음이 다가온다고 자각하는 것은 그들이 남은 생을 어느 정도 유용하게 보내는 데 중요한 역할을 한다. 죽음을 직시하고 이해할 수 있게 되면 나머지 인생에서 일어나는 갖가지 어려운 변화에 적극적이고 생산적으로 대처해 나갈 수 있을 것이다(서혜경, 1987).

2. 죽음에 대한 태도

한편 최근 신노년학(New Gerontology)을 중심으로 활발하게 논의되고 있는 '성공적 노화(successful aging)'와 관련된 연구를 보면, 한국 노인들의 경우에는 죽음을 성공적 노화와 관련지어 인식하고 있음을 알 수 있다. 즉, 노인들은 성공적 노화를 복(福)이라는 용어를 사용하면서, 부부 복, 자식 복, 친구 복, 여가생활 복, 거처 복, 재산 복, 건강 복, 마음 복, 죽음 복으로 설명하고 있다(김미혜 · 신경림 · 강미선 · 강인, 2004). 여기서 죽음 복이란 좋은 죽음(good death)을 의미하는 것으로서, 구체적인 내용을 보면, (1) 부모가 살아 있는 동안 먼저 죽는 자녀가 없는 것, (2) 자녀가 임종을 지켜주는 것, (3) 자녀에게 부담을 주지 않는 것, (4) 부모 노릇을 다하고 죽는 것, (5) 고통이 없이 죽는 것, (6) 천수를 다하는 것, 즉 적당한 나이에 죽는 것, (7) 죽기 전에 유언, 유산 정리와 장례 절차 등 삶에 대한 정리를 하고 죽는 것의 7개 요소로 구성되어 있다(김미혜 · 권금주 · 임연옥, 2004). 또 다른 죽음 연구(한나영 · 윤홍주 · 박일환 · 정유석 · 유선미, 2002)에서 노인들은 적절한 수명, 무병사, 자식이나 부인을 먼저 보내지 않고 죽는 것, 자손들에게 폐 끼치지 않고 죽는 것, 가족들이 다 있는 앞에서 죽는 것, 자손들이 다 잘 사는 것을 보고 죽는 것, 수면사, 무통사로 죽는 것을 '좋은 죽음'으로 인식하였다.

그런데 웰다잉이란 무엇인가와 관련된 선행 연구를 검토해 보면, 일관된 결과를 보여 주지 못할 뿐만 아니라, 개인의 신념과 가치관에 따라서 그 의미가 다르고 사회 문화적 배경과 시대에 따라서 달리 해석되는 것을 발견할 수 있다. 또한 성별 등의 개인적 특성들 역시 웰다잉에 영향을 미치는 요인들이므로, 앞으로 다차원적이고 복합적인 차원으로 이루어진 개념으로서 죽음에 접근하여 보다 심층적이고 체계적인 이해가 이루어져야 할 것이다.

한편 죽음을 생각할 때 죽음을 두려워하고 피하고 싶어 하는 것이 일반적일 것이다. 죽음 자체보다 죽음으로부터 오는 공포 때문에 더욱 두려움을 느끼기도 하며, 죽음에 대한 공포는 임종과정에 대한 공포, 죽음 자체에 대한 공포, 사후 결과에 대한 공포, 타인의 죽음과 임종과정에 대한 공포라는 4가지 요인으로 구분될 수 있다(김미혜 외, 2004). 다른 한편으로는 노인들에게서 죽음에 대한 긍정적인 모습도 발견할 수 있는데, 이는 죽음을 자연현상으로 삶의 마지막 과정으로 생각하는 태도를 말한다. 생활만족, 자신이 지내온 생에 대한 평가, 불안도, 내세에 대한 태도 등이 이와 같은 긍정적 태도에 영향을 미치는 것으로 알려져 있다.

전문가들은 죽음에 대한 공포라는 정서적 측면, 죽음을 삶의 일부라고 보는 죽음 수용의 인지적 측면, 죽음에 직면했을 때 어떻게 대처할 것인지의 신념적 측면을 포함하는 것으로 보았다. 즉, 죽음에 대한 태도는 죽음에 대하여 개인이 느끼는 감정(affect)과 인지(cognition) 및 신념(belief)을 포괄하는 복합적인 개념이다(김지현, 2008). Wong 등(1994)은 죽음에 대한 태도와 관련된 연구들을 개관하여 죽음 수용(death acceptance)의 3요인 모델을 제안하였는데, 죽음에 대한 중립적 수용(neutral acceptance), 접근적 수용(approach acceptance) 및 도피적 수용(escape acceptance)으로 구성된다. 중립적 수용은 죽음이 삶에서 불가피한 요소라는 사실을 인정하고 죽음을 비교적 담담하게 수용하는 태도를 의미한다. 죽음에 대하여 이러한 관점을 가지는 사람은 죽음을 삶의 한 영역으로 간주하고 큰 두려움 없이 수용한다. 개인의 유한성(mortality)에 대한 자각을 통해서 자아실현이 가능해진다는 관점을 제시하며, 성공적으로 자아를 실현한 사람은 자신의 죽음에 위협을 느끼지 않는다는 것이다. 접근적 수용은 행복한 사후 세계와 관련된 신념과 관련된 것이다. 사후 세계가 현세의 삶보다 더 나을 것이라고 믿거나 영생에 대한 종교적 신념이 높은 사람일수록 자신이나 가족의 죽음에 대해 덜 불안해하고 죽음을 보다 긍정적으로 본다. 도피적 수용은 삶이 고통과 비탄으로 가득차서 그러한 괴로움으로부터 벗어나기 위한 수단으로서 죽음을 수용하는 태도를 의미한다.

3. 한국의 연명치료 중단에 관한 논쟁

그동안 우리 사회는 안락사 또는 존엄사에 대한 논의가 간헐적으로 이루어져 왔을 뿐 사회적으로 공론화되고 공감대를 형성하지는 못해 왔다. 그러나 최근 김씨 할머니의 존엄사 판정을 계기로 우리 사회에서도 존엄사, 개인의 생명권, 품위 있는 죽음 등 죽음에 대한 본격적인 논의가 이루어지게 되었다.

김씨 할머니는 2008년 2월 겨울 폐암 여부를 확인하러 병원에 입원해서 조직검사를 받다가 과출혈로 인한 뇌손상으로 식물인간 상태에 빠졌다. 석 달 뒤 김씨 할머니 가족은 무의미한 연명치료 중단을 요구하는 가처분신청과 본안 소송을 법원에 제기했다. 김씨 할머니의 가족들은 할머니가 회생불가의 상태에 빠지자, 인공호흡기 등에 의해 삶을 기계적으로 연명하는 것이 무의미하다고 판단하고 이를 중단해 달라고 법원에 요청하였다. 병원 측은 끝까지 생명을 포기하지 않는다는 방침을 가지고 인공호흡기 제거를 거부하였다. 대법원은 의료진도 회생불가 의견을 냈고 할머니가 평소에 품위 있게 죽고 싶다는 의사를 표시했다는 점 등을 들어서, 영양공급은 계속하되 인공호흡기를 제거하라고 최종 판결을 내렸다. 이는 국내에서 처음으로 존엄사 시행을 허가한 것으로서, 대법원 판결에 따라 가족과 의료진이 보는 앞에서 김씨 할머니의 인공호흡기가 제거되었다. 병원 측은 당초 치료 중단 후 2-3시간 내에 사망할 것으로 예상했지만, 김씨 할머니는 인공호흡기를 제거한 후에도 자발적인 호흡으로 201일 동안 생명을 유지했다.

이를 계기로 그동안 우리 사회에서 공론화되지 못했던 존엄사에 대한 논쟁이 활발하게 이루어졌다. 이는 삶과 죽음에 관한 것으로서, 품위 있는 죽음 또는 생명의 자기 선택권이 어떤 의미인지, 과연 사회적으로 수용될 수 있는지, 구체적으로 법제화의 범위를 어디까지로 할 것인지, 그리고 존엄한 죽음에 대해 사회가 무엇을 어떻게 준비해야 하는가 등의 많은 숙제를 남겼다. 유례없이 빠른 속도로 고령화되고 우리 사회는 그동안 출산 장려에만 집중하였을 뿐 행복한 죽음에는 무심했던 게 사실이다.

또한 우리나라에서 암으로 사망하는 사람은 1년에 약 6만 8천 여 명인데, 말기 암으로 잔여수명이 6개월 이하일 때는 항암치료를 해도 효과가 거의 없고, 환자의 고통만 커진다고 한다. 그래서 미국의 경우에는 말기엔 항암치료를 거의 하지 않지만 우리나라의 경우는 잔여수명이 1개월 미만일 때도 항암치료를 강행하는 비율이 30%가 넘는다(KBS 〈아름다운 마무리〉). 끝까지 '최선'을 다하려는 환자 가족과 의료진 때문이지만, 정작 환자들은 중환자실에서 고통을 겪으며 죽어가고, 죽음에 대해 별다른 준비를 하지 못한 채 의식불명이 되기도 한다. 일부에서는 인공호흡기를 단다는 것은 환자 본인에게 이루 말할 수 없는 고통인데도 최선을 다해

물리적인 수명을 늘리는 것이 무슨 의미가 있는가 하는 의문을 제기하기 시작하고 있다.

이번 김씨 할머니 관련 대법원 소송에서 쟁점이 되었던 것은 식물인간 상태인 환자에게 환자의 의사에 반해 인공장치를 이용하여 계속 숨을 불어넣어 줄 것인가가 핵심 쟁점이었다. 식물인간 상태는 심장 정지 등에 의해 뇌에 산소가 공급되지 않아 뇌가 심각한 손상을 받아 발생한다. 일부 기능이 살아 있어 자발적 호흡이 가능하거나 의식이 돌아오는 경우도 간혹 있다. 식물인간 상태가 된 후 6개월이 지나면 의식이 돌아올 확률은 0-8%로 매우 낮아진다고 한다(한국일보, 2008. 11. 29자). 김씨 할머니의 경우 대뇌, 소뇌 등의 기능이 멎어 정상적인 사고는 물론 인공호흡기 없이 혼자 힘으로 호흡하는 것도 불가능하고, 다만 뇌간 기능 일부가 유지되고 있어 눈을 뜨고 감는 것은 가능했다. 또한 대법원은 존엄사 논란의 핵심 쟁점인 '생명권'과 '자기 운명 결정권'의 충돌 문제에 대해 '인간의 존엄성이 생명권에 기초를 두고 있지만 죽음을 맞이하는 순간에서도 구현돼야 하는 궁극적 가치'라면서 '존엄사권'을 인정, 스스로 죽음을 맞을 권리에 의미를 부여했다. 식물인간 상태인 고령의 환자 김씨 할머니를 인공호흡기로 연명시키는 것은 "정신적 고통의 무의미한 연장을 강요하는 결과를 가져와 오히려 인간의 존엄과 인격적 가치를 해할 수 있다"는 것이다(대법원 판례 2009. 1. 19).

연명치료 중단 방안 논의 결과(합의 사항)

(대상 환자) 연명치료 중단 대상은 말기환자로 제한하고 지속적 식물인간 상태 환자는 대상에서 제외하되, 말기 상태이면 포함한다.

(중단 가능한 연명치료 범위) 말기환자의 수분·영양공급 등 일반 연명치료는 중단될 수 없으며, 심폐소생술·인공호흡기 등 특수 연명치료에 한하여 중단될 수 있다.
(사전의료의향서 작성) 말기환자가 연명치료 중단에 관한 의사표시를 하는 경우에는 "사전의료의향서" 작성을 원칙으로 한다.

(작성대상 및 절차) 사전의료의향서는 민법상 성인이, 작성 전 담당의사와 상담 후 2주 이상 숙려 기간을 거쳐 작성할 수 있다. 다만, 말기환자가 아닌 경우에는 죽음대비 문화조성 차원에서 의사 외의 자도 설명이 가능하며, 의료기관 외 기관에도 제출할 수 있다.

(표시방법) 서면에 의한 작성을 원칙으로 하고 예외적으로 본인 의사임을 증명할 수 있는 경우에는 구두에 의한 의사표시도 인정한다.

(효력상실) 사전의료의향서는 언제든지 철회할 수 있다.

(의사결정기구) 국가 차원의 정책 심의기구로 보건복지부장관 소속하에 "국가말기의료심의위원회"를 설치하고 의료기관별로 연명치료중단에 관한 사항을 논의하기 위해 "병원윤리위원회"를 설치 · 운영한다.

자료: 보건복지부, 2010. 7. 14 발표.

이와 같은 대법원 판결에 따라 2009년 10월 대한의사협회, 대한의학회, 대한병원협회는 회복 가능성이 없는 말기환자의 경우 환자 본인의 결정과 의사의 의학적 판단에 따라 무의미한 연명치료를 중단할 수 있도록 하는 지침을 발표하였다. 대상은 말기 암환자, 말기 에이즈환자, 만성질환의 말기환자, 뇌사환자, 임종을 앞둔 환자 등이 포함되며, 의도적으로 환자의 생명을 단축시키거나 자살을 돕는 행위는 안 된다. 이들이 사전에 연명치료를 원하지 않는다는 의사를 밝히면 상태가 악화되어 의식을 잃은 후에도 인공호흡기나 심폐소생술을 하지 않게 된다. 이후 오랫동안 사회적 논란을 불러일으켜 온 연명치료 중단 문제가 각계 전문가와 관련 기관 종사자 15명이 사회적 협의체를 구성하여 논의한 결과, "연명치료중단 제도화를 위한 사회적 협의안"이 발표되었다(2010. 7. 14).

다만 직접적인 의사표시가 불가능한 경우 추정에 의한 의사표시를 인정하는 것과 미성년자 또는 지적 장애인에 대해서 대리인에 의한 의사표시를 인정하는 것은 합의에 이르지 못했으며, 다수의 관계자들이 존엄사를 법률로 제정하는 것에 대해서는 반대의사를 표명한 것으로 밝혀졌다.

4. 존엄사? 안락사?

김씨 할머니의 존엄사를 한편에서는 소극적 안락사와 동일시하기도 하고, 다른 한편에서는 안락사와는 전혀 다른 의미로 받아들이기도 한다. 이들은 존엄사는 말 그대로 품위 있는 죽음을 의미하는 것으로서, 인간적 삶을 살 수 있도록 최선의 의학적인 치료를 다했음에도 불구하고 돌이킬 수 없는 죽음이 임박했을 때 의학적으로 무의미한 연명치료를 중단함으로써 질병에 의한 자연적인 죽음을 받아들이는 것이다. 즉, 인공호흡기 등의 장치를 이용해 생명을 연장하고 있는 회생불가의 환자에게서 그 장치를 제거하여 죽음에 이루게 하는 행위이다. 반면 안락사, 특히 비자발적, 적극적 안락사는 극심한 고통을 겪고 있는 불치병 환자나 의식불명의 환자 등에게 의사가 직접 독극물을 주사하는 등의 방법으로 환자의 죽음을 앞당기는 행위를 말한다. 비자발적, 적극적 안락사는 대부분의 국가에서 불법행위로서 금지되어 있으며, 다만 일부 국가에서 유일하게 안락사 관련 법률을 도입하여 인정하고 있다.

안락사를 찬성하는 입장은 (1) 개인은 자기 자신의 신체, 생명, 죽음에 관한 권리를 지닌다. 안락사는 자신의 죽음을 선택할 수 있으므로 살인과는 다르다. (2) 시간이 지날수록 가족들의 정서적, 경제적인 부담이 커진다. (3) 적어도 소극적 안락사는 찬성되어야 한다. (4) 안락사를 법적으로 인정하기 전에 엄격한 기준을 적용하여 실행하면 된다는 점을 강조한다. 반면 안락사를 반대하는 근거는 (1) 안락사를 허용하면 생명 경시 풍조가 생겨날 것이다. 안락사를 찬성하는 사람들은 촉탁승낙에 의한 살인죄이다. (2) 목숨을 끊게 하는 것이야말로 인간 존엄성에 대한 중대한 도전이다. (3) 안락사가 허용되었을 경우 이를 오용하거나 남용하는 등의 범죄들이 등장할 것이다. (4) 경제적으로 여유가 없거나 돌보기 귀찮다는 이유로 바로 안락사를 시킬 수도 있다. (5) 인간의 생명은 어떤 상태에 있든지 관계없이 그 자체로 무한한 가치가 있다. 절대적 존엄성을 지닌 인간의 생명을 보존하기 위해서 어떠한 치료 중지도 정당화될 수 없다는 점이다(위키피디아, '안락사').

우리나라에서는 장기기증운동을 펴는 단체를 중심으로 존엄사 찬성 입장이 형성되어 있다. 이들은 식물인간에 대해 존엄사를 인정하지 않기 때문에 암암리에 불법이 자행되고 있다고 주장한다. 이들은 이 문제는 가족, 의료계의 실제적인 문제이며 당면한 과제라고 강조한다. 반면 종교계를 중심으로 존엄사를 강력하게 반대하는데, 어떠한 경우에도 인위적으로 생명을 단축하는 안락사를 인정하지 않는다. 다만 무의미한 연명치료의 경우에는 의사의 양심적인 판단과 환자 또는 가족의 동의하에 중단할 수 있다는 입장이다. 이들은 의학기술의 발달에 의해 환자를 고칠 수 있는 희망이 커지는 상황에서 존엄사를 공식화하는 것은 옳지 않다고 본다(오마이뉴스, 2008. 12. 19자).

Activity

1. 자신의 출생부터 죽음의 시기에 이르기까지 인생경로를 그려 봅시다. 자신의 죽음을 미리 생각하고 죽음의 시점에 어떤 준비를 하면 좋을지 생각해 봅시다. 또한 주변 사람들 중에서 죽음을 미리 준비하는 사례를 알고 있으면 이야기 해 봅시다.

2. Wong이 개발한 죽음 불안 척도를 사용하여 자신의 응답을 체크하면서 삶과 죽음에 대한 자신의 생각을 검토해 봅시다.

3. KBS 시사기획 쌈 〈아름다운 마무리〉(2010. 3. 22 방송)

4. 2008년에 개봉된 영화 〈버킷 리스트(bucket list)〉는 우연히 함께하게 된 두 남자(잭 니콜슨, 모건 프리먼)가 죽기 전에 꼭 하고 싶은 일들을 적은 '버킷 리스트'를 실행하기 위해 떠나는 유쾌한 여행을 그렸다. 자신의 버킷 리스트를 작성해 보고 다른 사람들과 읽어 보고 무엇이 어떻게 다른지, 왜 그것을 해 보고 싶은지 등에 대해 이야기해 봅시다.

13장 노인과 성, 섹슈얼리티(sexuality)

정병은

1. 노인의 성에 대한 오해

노년기의 삶의 질을 구성하는 요소로서 건강, 소득, 주거, 가족, 사회관계, 종교 등의 다양한 측면들이 논의되어 왔던 반면에, 노인의 성이 삶의 질에 대해 미치는 영향에 대한 관심은 좀처럼 찾아보기 어렵다. 그러나 성은 젊은 사람들만의 전유물이 아니며, 한 개인의 필수적인 요소이자 기본적인 권리이며, 인간의 근본적인 삶의 존재방식이기도 하다. 따라서 노인의 성은 노령이라고 하는 생리적 조건에 의해 제약당하지 않는 권리의 하나로서 접근하여야 한다(권명숙, 2001).

여기서 성의 의미는 단순히 성교 또는 성행위와 동일시되지 않으며, 그것을 아우르는 섹슈얼리티로서의 성을 의미한다. 섹슈얼리티로서의 성이란 성에 대한 의식, 태도, 규범, 느낌, 취향 및 상호작용을 합친 다차원적이고 포괄적인 개념이다. 흔히 성욕은 식욕, 수면욕과 함께 인간의 본능적이고 기본적인 욕구로 이해되지만 그것은 생물학적으로 표현되는 것이 아니라, 사회 문화 속에서 창조되고 통제되며 조작된다. 다시 말해 개인의 성적 욕망을 규제하는 성 규범과 가치체계는 한 사회의 정치, 경제, 사회의 흐름에 따라 변화하며 영향을 받아 구성된다.

고대사회부터 근대에 이르기까지 성에 관한 사회화는 성행위를 통해 생명유지에 필요한 액체가 고갈되면서 신체가 약해진다고 가르쳤다. 젊은 시절에 성적으로 절제해야 장수한다고 젊은이에게도 성을 삼가도록 권유하였으므로 노인의 성은 매우 어리석고 위험한 행동이 아닐 수 없다(윤가현, 1997). 더욱이 한국 사회의 유교문화적 전통의 영향으로 성을 드러내놓고 말하는 것은 금기되거나 경시되고 있다. 성은 재생산, 즉 대를 잇기 위한 하나의 과정으로 인식되어 왔고, 성을 누군가에게 배운다기보다 결혼을 통해 자연스럽게 알게 되는 것으로 여겨졌기 때문이다.

이런 맥락에서 노인은 성과 무관한 존재이거나 관심이 없는 '무성(無性)의 존재'로 인식되어 왔다. 노인은 아무런 성욕이 없는 것이 일반적이기 때문에, 만일 노인이 성욕이 있다면, 남녀 노인이 이성교제를 한다면, 또는 성적 흥분을 야기하는 그 무엇인가(이를테면 야동)에 열중한다면, 그것은 '주책없는' 일이다. 간혹 나이가 들어서도 섹스를 즐기거나 성적 관심을 보인 사람이 있다면 젊은 시절부터 색광이었을 것으로 여기며 보통사람과는 달리 생각한다. 노인은 성적 욕구가 있더라도 자제할 줄 알아야 노인답다고 할 수 있으며, 노인의 성행위는 매우 어리석고 위험한 행동으로 인식된다. 그래서 노년의 성을 적나라하게 보여 준 〈죽어도 좋아〉라는 영화를 본 사람들의 반응은 '당혹스럽다'는 것이었다.

> …내가 아는 여자 중에서 시어머니가 5년 전에 돌아가신 후 시아버지가 어디서 여자를 하나 알아가지고 오셨는데 70세가 넘은 양반이 그냥 그대로 고상하게 사시지 무슨 여자친구냐며 그렇게 잘 배우고 조용하시던 시아버지가 여자와 그럴 줄 몰랐다며 거부감이 느껴진다고 했다.…
>
> (세계일보, 〈죽어도 좋아!〉. 2010. 4. 12자)

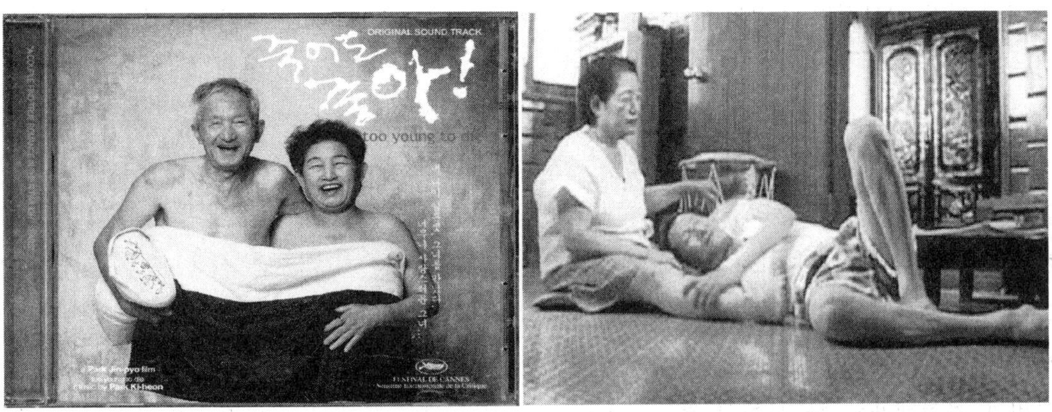

[그림 13-1] 영화 〈죽어도 좋아〉의 OST CD의 표지 및 영화의 한 장면

그러나 스펜서(Spencer, 1991)는 노년기의 성에 대해서 잘못 인식되고 있는 부분이 많다고 지적하면서 다음과 같이 기술하였다(이남순, 2006 재인용).

(1) 노년기에는 젊은 시절에 비해 성적 관심과 활동이 저하되는 경향이 있으나, 많은 노인들이 활발한 성적 관계를 지속하고 있다.

(2) 여성 노인에 비해 남성 노인에게서 성적 관심이 더 높게 나타나는 경향이 있다.

(3) 노년기의 성적 활동양상은 젊은 시절의 성적 활동양상을 반영한다.

(4) 성 반응에 있어서의 신체적 활동은 연령에 따라 변하지만 많은 노인에게 발견되는 성적 관심과 활동 감소를 설명하기에는 부족하다.

또한 1998년에 조사된 미국 노인의 성행위에 대한 연구에 따르면, 60세 이상 노인 중에서 48%는 성적으로 활기찬 모습을 보였다. 또한 응답자의 약 60%는 자신의 40대와 비교해서 신체적으로 비슷하거나 더 많이 만족한다고 하였다(Dunn & Cutler, 2000; 김지은, 2008에서 재인용). 이는 나이가 들수록 성행위가 감소하지만 그럼에도 불구하고 다수의 노인들은 성행위를 하며 만족해 한다는 것을 의미한다. 한국 노인들도 노년기의 신체적, 정신적 건강을 유지하기 위해서뿐만 아니라 인생을 살아가는 데 있어서 성이 중요하다고 인식하고 있는 것으로 조사되었다(김기연 · 송희영 · 박소미, 2005). 또한 성생활에 관한 조사 결과(유영란, 2001)에 의하면, 65세 이상의 남성 노인의 53%, 여성 노인의 32.6%가 성생활을 하고 있으며, 성생활 빈도는 80% 이상이 월 1-2회인 것으로 나타났다. 다른 조사(김승국, 2003)에서도 남성 노인의 68.7%, 여성 노인의 31.3%가 성생활을 하고 있으며, 전반적으로 남성 노인이 여성 노인보다 활발하게 성생활을 하는 경향을 보인다. 이는 남성 노인들은 자신보다 젊은 여성과 교류하는 등 동년배의 여성 노인에 비해 이성과 접촉할 기회가 더 많기 때문이며, 사회 문화적으로 남성의 성적 욕구는 수용되지만 여성의 성적 욕구는 소극적이며 수동적인 시각이 팽배하기 때문이다.

남성은 나이가 꽤 들었을 때까지도 정자를 생산하고 여성은 50세를 전후한 폐경기에 이르기까지 난자를 생산한다. 개인의 건강 상태와 배우자의 건강과 적합성 여부에 따라서 노년이 되어서도 젊은이 못지않게 성생활을 즐길 수 있다고 한다. 노인도 신체를 움직일 수 있고 정신적인 판단능력이 유지되는 한, 성적 욕구는 식욕과 마찬가지로 죽는 날까지 남아 있다. 다만 젊은 시절과 달리 성행위와는 다른 형태의 친밀한 관계에서 만족을 얻으며 또한 그것에 가치를 두고 살아간다. 따라서 노인의 성은 나이가 들면서 감소하는 것이 아니라 나이에 따라서 변하는 것으로 보아야 할 것이다.

2. 노년기 성의 중요성

경제적인 풍요, 학력수준의 향상, 건강보호체계의 발전으로 노인들의 삶은 변화하고 있다. 또한 노인들이 적극적으로 사회활동을 하고 사회 참여가 활성화되면서 노인들의 만남이나 모임이 자연스럽고 수용적인 분위기가 형성되면서 남성 노인과 여성 노인의 이성교제가 증가하게 될 전망이다. 뿐만 아니라 노인 부부가구의 비율이 증가하고 있는데, 노년기에는 자녀 양육 역할이 끝나고, 가사일이 대폭적으로 감소함에 따라서 신혼기 때와 같이 부부간에 좋은 시간을 가질 수 있고 성생활도 보다 자유로울 수 있다. 부부간의 성적 친밀도는 결혼만족도와 높은 상관관계가 있으며 부부의 결속력을 높이는 데 주요한 요인으로 작용하고 있다. 노인 부부간의 성생활에 관한 다양한 조사연구들을 비교해 보면, 성생활은 연령이 낮을수록, 건강 상태가 좋을수록 유지되는 경향을 보이며 빈도가 높게 나타나고 있다. 따라서 활발한 성생활의 유지는 노인 부부의 건강 상태와 밀접하게 관련되어 있다고 할 수 있다(김지은, 2008).

의학적으로도 노인의 성생활은 호르몬 분비를 촉진하고 면역체계 기능을 향상시켜 결과적으로 사람을 건강하게 만든다. 꾸준한 성생활을 지속할 경우 골다공증, 치매, 건망증, 전립선질환 등을 예방할 수 있고 또한 외로움과 소외감으로부터 오는 스트레스를 해소하고 정서적 안정을 더해 준다. 포스터 등(Foster et al., 1984)은 자기보다 젊은 여성과 결혼한 남성의 평균 사망률이 상대적으로 낮은데 성생활은 자신의 나이보다 배우자의 젊음이나 건강이 크게 작용하고 있음을 보여 준다.

또한 사회적, 심리적 측면에서 보면, 은퇴 등과 함께 많은 상실을 경험하는 노년기에 이성관계는 성적 만족뿐만 아니라 신뢰할 수 있는 말동무와 타인을 위한 역할을 제공함으로써 삶의 보람을 느끼면서 살 수 있도록 하는 기초로 인식되기도 한다(김태현 · 한혜신, 1996). 브리처(Brecher, 1984)는 능동적인 성생활과 친밀한 관계를 즐기는 노인들이 그렇지 않은 노인들보다 삶의 만족도가 훨씬 높다고 설명한다. 또한 노인들은 성을 통해서 “아직 나는 살아 있음을 느낀다”고 한다. 이렇게 볼 때 노인의 성적 행동은 단순히 신체적인 측면에 그치는 것이 아니라 심리적, 정서적 측면이 더 중요하다고 볼 수 있다.

한편 람마나 등(Lammana et al., 1992)은 노년기 성적 만족도는 생물학적 요인보다 사회 심리적 요인에 의해 더 영향을 받는다고 설명한다. 노인의 성적 욕구에 대해 부정적으로 인식하는 사회적 규범이 지배적으로 존재하면 노인들은 사회적 규범에 동조하기 위해서 자신의 성적 욕구 및 성적 행위를 억누르게 된다. 이러한 태도는 결국 노인의 성적 능력에 대한 자신감의 상실을 초래하게 되고 이것이 심화되면 노인의 성적 욕구나 능력에 대한 사회적 고정관념이 확대되고, 이는 다시 노인의 성을 약화시키게 된다. 즉, 노인의 성에 대한 부정적 고정관념은 노인의 태도와 행동을 제약하게 되는 악순환을 만들어 낸다. 향후 노년학자, 노인 관련 전문가, 대중매체 등을 중심으로 노년기의 성은 수용될 수 있으며 노년기의 삶의 질에 있어서 중요한 요인으로 작용한다는 메시지를 전달함으로써 노인의 성에 대한 지금까지의 오해와 편견을 감소시킬 수 있다.

3. 노년기의 재혼을 어떻게 보아야 할까?

노년기는 육체적으로 기능감퇴가 진행되어 대인접촉이 어렵고 정신적으로 소외감을 느끼며 고독해지는 시기이므로 누구보다도 배우자와의 상호작용을 통하여 보다 안정적이고 행복한 인생의 마지막 단계를 보내는 것이 중요하다. 부부가 건강하게 해로하면 이상적이겠지만 실제로는 부부 중 한 사람이 먼저 사망하게 되는데, 동서양을 막론하고 대부분의 문화권에서 평균수명의 차이로 인하여 남성 노인보다 여성 노인의 비율이 더 높은 편이다. 즉, 남성보다 여성이 사별로 인하여 홀로될 가능성이 더 높으며, 연령이 증가할수록 그 가능성은 더 높아진다.

배우자의 사망은 사기 저하를 비롯하여 삶의 만족감 저하, 심리적 고독감 등을 불러일으키는데, 배우자의 사망은 사회적으로 인정받는 성적 파트너, 위험으로부터 보호해 주는 신뢰하는 자, 가치를 인정해 주는 자, 동반자, 경제적으로 주요한 근원, 오락 파트너의 상실이며 또한 지위나 기대, 자기 확신, 직업, 가정 등의 상실을 의미한다(윤가현, 2004). 배우자의 역할은 다른 사람이 대신할 수 없기 때문에 노인의 생활만족을 저해하는 가장 커다란 요인이며 따라서 이성교제의 필요성이 대두된다. 그 결과 배우자의 사망 이후 재혼하지 않고 혼자 살아가는 노인도 있지만 시간이 흘러 적응하면서 이성을 만나 교제를 하기도 하고, 재혼의 의지를 갖는 노인도 있다. 노인에게 재혼은 고독한 삶에서의 탈출을 의미하며 잃어버렸던 인간관계의 회복을 의미한다.

그러나 재혼의 의지가 있더라도 이를 적극적으로 표현하기 어렵고 실제로 재혼하기까지에는 많은 어려움이 있는 것이 현실이다. 고령의 나이에 재혼하는 것에 대한 부정적인 고정관념이 있기 때문이다. 노인 스스로 고인이 된 배우자에 대한 죄의식으로 이성친구에게 양가적인 감정이 생기게 된다. 또한 자녀들의 입장에서는 생존한 부모의 재혼이 고인이 된 부모에 대한 모욕으로 느껴져서 거부감이 들기도 한다. 무엇보다도 자녀들이 부모의 재혼을 꺼리는 가장 커다란 이유로서, 부모의 재혼으로 인해 유산상속의 감소와 같은 재정적인 문제, 계부모-성인자녀와의 관계에 대한 우려 등이 생기기 때문이다. 따라서 자녀들은 부모의 재혼이 충격적이고 꺼려지게 된다. 자녀들은 재혼을 반대하면서 "결혼은 하지 말고 이성친구로 사귀는 것은 괜찮다"고 한다.

그런데 재혼에 있어서 성별 차이를 뚜렷하게 보인다. 즉, 남성 노인의 재혼율은 상대적으로 높지만 여성 노인은 재혼율이 낮을 뿐만 아니라 재혼에 대한 희망도 상대적으로 낮다. 남성 노인의 재혼은 당연시되는 반면 여성 노인의 재혼은 유교적인 '수절'의 가치관에 따라서 부정적으로 인식되기 때문이다. 현재의 노인 세대는 대부분의 성행위가 결혼이라는 사회제도의 테두리 안에서 이루어지는데, 일반적으로 남편이 아내보다 나이가 더 많고, 남성의 평균기대수명이 여성보다 짧다. 따라서 여성 노인의 성적 능력이 변함없더라도 실제로 나이가 들어가면서 성적 행위의 기회는 뚜렷하게 감소하게 된다.

또한 여성 노인의 성적 욕구에 대해 사회적으로 인정해 주는 분위기가 형성되어 있지 않기 때문에 성적 관계를 형성할 수 있는 계기를 마련하는 것이 어렵다. 여성 노인 스스로도 사별 후 재혼하지 않고 혼자 살아가는 것을 미덕으로 여겨서 이성교제나 재혼을 기피하는 경향이 높은 것으로 나타났다(서병숙 · 김은진, 1996). 여성 노인은 사회 경제적으로 어려움에 처해 있기 쉬운데 이는 사별 후에 새로운 짝을 만나는 데 있어서 장애가 된다.

사별한 노인은 홀로 살아가는 것보다 파트너와 함께 살아가는 것이 인생의 후반기에 여러 가지 측면에서 더 안정된 상태로 살아갈 수 있으며, 또한 평균수명도 더 길다. 성적인 존재로서 자신의 가치를 확인하고 이를 통해서 삶의 질을 높이기 위해서는 파트너와의 공생이 더 유리하다. 그러므로 노인의 재혼에 대한 편견이나 고정관념에서 벗어나야 할 것이며, 노인의 재혼에 가장 커다란 영향을 미치는 사람은 성인자녀들이기 때문에 젊은 층의 태도 변화가 가장 중요하다. 성인자녀가 재혼을 권장하거나 인정해 주면 노인의 재혼생활의 질이 높은 반면, 성인자녀가 부모의 재혼을 반대하면 노인의 재혼생활의 질이 높지 않기 때문이다(윤가현, 2004).

4. 노인 성매매의 상징, '박카스 아줌마'

노인의 성에 대한 부정적인 시각이 고착화된 데에는 언론매체의 감각적이고 피상적인 보도행태가 부분적으로 영향을 미치는 측면이 있다. 언론은 종종 기사와 뉴스를 통해 노년기 성의 어두운 모습과 성적 문란함을 부각시키고 있다. 춤바람 난 노인들로 가득 찬 노인교실, 비아그라 복용으로 인한 노인의 사망, 노인 성매매, 노인 성범죄, 노인의 성병 등 음성적 노인의 성 문제와 관련된 기사가 대표적인 것들이다. 그러나 이러한 '사회적 병리'는 오히려 노인의 성에 대해 부정적인 인식과 무관심, 그리고 폐쇄성으로 인한 산물이라고 해야 할 것이다.

특히 최근 들어 노인의 성에 대해 터놓고 말하기 어려운 사회적 분위기 때문에 속칭 '박카스 아줌마'라는 사회적 현상을 만들어 냈다.[1] 공원 등지에서 커피나 술을 팔며 노인을 유인해 성매매로까지 이어지는 박카스 아줌마의 모습은 부양가족 없는 가난한 여성 노인과 외로움을 표출할 길 없는 남성 노인의 필요가 맞아 떨어진 시대의 부산물이라고 할 수 있다. 그러나 다른 한편에서는 마치 이들이 노인 성문화를 대변하는 듯이 노인의 성을 어둡고 숨겨져 있으며 천박한 것으로 몰아가고 있다. 박카스 아줌마에 대한 언론보도가 나가면서 관할파출소에 박카스 아줌마와 할아버지 사이의 성매매 신고가 들어오지만 경찰은 이들에 대한 단속을 하기 어려운 실정이다. 남성 노인들이 대화를 나눌 상대도, 일거리도, 여가생활도 없는 상황에서 그나마 대화 상대인 박카스 아줌마까지 단속하지 말라고 저지하기 때문이다.

'박카스 아줌마'에 대한 전문가들의 견해

"요즘 노인들은 생물학적으로 건강하고 경제적 능력도 있어서 예전 세대와 달리 욕망을 드러내기 시작했다. 이성과 교제하는 기회도 많아졌다. 그러나 이를 수용할 대안 마련이 쉽지 않다.… 대안은 노인들이 잘 알 것이다." — 경찰대 박정선 교수

"우리나라 노인 문제의 치부를 그대로 보여 주고 있다.…(배우자와 경제력을 모두 잃은 노인들에 대한 사회적 관심과 지원이 형식에 그치는 상황에서 이들이 손쉬운 매춘에 빠지는 것은 당연한 귀결)… "노인들도 성적 욕구를 갖고 있다는 것을 분명히 알아야 한다. …정부의 노인복

1) 젊은 사람을 대상으로 하는 성매매 여성과 달리 박카스 아줌마는 노인을 대상으로 성매매를 하는 중노년 여성이라는 점에서 구분된다. 이들은 종묘 혹은 공원, 전철역 근처에서 박카스를 팔러 다니는 듯하지만 실제로는 성매매를 하며, 그 이름도 '커피 아줌마', '소주 아줌마', '다람쥐 아줌마', '돗자리 아줌마', '관악산 모포부대', '낙타부대' 등으로 다양하다. 그만큼 수도 많아지고 점차 노인들의 일상 속으로 파고 들어가고 있다는 것을 의미한다(이호선, 2010).

지정책은 노인들이 정말 원하는 것이 무엇인지도 파악하지 않은 채 생색내기에 그치고 있다."

— 광주여대 사회복지학과 윤동성 교수

"노인들이 '박카스 아줌마'들에게 바라는 것이 과연 성관계뿐일까? 할아버지들이 바라는 것은 말하고 관심을 가져줄 상대일지도 모르겠다. 그래서 '박카스 아줌마'의 호객행위에 쉽게 넘어가는 것은 아닐지. '박카스 아줌마' 단속으로 끝나지 말고, 보다 근본적으로 노인의 성 문제 해결을 위한 사회적인 관심과 노력이 더 중요할 것이다." — 고려제일신경정신과 김진세

주간동아, 〈'노인 매매춘' 탑골공원의 어제와 오늘〉, 1999. 11. 11자;
주간한국, 〈종로3가 지하철역사 광장〉, 2005. 3. 1자.

노인 성매매 여성에 대한 심층연구(이호선, 2010)에 따르면, 이들은 생계, 즉 경제적 목적을 위해 나선 경우가 많았으며 성매매를 하면서 신체적, 심리적인 어려움을 겪고 있는 것으로 나타났다. 또한 대부분이 성병에도 감염되어 있는 반면 대부분 진료를 받지 않거나 진료를 받은 지 오래된 경우가 많았다. 이는 노인의 성에 대한 폐쇄성과 부정적 인식이 오히려 음성적으로 노인의 성 문란을 부추기고 노인의 건강을 해치며 노인 성범죄를 양상하게 될 우려가 있다는 것을 보여 준다. 노인이라는 이유로 묻혀버린 성으로 인해 노인은 피해자가 되면서 동시에 가해자가 되는 딜레마 속에 방치되어 있으므로 향후 노인의 성 문제에 대해 사회적 관심이 있어야 할 것이다.

Activity

1. 영화 〈죽어도 좋아〉를 보고, 본인이 지금까지 노인의 성에 대해 어떻게 생각하고 있었는가를 다른 사람들과 이야기해 봅시다.

2. KBS 시사기획 쌈 〈성은 늙지 않는다〉(2009. 12. 1 방영) 시청.

3. 신문/TV에 보도된 노인의 성 문제 관련 기사 찾아보자. 기사들에서 공통적으로 찾을 수 있는 특성은 무엇인가? 이를 통해 노인의 성을 바라보는 언론의 시각이 사회적으로 어떤 영향을 미치게 되는지를 살펴봅시다.

14장 성공적 노화의 의미

석재은

조지 베일런트(George E. Vaillant) 교수는 하버드대학교 성인발달 연구의 일환으로 2002년 *Aging Well*이라는 책을 발간했다. 우리나라에도 행복의 조건이라는 제목으로 번역되어 소개되었다. 성인발달 연구는 성공적 노화란 어떤 것이며, 그것은 어떻게 이룰 수 있는지 40여 년간의 종단적 연구를 통해 제시하고 있다. 사례연구들을 통해 삶의 황혼기에 뽑은 행복의 일곱 가지 조건들은 고통에 대응하는 성숙한 방어기제, 교육, 안정된 결혼생활, 금연, 금주, 운동, 알맞은 체중이었다(Vaillant, 2010: 16).

성공적 노화에 대해 처음으로 체계적인 관심을 가진 학자는 로우와 칸(Rowe와 Kahn, 1987)이다. 로우와 칸(Rowe & Kahn, 1987)은 특별한 질환이나 기능장애는 없지만 연령 증가와 함께 나타나는 변화들로 질환에 걸릴 위험 요소를 가지고 있거나 사회적 관계의 축소로 고독하고 활기차지 못한 나날을 보내는 노년과정을 '보통의 노화(usual aging)'로 정의하면서, 노화의 자연스러운 과정으로 여겨오던 일반적인 노화를 개인의 노력과 환경의 적절한 통제를 통하여 극복하거나 지연시키는 것이 가능하다는 '성공적 노화(successful aging)'와의 구별을 제안하였다. 또한 Baltes와 Baltes(1990)는 치매와 같은 질병에 의해 노화가 오는 '병리적(pathological) 노화', 생물학적 혹은 정신적 병리가 없는 '정상적 노화(normal aging)', 발달을 증진시키고 노화에 우호적인 환경 속에서 나이 들어가는 '적정한(optimal) 노화'로 구분하고 있다. 이러한 노화의 구분은 성공적 노화의 표준을 제시하기 위해 사용되고 있으나 노인집단을 차별적으로 구분하고 있다는 비판의 여지를 남기고 있다(Moody, 2001; 정경희 외, 2006 재인용).

또한 성공적 노화에 대한 논의들은 특정한 상태를 모든 노인이 달성해야 할 표준으로 제시하여 이 기준에 미치지 못하는 많은 노인들이 '실패'한 노인으로 간주되며(정경희 외, 2006), 노화에 대한 부정적 이미지를 구축하는 등 비판의 여지를 지닌다.

최근에는 "어떻게 늙을 것인가"에 대한 모색의 차원에서 웰에이징(well aging)의 개념이 나타나고 있다. 이 개념은 수명연장과는 다른 개념으로, 남들보다 건강하게 오래 사는 것을 넘어서 마지막 순간까지 질적으로 높은 삶을 사는 것을 의미한다(박상철, 2009).

이렇게 성공적 노화에 대한 개념은 노년학의 주요한 주제로 다양한 분야의 학자들에 의해 연구되어 오고 변화했으며, 연구자 또는 문화에 따라 매우 다양하다. 지금까지 성공적 노화에 대한 연구들은 성공적 노화에 필요한 구성요소는 무엇인가, 어떠한 특성의 사람들이 성공적 노화를 하는가 혹은 성공적 노화를 했다고 볼 수 있는 노령층의 규모는 어느 정도인가 등 연구자 나름대로 설정한 객관적인 성공적 노화의 기준을 가지고 연구하는 경우가 대부분이었다(Glass, 2003).

본 장에서는 성공적 노화를 설명하는 대표적 이론인 성공적 노화의 객관적 측면을 강조하는 Rowe와 Kahn(1987)의 이론, 객관적 측면보다 주관적인 측면을 강조하는 Baltes와 Baltes(1990)의 SOC이론과 정신적인 측면을 강조하는 노년초월론(Gerotranscendence) 그리고 국내외 성공적 노화에 관한 이론 및 연구들을 살펴보고자 한다.

1. Rowe와 Kahn의 성공적 노화모델

Rowe와 Kahn(1998)은 보통의 노화(usual aging)와 성공적 노화(successful aging)의 구분을 시도함으로써 노인집단의 다양성을 포괄하고자 하였다. 보통의 노화는 특별한 질환이나 기능장애는 없지만 연령증가와 함께 나타나는 변화들로 질환에 걸릴 위험요소를 가지고 있는, 혹은 사회적 세계의 축소로 고독하고 활기차지 못한 날을 보내는 노년의 모습이다. 반면에 성공적 노화는 우리가 노화의 자연스러운 과정으로 여겨오던 이러한 일반적 노화를 개인의 노력과 환경의 적절한 통제를 통하여 극복하거나 지연시키는 것이 가능하다고 보고, 이를 개념화한 것이다(정경희 외, 2006).

Rowe와 Kahn은 미국의 70-79세 노인들을 대상으로 건강 상태, 사회관계망의 특징, 신체적·인지적 기능, 심리적 기능, 생산적 활동의 5가지 영역을 7년간 종단적으로 측정하여 이들 간의 관련성을 분석한 결과를 토대로 성공적 노화의 개념을 구성하였다. 즉, 성공적 노화란 (1) 질병과 장애를 피하고, (2) 높은 수준의 인지적, 신체적 기능을 유지하며, (3) 활기찬 인간관계 및 생산적 활동을 통하여 삶에 대한 적극적 참여를 유지하는 것이다.

이 세 가지 요소들은 위계적 관계를 가지고 있다. 질병과 장애가 없다는 것은 신체적 기능의 유지를 보다 쉽게 해 주며 정신적 · 신체적 기능의 유지는 적극적 삶의 태도를 가능하게 한다. 뿐만 아니라 성공적 노화에 대한 각각의 행동요소들은 그 자체에도 다양한 측면들이 결합되어 있다.

첫째, 질병을 피하는 것은 단순히 질병이 없는 상태가 아니라 질병과 장애의 위험요소가 없다는 것이다. 그러므로 이를 위해서는 질병에 대한 예방이 강조되어야 한다. 노인에게 찾아오는 질병들은 대부분 만성적이기 때문에 예방은 특히 중요하다고 할 수 있다. 이를 위해 Rowe와 Kahn(1997)은 주기적인 모니터링, 다이어트, 운동 등을 적극 제안하고 있다.

둘째, 높은 수준의 기능을 유지하기 위해서는 그만큼의 신체적 · 정신적 능력이 요구된다. 신체적 · 정신적 능력은 활동을 위한 잠재력으로 노인이 독립적인 생활을 하기 위해 필수적인 능력이다. Rowe와 Kahn(1997)은 노인들도 젊은이들과 마찬가지로 독립적이기 원하며 가장 기본적인 일상생활을 해결하기 위해 다른 사람에게 의존하기를 원하지 않는다고 하였다. 노인에게 독립성이란 구체적으로 자기 소유의 집에서 계속적으로 거주하고, 스스로를 돌볼 수 있으며, 일상적인 삶을 수행할 수 있는 능력이다. 다시 말해서 옷 입기, 빨래, 청소, 집안일, 쇼핑, 음식준비, 운전 등을 스스로 할 수 있는지의 여부이다. 이러한 독립적인 생활을 위해 신체적 · 정신적 기능의 유지가 매우 중요하다고 보았다.

셋째, Rowe와 Kahn(1998)은 대다수의 노인들이 실제 자신들이 할 수 있는 분야보다 적게 활동한다고 지적하면서 성공적 노화란 할 수 있다는 가능성을 뛰어넘어 실제적으로 얼마나 활동하였는가가 중요하다고 하였다. 이것이 '적극적 인생 참여'이며 타인과의 관계 및 생산적 활동으로 구성된다. 즉, 타인과 긴밀한 관계를 지속적으로 유지하는 것은 궁극적으로는 노인에게 복지감을 부여해 주며 규칙적인 활동은 삶의 활력과 의미를 가져다준다. 성공적 노화는 인간관계와 생산적 활동들을 재발견하는 과정이며 이러한 과정을 통해 노인들은 친근감과 삶의 의미를 제공받을 수 있다(성혜영 외, 2005).

Rowe와 Kahn은 성공적 노화는 개인의 선택과 노력에 달려 있다고 보며, 아무리 노령이라도 라이프스타일을 바꾸면 질환에 걸릴 위험요소를 안고 있는 보통의 노화에서 최적의 건강과 활력의 상태인 성공적 노화로 전환이 가능하다고 보았다.

이러한 성공적 노화모델은 기능의 쇠퇴에 적응하기 이전에 그 기능을 유지하도록 노력하고 축소된 사회관계에 적응하기보다 적극적으로 사회적 관계를 형성하고 생산적 역할에 참여할 것을 강조하고 있다(성혜영 외, 2005).

Rowe와 Kahn의 이론은 신체적 기능, 인지적 기능, 사회적 기능, 심리적 안녕감 등의 특정 상태에 도달하는 것을 성공적 노화로 규정하여 객관적으로 비교가 가능하다는 것과 미래 노인 세대에게 성공적 노화를 위한 생애주기에 걸친 자기관리에서의 유의점을 제시한다는 장점을 지닌다. 그러나 지나치게 활동성을 강조하여 노화를 자연스러운 과정으로 인정하고, 그에 따른 준비와 개발을 통하여 잘 노화하는(aging well) 노년기를 준비하는 데 미흡한 점이 있다. Rowe와 Kahn의 이론이 비판을 받고 있는 논의를 정리하면 다음과 같다(석재은 외, 2010).

첫째, Rowe와 Kahn(1987, 1998)의 성공적인 노화모델이나, 생산적 노화(Productive Aging) 개념, 건강한 노화(Healthy aging) 개념들은 노화로 인한 자연스런 감퇴과정, 즉 노년기의 상실 측면의 고유한 특성을 인정하지 않고 부정하며, 신체적 기능이나 활동수준의 유지를 강조하는 안티 노화(anti-aging)를 최선의 성공적 노화로 본다. 이 개념들이 내포하고 있는 강조점은 가능한 쇠퇴를 지연하고, 긍정적인 기능을 가능한 한 유지하며, 다양한 발달적, 사회적 요구를 성공적으로 충족시키는 것을 의미한다. 따라서 노화의 고유한 특성을 인정하지 않고 청장년 세대의 장점을 최대한 연장하는 것, 즉 노화의 특성이 가장 적게 나타나는 것을 성공적 노화로 제시한다. 이 시각은 활동과 사회 참여를 지나치게 강조하여 '수퍼 노인(super elder)'을 연상시킨다는 비판이 많은 연구에서 제기되고 있다(강인, 2003; 성혜영 · 유정헌, 2002; 이수림 · 조성호, 2007; 이신영, 2006).

둘째, 성공적 노화란 특정한 상태를 모든 노인이 달성해야 할 표준으로 제시하여, 객관적인 성공적 노화의 조건을 갖추는 것만이 성공적 노화를 이루는 방법으로 여기게 한다. 즉, 질병이나 장애 없이 건강한 것, 통제 및 성장, 삶에의 적극적 참여, 독립성과 같은 몇 가지 상태에 도달하는 것을 성공적 노화로 본다. 그런데 이 성공적 노화의 객관적 지표들은 이미 근로연령기인 과거에 진행된 것으로, 노년기에는 이러한 평가는 결정론적 접근이라는 특징을 가지고 있다.

따라서 이러한 접근은 노화를 준비하는 미래 노인 세대에게는 성공적 노화를 위한 가이드를 줄 수 있지만 현 노인 세대에게는 효율성이 제약되는 접근이다. 성공적 노화에 대한 객관적 조건과 그에 따른 평가를 수행하는 것 자체로 의미가 있을 수 있지만, 노년층에게 현재의 노년기를 잘 살아가기 위하여 어떻게 해야 하는지에 대해서는 가이드를 제공하지 못한다.

더욱이 이러한 결정론적 접근은 실패한 노화와 성공한 노화를 이분법적으로 분리하여, 성공적 노화모델의 기준에 미치지 못하는 많은 노인들을 주변화(marginalize)한다고 비판받고 있다. 나름대로 노력하였음에도 불구하고 성공적 노화의 각 차원의 기준에 도달하지 못한 노인들, 이들 다수의 '보통' 노화 노인들은 '실패'한 노년으로 간주되어야 한다는 점이다. 특히 질병이나 장애 등을 가진 노인들의 경우, 신체적 건강, 기능적 능력, 독립성 등의 요소로 구성된 성공노화의 범주에서 원천적으로 배제됨으로써 이미 주변화된 노인을 더욱 주변화시킬 수 있다는 점을 지적하고 있다(성혜영 · 유정헌, 2002; 이수림 · 조성호, 2007; 한경혜, 2000).

셋째, 성공적 노화의 개념은 신체적 기능, 인지적 기능, 사회활동 외에도 노인들이 주관적으로 경험하는 삶의 만족감을 간과한다는 점을 지적할 수 있다. 삶의 객관적인 상황과 조건에 대한 주관적인 평가와 이에 따른 정서적 만족과 행복이 노인들의 삶의 질을 결정한다.

또한 객관적 조건보다 심리적 측면이 성공적 노화에 더 중요한 요인이 될 수 있다. 더구나 사람들이 모두 같은 유형의 성공적 노화를 해 나가는 것은 아니다. 신체적 기능, 객관적 생활조건과 같은 생활측면에서 성공한 사람들, 개인적 평가와 통제전략, 정서적 안녕감과 같은 심리적 측면에서 성공한 사람들, 나이 듦에 따라 성장, 발달할 수 있는 지혜를 성공적 노화의 기준으로 삼는 등 다양한 성공적 노화 유형이 있다(이수림 · 조성호, 2007). 그러므로 노인의 생에 대한 주관성, 즉 생활만족도와 삶의 의미, 삶의 목적과 같은 주관적인 요소들이 중요한 성공적 노화의 기준이 될 수 있다.

안정신, 강인, 김윤정(2009)은 한국 중 · 노년 성인들의 성공적 노화 척도 개발에 관한 연구에서 기존 연구와 다소 다르게 일상의 안녕, 심리 사회적 안녕, 자기 효능감이 한국 중 · 노년들의 성공적 노화구조라고 하였다. Collings(2001)는 '성공적 노화', '비성공적 노화'에 대한 정의를 묻는 연구에서 노인들이 성공적으로 노화하는 노인을 단순한 건강 상태가 아니라, 오히려 건강의 감퇴를 성공적으로 운영하는 능력이 어느 정도인가에 의해 평가한다고 지적한다. 또한 성공적 노화의 가장 중요한 결정요인은 물질적인 것이 아니라 가치적인 것으로 나타났는데, 노년기에 대한 개인의 태도 그리고 그들의 축적된 지혜와 지식이 그들의 자녀에게 전수되는 것을 기꺼워하는 것 등이 그들 자신을 성공적인 노인으로 보는지의 여부를 결정짓는 요인으로 나타났다.

또한 최혜경(2008)의 연구 결과에서는 한국 노인들이 성공적인 노화를 이루는 데 건강, 관계지향적인 요소, 마음의 평안함을 중요한 요소로 동의하는 것으로 나타났으며, 지나치게 과하지 않은 정도로 삶에서 한발 물러나 성공적인 노화를 기대하고 있는 것으로 나타났고, 정서적 안정과 심리적인 평안함을 최고의 가치로 인정하는 것으로 나타났다. 이러한 연구들은 노인의 주관성과 노인과 환경과의 상호작용 속에서 통제감을 유지하는 것이 성공적 노화의 요인임을 시사한다.

넷째, 나이 듦에 따른 부정적 변화를 강조하고 긍정적 변화는 간과하는 경향을 지적할 수 있다. 노령화에 따라 인지적 기능이나 감각적 기능 등과 같이 쇠퇴하는 상실이 존재하지만 자아통합과 성숙, 판단과 대인관계기술, 인생에 대한 탁월한 이해와 같은 긍정적 자질을 포함하는 '삶의 지혜'와 같은 점차 늘어가는 성장분 또한 존재한다(이수림 · 조성호, 2007). 노화에 따른 쇠퇴현상이 '일반적'이라면 노화에 수반하는 성장분은 오히려 성장의 측면으로 이해되어야 합리적이다. 또한 이러한 변화가 한 생애를 관통하여 천천히, 하지만 지속적으로 이루어지는 것이라고 볼 때, 성공적 노화의 중요한 차원은 노인들 스스로가 노화의 과정을 통제하고 과거, 현재 그리고 미래를 연결하는 연속성을 유지하는가라고 할 수 있다(최혜경, 2008).

이상의 논의를 정리하면 노화과정에서 쇠퇴하는 기능과 환경 및 조건 등에 초점을 두고 성장의 측면을 강조하는 것보다는 노인 자신과 자신의 객관적 환경을 있는 그대로 평가하고, 어쩔 수 없는 상실과 감퇴에 대한 건강한 평가와 통제전략을 사용하는 것이 성공적 노화의 중요한 요인이라 할 수 있다. 비록 상실과 자원의 한정 때문에 객관적 삶의 조건이 열악해진다 하더라도 주관적 평가와 대응전략을 통해 이에 대처하고 삶의 만족감을 얻도록 도움을 주는 것이 가능하다(석재은 외, 2010).

2. SOC(Selective Optimization with Compensation)모델

Baltes와 Baltes(1990)는 성공적 노화란 어떤 획일적인 모습이라기보다는 선택과 적정화, 보상이라는 세 가지 요인과 관련된 적응과정이라고 설명하면서, 성공적 노화의 객관적 측면과 주관적 측면을 모두 고려하고 개인과 문화적인 차이를 인정하는 심리적인 모델로 SOC모델을 개발하였다. SOC모델은 노인들이 노화에 따라 신체 및 인지, 물질 등의 상실을 겪음에도 불구하고, 주어진 능력에 적합한 활동을 선택(selective)하고, 보유한 기술을 최적화(optimization)하여 상실한 것을 보완(compensation)함으로써 성공적 노화에 이를 수 있다고 설명한다. 또한 SOC모델은 구체적으로 개개인의 인생 역사에 따라 적응과정, 성공적인 노화는 달라지며, 이는 각 개인의 환경요인들이 보완을 수반하는 선택적 적정화 과정으로 이르게 해 주는 생물학적 능력, 동기, 인지적 기술과 상호작용 때문이라고 설명하고 있다. 그러므로 이들은 성공적인 노화가 개인과 환경의 상호작용의 결과로 이루어지는 것으로 상황이나 맥락에 따라 달라질 수 있으며, 노화로 인한 신체적, 환경적 변화를 극복하기보다는, 그것을 긍정적으로 수용하고 탄력적으로 적응함으로써 성공적 노화를 가져올 수 있고, 연령에 따른 손실 및 성취, 발달적 유연성을 고려한 개인 생애(life span)적 모델을 구성하고자 노력하였다.

1) 인간 노화의 본질에 관한 7가지 전제들

다음은 Baltes와 Baltes(1990)가 제시한 심리적인 측면으로 본 인간 노화의 7가지 기본 전제이며 이를 기반으로 성공적인 노화전략을 위한 일반적인 원칙을 제시하고 있다.

첫째, 정상적(normal) 노화, 최적의(optimal) 노화, 병리적(sick, pathological) 노화 간에 주요한 차이가 있다는 것이다. 정상적인 노화는 신체적 또는 정신적 질병이 없이 나이 드는 것이며, 최적의 노화는 유토피아의 상태, 즉 발달을 지속시키고 고령친화적인 환경 아래에서 노화하는 것이며, 병리적 노화는 의료적인 병인과 질병증상으로 인한 노화과정으로 각 노화의 정의 간에 큰 차이가 있다.

둘째, 노화에는 다양성과 이질성이 존재한다는 것이다. 즉, 유전적 요인과 환경요인, 개인의 인생에 영향을 주는 경험이나 사건, 다양한 병리적인 경험 등이 각기 다르게 작용하기 때문에 개인별 노화과정에 차이가 발생한다.

셋째, 잠재된 능력이 많이 있다는 것이다. 노년기에도 학습과 운동 또는 훈련을 통해 능력을 유지 · 개발하여 인지적인 측면뿐만 아니라 심리적 · 사회적 기능향상을 할 수 있다.

넷째, 잠재능력의 한계에 이르면 노화에 따른 손실이 존재한다는 것이다. 노년기에 기억 및 학습능력의 한계가 존재하며, 훈련과 같은 중재 프로그램의 효과에도 한계가 있다.

다섯째, 지식과 기술은 노화로 인한 인지적 기능의 손실을 보충할 수 있다는 것이다. 지식은 내적인 구성요소뿐만 아니라 문화적인 산물이며, 따라서 기술과 그 외 보조시스템을 사용함으로써 개인의 인지적, 행동적 잠재능력의 차이를 보완할 수 있다.

여섯째, 나이가 많아짐에 따라 증가보다 손실이 많다는 것이다. 노화는 발달과정에서 항상 증가만을 의미하는 것은 아니며, 적응능력의 발달뿐만 아니라 어느 정도의 손실도 의미한다. 인지적인 능력과 동기부여능력은 노화에 따라 감소가 일어나기 때문에 일상과업이 쉽게 능력의 한계에 부딪힐 수 있으며, 만일 노화관련 자원들이 노화로 인한 손실을 보완할 수 있도록 사회를 구조화한다면 이러한 변화는 최소화할 수 있다.

마지막으로 노년기에 자아는 탄력적으로 유지된다는 것이다. 연구에 따르면 사람들은 자신과 관련된 다양한 자아와 이미지를 가지고 있고 다양한 상황에서 효과적인 적응을 할 수 있으며, 생애단계에서의 경험에 따라 기대수준을 조절할 수 있다. 이는 자신과 비슷한 준거집단과 사회적 비교를 하기 때문이다.

2) 성공적 노화를 위한 일반적 원칙

앞에서와 같은 기본 전제를 바탕으로 성공적 노화를 위한 전략을 세우기 위해 마련된 일반적인 원칙은 다음과 같다.

첫째, 병리학적 노화 상태의 가능성을 줄이기 위해서 건강한 라이프스타일을 유지하는 것이 바람직할 것이다(전제 1).

둘째, 노화의 발현과 방향이 다양하며 상당히 이질적이므로 단순한 해결을 회피하고 개별적이고 사회적인 유연성을 촉진하는 것이 중요하다(전제 2).

셋째, 사회적 보호의 마련과 육성뿐만 아니라 교육적, 동기부여적이고 건강과 관련된 활동을 통하여 잠재능력을 강화하는 것이 바람직하다(전제 3). 신체적, 정신적, 사회적인 잠재능력이 커질수록 성공적 노화의 가능성도 커지기 때문이다. 이를 위해 사회 자원과 기회의 공급은 필요조건이며, 지속적인 발전을 위한 사회적 기회와 지지가 제공될 필요가 있다.

넷째, 잠재능력의 한계(전제 4)와 지식과 기술의 강화와 보충의 역할(전제 5)은 또 하나의 일반적 전략 원칙을 제안한다. 보조 장치, 연령에 적절한 라이프스타일, 연령 친화적 환경들의 개발과 개선이 필요하다.

다섯째, 증가/감소비율 균형의 변화(전제 6)와 자아 탄력의 유지(전제 7)는 자아의 손상 없이 객관적인 현실을 변화시키는 전략의 필요성을 제안한다. 주요 과업은 개인이 꿈이나 목표를 바꾸는 효과적인 전략을 획득하도록 돕는 것이다.

앞에서 설명한 기본 전제와 일반적인 원칙에서 알 수 있듯이 Baltes와 Baltes의 이론은 성공적인 노화를 결정론적인 관점에서 바라보는 것이 아니라, 노화에 따른 상실을 인정하면서 그럼에도 불구하고 남아 있는 능력을 바탕으로 적절한 활동을 선택하고 잔존능력을 개발하며, 기술의 도움으로 상실을 보완받고 환경의 변화를 꾀할 수 있는 능동적인 입장으로 성공적인 노화를 바라보고 있다.

3) 보완을 수반한 선택적 적정화(SOC)의 원칙

[그림 14-1]은 적응과정의 역동성을 나타내고 있다. 보완에 의한 선택적 적정화라는 주요 개념은 적응의 일반적 과정을 기술한다. 개인은 삶을 통해서 이 과정과 관계될 것이다. 그러나 우리는 보상에 의한 선택적 적정화의 과정이 생물학적, 정신적, 사회적 잠재력의 손실 때문에 노년에 새로운 중요성과 역동성을 얻는다.

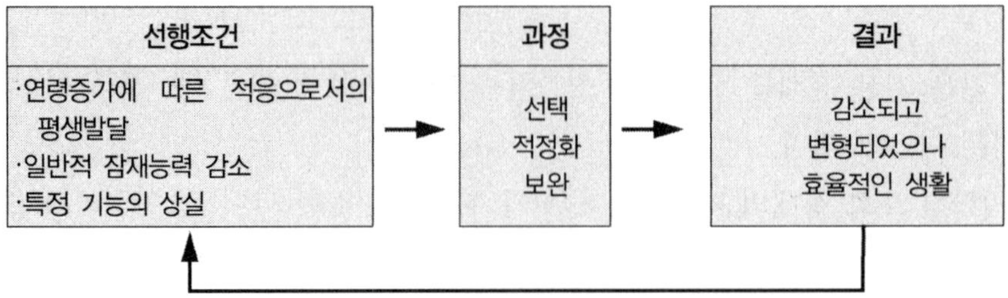

[그림 14-1] 보완에 의한 선택적 적정화의 역동적 진행

자료: Baltes and Baltes, 1990.

SOC모델에는 세 개의 상호작용요소와 과정이 존재한다.

첫째, 선택(selection)에서는 노화에 따라 자원과 잠재능력의 상실이 많아지므로, 다른 영역은 무시하고 높은 수행을 유지할 수 있는 특정 영역만 선택적으로 남겨 놓고 기능하게 된다. 수행이 높은 우선적 영역에 집중하고, 환경적 요구와 개인의 동기부여, 기술, 생리학적 능력의 영역과 일치하는 특정 영역에 선택적으로 집중하는 것이 적응과업이다.

둘째, 적정화(optimization)는 잠재능력을 활성화시키고 자신의 효율성을 유지하기 위해, 선택한 영역의 수행을 최대화시키는 행동이다. 이때 적정화는 목표에 도달하기 위한 수단이나 책략을 강화시키거나 유지하는 데 목표를 두는 것을 의미한다.

셋째, 보완(compensation)은 어떠한 기능이 요구되는 상황에서 그 능력이 수준 이하로 손실되거나 상실하였을 때 정신적 측면과 기술적 측면에서 작용하는 기제이다. 보완책략의 방법에는 다음 세 가지가 있다. (1) 신체적 기능 상실 및 저하에 대해 외부적/기술적 도움을 받는 것(보청기, 휠체어, 효율적인 시간관리 등), (2) 심리학적 보상기제로서 기억력 쇠퇴는 장소법과 같은 기억책략, 기억할 내용에 대해 반복하거나 연상법을 사용, (3) 지식에 기반을 둔 실용적 책략을 이용하는 방법이다. 이것은 한 문화(권) 내에서 개인이 일생을 통해 발달시켜 온 특정 지식(지혜, 전문지식 등)을 의미한다.

이 모델은 단순히 중년기만큼의 활동수준을 유지하라는 것이 아니라, 노년기에 맞게 조절된 활동에 참여하는 것을 성공적인 노화로 보고 있다.

SOC모델은 노화로 인한 손상에도 중요한 능력을 어떻게 유지할 수 있는지 설명해 준다. 이 모델에 의하면 개인이 나이가 듦에 따라 능력의 변화에 직면하더라도 적합한 활동을 선택하고 자신이 보유한 기술을 최적화하며 손상된 것에 대해 보상함으로써 성공적 노화를 맞을 수 있다는 것이다. 이러한 선택, 최적화, 보상의 과정은 전 생애에 걸쳐 일어나지만 특히 노년기에 중요한 이유는 이 시기에 직면하게 되는 신체적, 정신적 사회적 손상이 다른 시기보다 크기 때문이다. 이 모델은 환경과 조건이 어떠한가에 상관없이 개인의 심리적 적응 노력으로 성공적 노화를 촉진시킬 수 있는 과정을 발견할 수 있는 가능성을 제시하고 있다.

이러한 Baltes & Baltes(1990)의 SOC이론이 성공적 노화이론으로서 갖는 유용성을 구체적으로 살펴보면 다음과 같다(석재은 외, 2010).

첫째, SOC이론은 성공적 노화의 다양성과 유연성을 인정하고 노년기의 잠재능력을 인정하고 개발하는 것이 가능하다고 본다. 기존 이론에서 객관적인 구성요소를 제시하고 기능이나 활동수준의 유지에 초점을 맞춘 것과는 대조적으로, SOC모델에서는 감소된 능력에 집착하기보다 현재 보존하고 있는 능력을 최적화하여 주관적인 만족을 이끌어낼 것을 강조한다(성혜영 · 유정헌, 2002; 홍현방 · 최혜경, 2003). 따라서 이미 노년기에 접어든 경우라도 성공적 노화를 위해 바람직한 방향으로 변화를 꾀하는 능동적인 역할을 수행하도록 돕는다. 또한 체계적인 전략개발을 통해 노인의 역량강화를 가능하게 하므로 성공적 노화를 위한 유용한 이론이라고 할 수 있다.

둘째, SOC이론에서 노화는 진행됨에 따라 손실을 가져오지만 동시에 획득(gain)도 있으며, 또한 잠재능력은 많이 남아 있음을 인정한다. 또한 개별성을 인정하고 선택의 과정에서 노인이 자신에게 중요하다고 생각하는 목표와 활동을 스스로 선택하는 것이 가능하다.

셋째, SOC이론은 평생발달심리학적 시각에서 성공적인 노화를 연구하므로 준비된 상태에서 노년기를 맞을 수도 있지만, 노화가 진행되면서도 지속적인 노년기 준비를 할 수 있다고 본다. 또한 SOC이론은 생애 기간 동안 적응(adaptation)의 방법을 통해 이후에 경험할 예상되는 손실에 대해서도 준비할 수 있도록 한다(Sullivan & Fisher, 1994). 따라서 노년기도 초기, 중기, 후기 노년기 등으로 점차 세분화하여 논의되는 현 시점에 각 시기별로 다양한 대응 모색이 가능하며, 노인들이 다음 과정의 노년기를 준비하는 등 지속적인 노년기 준비를 도와줄 수 있다.

넷째, SOC이론은 사회복지학분야의 '환경 속의 인간(PIE)'에 대한 인식과 비슷하며 인간과 환경의 역동적인 관계를 인정한다. SOC이론이 심리적인 모델이나 환경적인 영향을 인정하고 사회와 환경의 개선을 통해 노인의 성공적인 노화에 긍정적인 영향을 미친다고 보고 있다. 또한 성공적 노화의 가능성을 증가시키기 위해 사회적 자원과 기회의 마련은 필요조건이며, 일생을 통한 지속적인 발전을 위한 사회 환경의 개입과 기술의 보상을 제공하는 것이 중요하다고 본다(Baltes & Baltes, 1990).

다섯째, 심리학적인 모델이지만 행동이론을 접목하여 성공적인 노화를 연구하는 학문분야에 보편적 접근방법을 제시하는 데 큰 의의가 있다. 또한 개별적이고 문화적인 차이를 인정하며 활용성이 높은 성공적인 노화를 위한 맞춤전략을 개발함으로써 성공적인 노화를 위한 노인 교육의 가능성을 확대시킬 수 있다.

이러한 유용성에도 불구하고 Baltes와 Baltes의 SOC모델은 노화과정에 영향을 줄 수 있는 경제적, 사회적 상황 및 개인의 자원에 대한 시각이 부족하다는 비판을 받고 있다(이신영, 2006).

또한 Rowe와 Kahn의 모델과 마찬가지로 성공적 노화의 전제로서 노화의 유형을 보통의 노화, 적정한 노화, 병리적 노화로 구분하고 있다는 점에서 노인집단을 차별적으로 구분하고 있다는 비판을 동일하게 받고 있다(Moody, 2001; 정경희 외, 2006 재인용).

마지막으로 SOC모델은 변화에 대한 개인의 통제전략에만 초점을 두고 있어 개인의 성장과 발달에 대한 깊이 있는 관점이 부재하다고 볼 수 있다(이수림 외, 2007).

SOC모델은 연령에 따른 감소를 받아들이고 노인 자신이 가지고 있는 신체적, 정신적, 상황적인 것에서 할 수 있는 최선을 다하는 것을 강조한다. Rowe와 Kahn의 모델은 개인 스스로 사용하고 유지할 수 있는 것, 더 나아가 개인이 육체 및 정신적인 능력을 개선하는 것까지를 강조한다. Kahn(2002)은 다양한 성공적 노화모델들은 서로 대립되기보다는 보완적이며, 성공적 노화와 관련되어 유용한 연구 지침이 될 것이라고 말하고 있다.

3. 노년초월론(Gerotranscendence)

노년초월론은 노년기에는 적극적인 삶으로부터 벗어나 그 과정을 수용하는 것이 바람직하다는 분리이론(disengagement theory)과 맥을 같이하며, 단순한 사회역할로부터의 철회가 아닌 새로운 삶의 유형 속에서 자신의 삶의 의미를 찾는다는 점을 강조하고 있다(Tornstam, 1997).

이 이론은 노인에 대한 의식의 변화를 기술하는 이론상의 개념이다. Tornstam은 1992년 논문에서 서구 사회의 강한 성과지향이 노년학에 반영되었다고 비판하면서, 노인은 중년의 가치에 의해 잘못 측정되었다고 주장하였다. Tornstam은 성과지향적 인간의 특성에서 휴식, 휴양, 안락한 쉼, 여가, 창조성, '지혜'와 같은 대안적 특징으로 대체하는 것을 시도하였다(Jönson & Magnusson, 2001).

노년초월론은 우리가 나이를 먹고, '자연스러운' 과정에 방해가 되지 않는 정도에서 우리의 의식이 변화하고, 우주적이고 초연하게 되는 것이라고 규정한다. 따라서 노인의 마음은 보다 젊은 세대의 마음과 기본적으로 다르게 된다. Tornstam은 노년 초월과 관련하여 다음과 같은 변화를 겪는다고 규정한다(Jönson & Magnusson, 2001).

- 우주 교섭과 만물에의 영성을 느끼는 느낌의 증가
- 시간, 공간, 사물에 대한 인식의 재정의
- 삶과 죽음에 대한 재정의와 죽음에 대한 두려움의 감소
- 과거와 미래 세대와의 친근한 느낌의 증가
- 불필요한 사회적 상호작용에 대한 관심의 감소
- 물질적인 것에 대한 관심의 감소
- 자기중심의 감소
- 명상에 보다 많은 시간 소비

Tornstam은 이후 논문(1996)에서 노년 초월의 징후를 우주적 차원, 자아, 사회와 개인 관계의 3수준으로 분류했다.

우주적 차원의 수준은 시간과 공간의 인식에 있어서의 변화는 이전 세대와 관계하여 보다 증가된 느낌을 수반한다. 개인은 인생에 있어서의 초자연적 차원에서 받아들이기에 이르며, 죽음에 대한 두려움은 삶과 죽음에 관련되는 새로운 이해에 의해 대체된다.

자아의 수준에서는, 개인은 완전함과 자기중심의 감소 방향으로 성장하게 된다. 이는 이기주의에서 이타주의로의 변화, 육체 초월, 자아 완전성과 내재아의 재발견의 변화이다.

사회적 · 개인적 관계수준에서는, 의미와 관계에서 보다 중요한 것을 선택하고, 표면적 관계에 관심을 덜 갖는 방향으로 변화된다고 한다. 개인은 자신과 사회적 역할차이에 대한 새로운 이해, 현대 금욕생활에 귀착된 부의 끌림에 대한 완고한 이해와 일상적인 지혜를 높인다.

기존 노년학에서는 중년을 모방한 노년과 성공의 가치로서 젊은 라이프스타일, 재산, 소비를 강조하였다. 또한 의존과 쇠퇴는 성공적 노화로부터 분리되었다. Thomas R. Cole(1997)은 기존 노화의 성공과 실패요인을 해체하여, 노화가 다른 방식으로 일어남을 이해해야 한다고 주장하며, '지혜'와 '정신적 성장'과 같은 노화의 대안적 차원의 발달을 제안한다(Jönson & Magnusson, 2001).

Jönson과 Magnusson(2001)은 삶의 다른 단계들과 질적으로 다른 노년에 노년 초월인 '지혜'의 뚜렷한 증거를 나타내 보일 수는 없지만, 노년초월론은 노년학에서 활동 접근의 범위 내에 위치해 있다고 말한다. 또한 의미 있는 사회활동과 정신적 발전의 기회는 삶의 만족감과 상관관계가 있으며, 노화의 '본연'은 노년 초월에 의해 설명될 수 있으며, '적절한' 방향으로 나이를 먹기 위해서 나이 먹는 모든 사람이 이를 경험해야 한다고 주장한다.

4. 국내의 성공적 노화 연구

성혜영과 조희선(2005)은 Rowe와 Kahn이 제시한 구성요소를 활용하여 한국 노인의 성공적 노화모델을 제안하였다. 서울 거주 60세 이상 노인을 대상으로 건강 상태, 사회관계망의 특징, 신체적 · 인지적 기능, 심리적 특징, 생산적 활동을 조사한 결과, 건강 상태와 사회관계망의 특징 간에 유의한 상관이 있는 것으로 나타났다. 또한 건강 상태는 신체적 · 인지적 기능에 유의한 영향을 나타냈고, 심리적 특징은 건강 상태, 사회관계망의 특징, 신체적 · 인지적 기능, 생산활동으로부터 직간접적 영향을 받는 것으로 나타났다. 또한 건강 상태, 사회관계망의 특징, 신체적 · 인지적 기능, 심리적 특징은 노년기 생산적 활동에 직간접적 영향을 미치는 것으로 나타나 기존 Rowe와 Kahn의 성공적 노화요인 간의 위계적 관계를 증명하였다.

기존의 성공적 노화에 관한 개념적 논의는 주로 서양에서 행해졌기 때문에, 우리 문화 관점의 성공적 노화의 개념적 틀과는 차이가 있다. 국내 연구들에서의 성공적 노화에 대한 인식에는 활동이나 자기 통제의 강조보다는 가족관계, 사회적 관계, 경제적 측면 등이 중요한 요소로 포함되어 있다(이수림 외, 2007).

김미혜와 신경림(2005)은 한국 노인을 대상으로 성공적 노후의 성취수준을 측정하기 위한 척도를 개발하였다. 개발된 한국 노인의 '성공적 노후 척도'는 총 30문항으로 자아 효능감을 느끼는 삶, 자녀 성공을 통해 만족하는 삶, 부부간의 동반자적 삶, 자기통제를 잘 하는 삶의 네 가지 하위요인으로 구성되어 있다. 자아 효능감과 자기 통제는 서구의 연구에서도 지속적으로 강조되어 온 것으로 한국 노인에게도 역시 중요한 요인인 반면, 자녀 성공을 통해 만족하는 삶과 부부간의 동반자적 삶이라는 요인은 자녀의 삶과 부부관계에 큰 비중을 두는 한국적 문화 특성을 보여 주고 있다.

백지은과 최혜경(2005)은 성공적 노화가 노인들이 오랜 세월에 거쳐 살아온 자신의 상황과 경험, 맥락에 따라 다르게 기대되고 이해되는 것이라는 전제 아래 한국 노인들이 성공적인 노화를 이루는 데 중요한 요소와 차원을 확인하려는 시도를 하고 있다. 이는 서구적인 가치관과 개념에 의존해 왔던 성공적인 노화 연구에서 탈피하여, 한국 노인들이 기대하는 고유한 성공적인 노화의 모습과 그에 중요한 영향을 미치는 차원들에 대해 이해할 수 있는 계기를 마련하려는 의도에서 비롯된 것이다. 이 연구에서는 성공적 노화의 요소를 나타내는 105개 문항 중 31개 문항을 추출하고 이를 일상의 순조로움, 자기관리, 사회적 지원의 확보, 과시성(자녀 출세와 자녀에 대한 지원능력)으로 압축한 후, 서울과 경기에 거주하는 65세 이상 노인 377명을 대상으로 측정하고 있다. 그 결과, 성공적인 노화유형은 이상적인 기대형(네 유형 모두 높은 점수, 자신과 타인 모두의 평가 높음), 자아중심 기대형(4요인 모두 낮은 점수, 특히 과시성이 낮음, 타인보다는 자신평가를 중요시), 적정한 자아-타인 중심 기대형 등으로 분류하고 있다. 특히 이들의 연구에서는 남녀 노인 간 성공적인 노화의 기대차이가 보고되는데, 남성 노인의 경우 '과시성', 여성 노인의 경우 '사회지원의 확보'가 높게 나타났다.

5. 국외의 성공적 노화 연구

노화의 적응과 관련하여 가장 고전적인 이론으로 분리이론(Disengagement Theory)과 활동이론(Activity Theory)이 있다. 분리이론(Disengagement Theory)에 관해서 Cumming과 Henry(1961)는 노년을 개인과 사회 간의 상호철회 시기로 간주하고 최적의 개인적 · 사회적 환경에서 나이 들어감에 따라 활동을 줄이는 것이 정상적이라고 주장한다. 이 이론은 노년기에는 적극적인 삶으로부터 벗어나며 그 과정을 수용하는 것이 바람직하다고 말한다. 이와 대조적으로 활동이론(activity theory)은 노년기의 적응과정에서 활동의 중요성을 강조한다. 높은 수준의 적응력을 유지하고, 젊고 적극적으로 사는 것이 노인에게 유용한 삶의 방식이라는 것이다.

앞서 살펴본 SOC이론과 동일한 맥락에서 삶에 대한 대처와 통제측면의 이론인 Schulz와 Heckhausen(1996)의 전 생애 통제이론에서는 성공적 노화의 기준으로 생존과 신체적 기능을 기본적인 것으로 보고, 인지적, 지적, 사회적 관계 기술은 성공적 노화의 이차적 기준으로 보며 성공적 노화를 이루기 위해서는 이차 통제가 중요하다고 제시하였다. 마지막으로 특정 영역에서의 능력이나 수행을 삼차적 기준으로 제시하여 이 세 가지 기준을 통합적으로 충족시키는 것은 최적의 삶의 과정을 대표한다고 말하고 있다(이수림 외, 2007).

또한 Ryff(1989)는 심리적 측면을 강조하여 성공적 노화를 주관적 안녕감이라는 단일 요소로 측정하는 것에 반대하며, 성공적 노화의 요인으로 자기에 대해 긍정적인 태도를 지니고 자신의 다양한 측면을 인정하는 '자기수용', 다른 사람들과 신뢰할 만한 관계를 가지며 타인과 정서와 친밀감을 주고받는 '타인과의 긍정적인 관계', 사회적 지배규범으로부터 자유로워지고 자신의 개인적인 기준을 갖는 '자율성', 환경에 대한 일련의 활동을 통제하고 효율적으로 이용할 수 있는 '환경에의 숙달', 삶이 의미가 있다고 느끼며 방향감을 가지는 '인생의 목표', 자아가 계속 발달한다는 느낌을 가지는 '개인적인 성장'이라는 6개의 차원을 제시하였다(강인, 2003).

Chou와 Chi(2002)는 성공적 노화 차원을 기능적 상태, 정서적 상태, 인지적 상태, 생산적 참여 상태로 구분하여 연령, 성, 교육수준, 가까운 친척의 수, 친구와의 접촉 빈도, 재정적 고통, 만성적 질병의 수, 건강에 대한 자기평가, 청력손실, 인생만족도 등이 성공적 노화의 관련 요소임을 밝혔다. 이러한 연구는 삶에 대한 객관적 조건을 중시한 접근이라 할 수 있다(이수림 외, 2007).

Torres(2002)는 성공적 노화에 대한 이해와 가족 참여 사이의 상호관계에 관한 생각이 문화적으로 결정됨을 강조하였다. 또한 Torres(2002)는 미국 노인의 성공적 노화에 대한 생각은 그들이 세상을 어떻게 보느냐의 견지에서 지각되는 반면, 중국 노인들은 성공적 노화에 관한 생각이 다른 사람들이 그들을 어떻게 보느냐에 달려 있음을 암시한다고 하며 성공적 노화는 문화에 따라 다르게 구성됨을 밝혔다(강인, 2003).

지금까지 성공적 노화에 대해 보편적 접근과 심리적, 사회적, 문화적 요인 등에서 각각의 관점을 지닌 이론들을 살펴보았다.

Sullivan & Fisher(1994)와 Glass(2003)는 성공적 노화에 대한 연구가 의미가 있으려면, 성공적 노화를 위해 필요한 효과적인 개입방법과 전략을 알려줄 수 있어야 한다고 했다. 특히 길어진 노년기에도 성공적 노화를 위한 효과적인 노력이 이루어지려면, 노화가 이미 진행되어 성공적 노화의 객관적 기준으로부터 거리가 있는 노년층에게도 현재의 상태에서 성공적 노화를 위한 효과적인 지침의 제공이 필요하다. 따라서 노년기의 성공적 노화를 위하여 분리이론과 활동이론, 객관적인 것과 주관적인 것을 고려하여 노인 개개인에게 맞춤화되고 개별화된 성공적인 노화전략이 제시될 필요가 있다(석재은 외, 2010).

기존의 성공적 노화 개념은 노년기를 평가하고 특정 상태에 도달할 것을 목표로 제시한 측면에는 의의가 있으나, 이미 노인이 된 노년기 노인에게 어떻게 잘 살아갈 것인지(aging well)에 대한 가이드를 제시하지 못하였다는 한계가 있다. 따라서 노인 개개인의 다양한 인생주기 측면과 환경 등을 고려하여 노인이 쇠퇴와 변화에 따른 상황에 적절히 대응할 수 있도록 어떠한 노년기가 잘 노화(aging well)하는 것인가에 대한 논의가 필요할 것이다(석재은 외, 2010).

부록: 성공적 노화 지표

성혜영 · 조희선(2005), Rowe와 Kahn의 구성요소를 활용한 성공적 노화모델

영역	하위기준	척도
건강 상태	질병 유무(11문항)	관절염, 고혈압, 뇌졸중, 당뇨병, 심장병, 천식, 암, 골다공증, 기관지염, 폐기종, 기타 질환 여부
	흡연습관(1문항)	습관적 흡연 여부
	음주습관(1문항)	습관적 음주 여부
	주관적 건강 상태(1문항)	매우 건강하다(5점) — 건강이 매우 안 좋다(1점)
사회관계망	사회관계망의 크기 (6문항)	· 배우자의 유무 · 자녀와의 동거 여부 · 함께 살지 않는 자녀와 만나는 정도 · 가깝게 지내는 친척의 수 · 가깝게 지내는 이웃의 수 · 가깝게 지내는 친구의 수
	정서적 지지(6문항)	배우자/자녀/친구 및 친척들로부터 · 사랑과 보호를 받고 있다는 느낌 · 자신의 고민을 잘 들어준다는 느낌
	도구적 지지(6문항)	배우자/자녀/친구 및 친척들로부터 · 일상생활에 필요한 일들에 대해 구체적인 도움 받는 것 · 정보를 제공받는 것
심리적 특징	자기 효능감(8문항)	· 노인들의 자기 효능감 6개 문항 · 대인적 자기 효능감 2개 문항 (맥아더 연구에서 활용한 노인 자기효능감 측정척도 — Rodin & McAvay, 1992)
	생활만족도(5문항)	SWLS(Satisfaction with Life Scale 번안 — Diener, Emmons, Larsen & Criffin, 1985)
	우울(3문항)	Dupuy(1978)의 General Well-being Schedule 중 우울 관련 3개 문항(김선희, 1996 번안)
신체적 · 인지적 기능	신체적 기능(9문항)	· 400m를 쉬지 않고 걸어갈 수 있는가 · 계단을 쉬지 않고 오를 수 있는가 · 어지러움을 느끼지 않고 자리에서 일어날 수 있는가 (Rowe & Kahn) · 시각, 청각, 후각, 미각 관련 4문항, 저작, 소화 능력 2문항 (Strawbridge, Wallhagem & Cohen, 2002)

<table>
<tr><th>영역</th><th>하위기준</th><th>척도</th></tr>
<tr><td></td><td>인지적 기능(6문항)</td><td>· 과거의 사건을 기억할 수 있는가
· 물건을 둔 곳을 기억할 수 있는가
· 말을 할 때 단어를 쉽게 떠올릴 수 있는가, 지남력 관련 2문항
· 사람에 대한 기억력 1문항(Strawbridge 등, 2002)</td></tr>
<tr><td rowspan="5">생산적 활동</td><td>유급노동(1문항)</td><td>유급노동 여부</td></tr>
<tr><td>자원봉사(1문항)</td><td>참여 정도</td></tr>
<tr><td>단체활동(1문항)</td><td>노인회, 친목회, 동창회, 향우회, 종교모임 등 참여 정도 5점 척도(전혀 안 한다—일주일에 두 번 이상 참여)</td></tr>
<tr><td>가사노동(1문항)</td><td>청소, 식사준비, 장보기, 은행에 가기 등</td></tr>
<tr><td>손자녀 돌보기(1문항)</td><td>손자녀 돌보기 정도</td></tr>
</table>

P. Baltes, M. Baltes, Freund & Lang(1996), 안지연(1997) 번역, SOC 척도

영역		대상변인	방해변인
선택	임의적 선택	· 몇 가지 일에만 신경을 집중한다.	· 여러 가지 일에 신경을 쓴다.
		· 가장 중요한 일에만 관심을 기울인다.	· 한꺼번에 여러 가지 일을 한다.
		· 중요한 한두 가지 일에만 전념한다.	· 한두 가지 일에 매달리기보다는 일단 두고 보는 편이다.
		· 한 가지 목표를 이루기 위해서 다른 일들은 포기한다.	· 어느 하나의 목표를 이루기 위해 다른 일들을 포기하지는 않는다.
		· 하나씩 일을 해 나간다.	· 한꺼번에 여러 가지 일을 하려고 하기 때문에 쉽게 지친다.
		· 내가 원하는 것과 원하지 않는 것을 분명히 안다.	· 가끔 일이 끝난 후에야 내가 무엇을 원했는지 안다.
		· 한 번 세운 목표는 좀처럼 바꾸지 않는다.	· 언제든지 목표를 다시 바꿀 수 있다.
		· 가장 중요한 일에만 주의를 기울인다.	· 한꺼번에 여러 가지 일들을 하려고 한다.
		· 인생에서 중요한 일은 스스로 결정한다.	· 일상의 사소한 일도 내가 결정하지 않는다.
		· 나에게 무슨 일이 중요한지 확실히 안다.	· 일이 일어나면 되는 대로 처리하는 편이다.
		· 내 인생에서 중요한 목표는 하나다.	· 내 인생에서 중요한 목표는 여러 가지이다.
		· 목표를 분명하게 세우고 추진해 나간다.	· 조그만 변화에도 목표를 바꾼다.
	상실에 기반을 둔 선택	· 계획한 것을 성공할 때까지 밀고 나간다.	· 계획한 일을 이루지 못했을 때, 다른 가능성에 대해 별로 생각하지 않는다.
		· 목표를 달성하기 위해 모든 노력을 기울인다.	· 일이 저절로 이루어지기를 바라며 한동안 지켜보는 편이다.
		· 만약 어떤 일이 내게 중요하다면 그 일에 혼신의 힘을 쏟는다.	· 설령 어떤 일이 내게 중요하더라도 여전히 그 일에 혼신의 힘을 쏟는 것이 어렵다.
		· 목표를 이루어 낼 때까지 끊임없이 노력한다.	· 목표를 곧바로 이루어 내지 못할 때에는, 별로 노력하지 않는다.
		· 계획을 실현시키기 위해 할 수 있는 일이라면 무엇이든지 한다.	· 계획이 저절로 이루어지길 바라며 우선 한동안 지켜본다.
		· 목표를 세우면 열심히 노력한다.	· 별다른 노력 없이도 이룰 수 있는 목표를 정한다.
		· 이루고 싶은 일이 있을 때, 적당한 시기가 될 때까지 기다린다.	· 이루고 싶은 일이 있으면 무조건 시작한다.

영역	대상변인	방해변인
	· 내게 중요한 일이면 성공하기 어려워도 열심히 노력한다.	· 내게 중요한 일이라도 성공하기 어려우면 쉽게 그만둔다.
	· 남보다 한발 앞서고자 할 때, 성공한 사람을 본보기로 삼는다.	· 남보다 한발 앞서고자 할 때, 내 방식대로 한다.
	· 계획을 실현할 수 있는 최상의 방법이 무엇인지 생각한다.	· 계획을 세우면 무조건 시작한다.
	· 중요한 일에는 어려움이 닥쳐도 포기하지 않는다.	· 어려움이 생기면 포기하고 다른 일을 시도한다.
	· 계획을 실현할 수 있는 적당한 시기를 먼저 생각한다.	· 계획을 세우면 일단 시작하고 본다.
적정화	· 일이 예전처럼 잘 풀리지 않으면, 한두 가지 중요한 일만 선택해서 한다.	· 일이 예전처럼 잘 풀리지 않더라도 한 번 하기로 마음먹은 것은 모두 계속 해내려고 한다.
	· 중요한 일을 평소 하던 대로 할 수 없을 때, 새로운 목표를 찾아본다.	· 중요한 일을 평소 하던 대로 할 수 없을 때, 여러 가지 잡다한 일에 신경을 쓴다.
	· 어떤 일을 예전처럼 잘 할 수 없을 때, 내게 정말 중요한 것이 무엇인지를 생각한다.	· 어떤 일을 예전처럼 잘 할 수 없을 때는 그냥 지켜본다.
	· 일이 예전처럼 잘 풀리지 않으면, 몇 가지 중요한 문제들에만 전력투구한다.	· 일은 비록 예전처럼 잘 할 수 없어도 모든 목표를 달성하려고 한다.
	· 하던 대로 일이 진척되지 않으면 가장 중요한 목표에만 몰두한다.	· 하던 대로 일이 진척되지 않더라도 모든 목표에 몰두한다.
	· 일이 어려워지면 그 상황에서 달성할 수 있는 목표를 고려해 본다.	· 일이 어려워지면 상황을 그대로 받아들인다.
	· 일이 잘 풀리지 않으면 가장 중요한 일부터 한다.	· 일이 잘 풀리지 않으면, 그냥 그대로 내버려둔다.
	· 일이 어려워지면 내가 진정으로 원하는 것이 무엇인지 생각해 본다.	· 일이 어려워져도 별로 걱정하지 않는다.
	· 일이 예전만큼 잘 풀리지 않을 때에는, 다른 것은 제쳐두고 중요한 것만 한다.	· 일이 예전만큼 잘 풀리지 않을 때에는, 좀 더 좋아질 때를 기다린다.
	· 일이 진척되지 않을 때는 지금 할 수 있는 일에만 노력을 기울인다.	· 일이 진척되지 않을 때는, 상황이 저절로 나아지리라고 생각한다.
	· 일이 예전처럼 잘 풀리지 않으면, 무엇이 나에게 중요한가 생각해 본다.	· 일이 예전처럼 잘 풀리지 않으면, 상황을 그대로 놓아둔다.
	· 평소 하던 일이 잘 안 되면 우선 내가 할 수 있는 일이 무엇인가 생각해 본다.	· 평소 하던 일이 잘 안 되면 그 일에 대해 별로 생각하지 않는다.

영역	대상변인	방해변인
보완	· 나는 일이 예전처럼 잘 되지 않을 때, 그만큼의 성과를 얻을 때까지 다른 방법들을 계속 시도한다.	· 나는 일이 예전처럼 잘 되지 않으면, 그대로 받아들인다.
	· 어떤 일이 예전처럼 잘 되지 않으면, 다른 사람들에게 도움이나 조언을 구한다.	· 어떤 일이 예전처럼 잘 되지 않아도, 다른 사람의 도움 없이 스스로 어떻게 할지 결정한다.
	· 무엇을 할 때 예전처럼 잘 되지 않더라도, 전과 같이 할 수 있을 때까지 더 열심히 노력한다.	· 무엇을 할 때 예전처럼 잘 안 되면 전과 같은 기대를 갖지 않는다.
	· 중요한 일에는 많은 시간과 노력을 기울인다.	· 나에게 중요한 일일지라도 별로 노력하지 않을 때도 있다.
	· 어려운 상황이 되면 의사나 상담가와 같은 전문가의 도움을 얻는다.	· 어려운 상황이라도 혼자 극복하려 노력한다.
	· 일이 잘 풀리지 않으면 다른 사람들의 도움을 받는다.	· 곤란한 상황이라도 다른 사람들에게 도와달라고 하지 않는다.
	· 일이 전처럼 잘 되지 않으면, 그 일을 잘 하기 위해 다른 방법을 찾아본다.	· 일이 전처럼 잘 풀리지 않을 때, 상황을 있는 그대로 받아들인다.
	· 어떤 일을 예전처럼 잘 할 수 없을 때, 그 일을 성취할 수 있는 다른 방법을 찾는다.	· 어떤 일을 예전처럼 잘 할 수 없을 때, 상황을 있는 그대로 받아들인다.
	· 어떤 일을 예전처럼 잘 할 수 없으면, 다른 사람에게 그 일을 대신 해달라고 부탁한다.	· 어떤 일을 예전처럼 잘 할 수 없으면, 그 상태를 그대로 인정한다.
	· 지금까지 성취한 것을 잃어버리지 않으려고 더 많은 시간과 노력을 투자한다.	· 지금까지 성취한 것을 잃어버리지 않으려고 노력하는 일은 별로 없다.
	· 일이 예전처럼 잘 되지 않으면, 다른 사람들은 어떻게 하는지 지켜본다.	· 일이 예전처럼 잘 되지 않으면 그 일에 대해 별로 생각하지 않는다.
	· 일이 예전처럼 잘 되지 않으면 도움이 될 만한 방송과 책에 귀를 기울인다.	· 일이 예전처럼 잘 되지 않으면 내 방식대로 한다.

김미혜 · 신경림(2005), 한국 노인의'성공적 노후 척도'개발에 관한 연구

영역	진술문
자기 효능감을 느끼는 삶	· 알고 지내는 사람들과 계속 좋은 관계를 가지고 있다. · 몸을 움직이는 데 불편함이 없다. · 마음을 터놓고 이야기할 사람이 있다. · 앞으로의 삶에 대해 희망을 가지고 있다. · 매일 할 일거리가 있다. · 주변사람들에게 필요한 사람이다. · 나를 위해 무엇인가를 배우고 있다. · 죽기 전에 해야 할 일을 다 할 수 있을 것이다. · 자식들의 도움 없이 생활할 수 있는 돈이 있다. · 친 · 인척들과 자주 어울린다. · 취미, 종교, 봉사 등 다양한 활동을 하고 있다. · 나는 여러 종류의 친목모임에 꾸준히 나가고 있다. · 비슷한 환경이나 처지의 사람들과 서로 베풀며 산다.
자녀 성공을 통해 만족하는 삶	· 내 자녀들은 사회적으로 출세하였다. · 내가 필요할 때 자녀들이 물심양면으로 도와주고 있다. · 자녀들이 건강하다. · 자녀들이 결혼해서 화목하게 잘 살고 있다. · 마음을 터놓고 이야기 할 자식이 나를 돌봐준다. · 내 자녀들에게 공부를 많이 시켰다. · 자녀들이 경제적으로 걱정 없이 살고 있다. · 자녀들과 자주 연락하거나 만나고 있다.
부부간의 동반자적 삶	· 우리 부부 모두 건강하다. · 우리 부부는 집안일을 서로 같이한다. · 우리 부부는 서로를 이해한다.
자기 통제를 잘 하는 삶	· 즐거운 마음으로 살고 있다. · 살기 좋은 동네에서 살고 있다. · 매일 규칙적으로 생활한다. · 몸이 허락하는 한 활동을 계속한다. · 내 마음을 다스릴 수 있다. · 건강을 위해 규칙적으로 운동한다.

백지은 · 최혜경 (2005), 한국 노인이 기대하는 성공적인 노화의 개념

영역	진술문
일상의 순조로움	· 자녀들이 결혼해서 화목하게 잘 살아야 한다. · 결혼한 자녀들이 이혼, 사별하지 않고 잘 살아야 한다. · 생활비 어려움이 없어야 한다. · 자녀들이 경제적으로 걱정 없이 잘 살아야 한다. · 잠을 잘 자야 한다. · 자녀들과 자주 연락하거나 만날 수 있어야 한다. · 부부간의 금실이 좋아야 한다. · 할일을 다하고 죽음을 맞이해야 한다. · 자식들의 도움을 받지 않아도 생활할 수 있는 돈이 있어야 한다. · 몸을 움직이는 데 불편함이 없어야 한다.
자기관리	· 자기개발을 위한 활동이 있어야 한다. · 자기 마음을 다스릴 수 있어야 한다. · 앞으로의 남은 삶에 대한 희망을 가져야 한다. · 움직일 수 있는 한 계속 활동할 수 있어야 한다. · 건강을 위해 규칙적으로 운동을 해야 한다. · 취미활동 하는 데 필요한 돈이 있어야 한다. · 다양한 활동에 참여해야 한다. · 여러 사람들이 필요한 사람이라고 인정해 주어야 한다. · 새로운 것을 배우는 데 관심을 가져야 한다. · 매일 할 일거리가 있어야 한다.
사회적 지원의 확보	· 자녀가 경제적인 도움을 줄 수 있어야 한다. · 필요할 때 자녀들이 물심양면으로 도와줄 수 있어야 한다. · 경제적인 여유가 있는 자식들이 노부모를 자발적으로 돌봐주어야 한다. · 노인을 국가나 사회단체가 돌봐주어야 한다. · 서로 비슷한 처지의 사람들끼리 친하게 베풀며 살아야 한다. · 동네 노인들과 가까이 지내야 한다.
과시성	· 자녀들이 학식이 높아야 한다. · 자녀들이 사회적으로 출세하여야 한다. · 자녀들에게 물심양면으로 도움을 줄 수 있어야 한다.

참고문헌

강인. (2003). 성공적 노화의 지각에 관한 연구. 『노인복지연구』 20, 95-116.

______ (2003). 노인유사체험이 노인과 체험자 자신의 노화에 대한 태도에 미치는 영향. 『노인복지연구』 19, 7-30.

건강보험심사평가원. (2006). 노인의 우울 평가도구. http://www.mohw.go.kr/front/al/sal0301vw.jsp?PAR_MENU_ID=04&MENU_ID=0403&BOARD_ID= 140&BOARD_FLAG=00&CONT_SEQ=36870&page=1

경기실버인력뱅크. (2010). www.silverhrd.com

경제개발기구(OECD) 엮음. (2005). 「한국의 고령화와 고용정책」. 서울: 한국노동연구원.

공경희(역). (1999). 『또 다른 나라』. 모색.

국민건강보험공단. (2010). http://www.nhic.or.kr

______ (2008). 「노인장기요양보험 제도개요 및 고객상담 사례집(Q & A)」.

권명숙. (2001). 노인의 성에 대한 탐색적 연구. 연세대학교 박사학위논문.

김경숙 · 사영재. (2009). 유니버설 디자인 원리에 의한 실버타운의 단위평면 분석 및 고찰 ― 수도권 지역의 실버타운을 중심으로. 『한국디자인문화학회지』 15(1), 8-15.

김경식. (1995). 대도시 노인의 생활체육 참여와 여가 만족 및 생활 만족의 관계. 『한국스포츠사회학회지』 4, 113-138.

김기연 · 송희영 · 박소미. (2005). 노인의 성 지식, 태도 및 중요성에 관한 연구. 『여성건강간호학회지』 11(4), 324-332.

김동혁 · 이해만. (2009). 사용자 중심의 패키지디자인 연구. 커뮤티케이션디자인학회 학술대회, 52-57.

김문영. (2000). Ageism을 통해 본 노인차별에 관한 고찰. 『정신간호학회지』 9(4), 515-523.

김미령. (2008). 대학생들의 노인연령인지 및 노화인지에 관한 연구, 『노인복지연구』 39, 373-398.

김미애. (1998). 광고의 노년층 묘사에 관한 내용분석. 중앙대학교 대학원 박사학위논문.

김미혜. (2003). 인터넷 신문에 나타난 노인 이미지 분석: 오마이 뉴스를 중심으로. 『한국노년학』 23(1), 13-20.

김미혜 · 권금주 · 임연옥. (2004). 노인이 인지하는 '좋은 죽음' 의미 연구. 『한국사회복지학』 56(2), 195-213.

김미혜 · 신경림. (2005). 한국 노인의 '성공적 노후 척도' 개발에 관한 연구. 『한국노년학』 25(2), 35-52.

김미혜 · 신경림 · 강미선 · 강인. (2004). 한국 노인의 성공적 노화에 대한 경험. 『한국노년학』 24(2), 79-95.

김미혜 · 원영희. (1999). 새로운 노인 이미지 정립을 위한 노인광고: 신문매체를 중심으로. 『한국노년학』 19(2), 193-214.

김상훈 · 최환진. (1997). 광고의 노인묘사에 관한 노인 수용자의 태도 연구. 『광고연구』 37.

김선영. (2009). 한국 가족의 현실: 생애주기에 따른 가족 이슈. 『사회과학연구』 35(2), 161-192.

김성연. (2000). 노화과정개론. 『대한내과학회지』 58(부록1호), 20-26.

김세진. (1999). 성인 애착 유형에 따른 분노 경험 양상의 차이. 서울대학교 석사학위논문.

김승국. (2003). 노인의 삶의 질에 영향을 미치는 성생활에 관한 연구. 동아대학교 석사학위논문.

김애순. (2004). 『성인발달과 생애설계』. 시그마프레스.

김영범. (2009). 서울, 춘천지역 중 · 고령자의 부양 책임감 변화: 세대효과와 연령효과를 중심으로. 『한국노년학』 29(4), 1413-1426.

김영범 · 이승훈. (2008). 한국 노인의 사회활동과 주관적 안녕감: 서울 및 춘천 노인을 대상으로. 『한국노년학』 28(1), 1-18.

김영숙. (2002). 중 · 고등학생의 노인 이미지에 대한 도시와 농촌의 비교연구. 『한국노년학』 21(3), 75-89.

김욱. (2002). 억압의 한 형태로서의 노인차별주의: 사회복지적 대응과 함의. 『한국 사회복지정책』 4(6), 97-118.

______ (2003). 노인차별의 실태 및 관련요인에 관한 탐색적 조사연구. 『한국노년학』 23(2), 21-35.

김은하. (2007). 중년 이후 여성의 노화에 대한 불안감. 『한국간호교육학회지』 13(2), 192-202.

김재휘 · 김지호 · 신상화. (2001). 노인들의 인터넷 이용에 관한 연구. 중앙대학교 사회과학대학원.

김종일 · 최혜지. (2006). 『쉽게 쓴 노인복지론』. 청목출판사.

김지은. (2008). 노년기의 성에 대한 문헌적 고찰. 연세대학교 석사학위논문.

김지현. (2008). 죽음에 대한 공포와 수용 및 죽음 대처 유능감에 영향을 주는 변인. 서울대학교 박사학위논문.

김지형 · 장윤옥. (2001). 청소년의 자원봉사활동이 노인 인식에 미치는 영향. 『한국가정관리학회지』 19(5), 1-17.

김지혜. (2003). 고령화 사회의 노년담론과 노인의 정체성에 관한 연구. 이화여자대학교 석사학위논문.

김태현. (2007). 『노년학』. 교문사.

김태현 · 한혜신. (1996). 사별노인의 재혼에 관한 연구. 『한국노년학』 16(1), 18-38.

김현순. (2008). 스트레스, 절망, 우울과 자살생각 간의 구조적 관계: 노인과 청소년간의 차이 비교 연구. 단국대학교 박사학위논문.

김현정 · 유보현. (2009). 공공시설에 적용된 사용자 중심의 유니버설 디자인 평가방법에 대한 연구. 『한국기초조형학연구』 10(2), 149-157.

김형수 · 모선희 · 유성호 · 윤경아. (2009). 『현대 노인복지론』. 학지사.

김화선 · 최은정 · 양정남. (2009). 노화사실인지정도와 노화불안에 대한 연구. 『정신보건과 사회사업』 8, 135-165.

나임순. (2005). 고령화 사회의 노인 성문제와 대안에 관한 연구. 『임상사회사업연구』 2(1), 123-138.

나항진. (2004). 삶의 질 향상을 위한 노인 여가의 역할에 관한 연구. 『한국노년학』 24(1), 57-58.

대법원 홈페이지-판례속보(http://www.scourt.go.kr).

류혜지. (2008). 국내 유니버설 디자인 연구 경향분석. 『한국디자인문화학회지』 14(2), 166-175.

모선희 · 김형수 · 유성호 · 윤경아. (2006). 노인에 대한 이해. 『현대노인복지론』. 서울: 학지사. 19-21.

문자현 · 전양덕. (2009). 유니버설 디자인 측면에서 실버 커뮤니티사이트 디자인에 관한 연구. 『정보디자인학연구』 3, 87-96.

박경란 · 이영숙. (2002). 노년학 교육이 대학생의 노인에 대한 태도에 미치는 영향. 『한국노년학』 21(3), 29-41.

______ (2001). 대학생이 갖고 있는 노인에 대한 고정관념 분석. 『한국노년학』 21(2), 71-83.

박경숙. (2003). 55세 이상 고령자의 노동시장 이탈 과정: 은퇴의 유형화에 대한 함의. 『노동정책연구』 3(1), 103-140.

______ (2000). 노동시장의 연령차별구조와 고연령층의 취업생활. 『노동경제논총』 23(특별호), 241-263.

박경애. (1996). 성과 자살. 『가족과문화』 1, 149-171.

박병금. (2007). 청소년의 자살생각 관련 요인: 자아존중감과 우울의 매개효과를 중심으로. 『한국생활과학회지』 16(3), 505-522.

박병금 · 노필순. (2007). 우울에 따른 청소년의 자살생각 관련변인. 『정신보건과 사회사업』 26, 168-193.

박상철. (2009). 『웰에이징(WELLAGING MANUAL)』. 서울: 생각의 나무.

______ (2007). 노화란 무엇인가 — 인식 전환과 장수시대, 한국심리학회 심포지엄 및 워크샵 자료. 31-45.

박석돈 · 박순미 · 이경희. (2009). 『노인복지론』. 양서원.

박선희. (2001). 인터넷 신문의 뉴스 특성과 대안 언론의 가능성: 오마이뉴스 기사분석. 『한국언론학보』 45(2), 117-155.

박재흥. (2009). 세대명칭과 세대갈등 담론에 대한 비판적 검토. 『경제와사회』 81(봄).

박재황 · 노용환 · 위대한. (2001). 농어촌과 지방도시에 노인 자살 기도자에 대한 임상분석. 『대한응급의학회지』 12, 135-142.

박차상 · 김옥희 · 엄기욱 · 이경남 · 정상양. (2009). 『한국 노인복지론』. 서울: 학지사.

박충선 · 이춘옥. (2003). 노년의 정보화태도와 경험이 삶의 질에 미치는 영향. 『한국가족관계학회지』 8(2), 25-44.

배윤선. (2005). 고령자의 사용편의성을 위한 유니버설 웹 네비게이션 디자인에 관한 연구. 연세대학교 대학원 박사학위논문.

배지연. (2005). 노인의 자살생각에 관한 인과모형. 대전대학교 대학원 박사학위논문.

______ (2004). 노인 자살에 관한 사례분석: 신문기사 내용을 중심으로. 『노인복지연구』 23, 5-82.

백지은 · 최혜경. (2005). 한국 노인들이 기대하는 성공적인 노화의 개념, 유형 및 예측요인. 『한국가정관리학회지』 23(3), 1-16.

법제처. (2010). http://www.moleg.go.kr

보건복지가족부. (2010). http://www.mohw.go.kr

______ (2008). 2008 우리나라 보건 의료 실태 분석 결과.
http://stat.mw.go.kr/homepage/news/press_content.jsp?board_kind=12&seq_no=9493&menu_

id=33&ctrl_command=getBoardContents&curr_page=1
보건복지부. (2010). 전국노인 학대 실태조사.
보건복지부 · 계명대학교 산학협력단. (2009). 2008년도 노인실태 조사 ― 전국 노인생활실태 및 복지욕구조사 ―.
서병숙 · 김수현. (1999). 대학생의 노인에 대한 이미지연구. 『한국노년학』 19(2), 97-111.
서병숙 · 김은진. (1996). 홀로된 여성노인의 재혼 태도 연구. 『한국노년학』 16(2), 53-66.
서울특별시고령자취업알선센터. (2010). www.noinjob.or.kr
서혜경. (1987). 한미 노인의 죽음에 대한 태도. 『한국노년학』 7, 39-60.
서혜경 · 김은주. (2004). 노인들의 컴퓨터에 대한 태도 및 그에 영향을 미치는 요인에 관한 연구. 『한국노년학』 24(2), 21-39.
서화정. (2005). 노인 자살예방을 위한 사회사업개입전략. 부산대학교 대학원 박사학위논문.
석재은 · 구본미 · 권종희 · 장은진. (2010). 성공적 노화를 위한 선택 · 적정화 · 보완(SOC) 모델의 이론적 고찰과 실천적 적용가능성에 관한 연구. 『노인복지연구』 48, 251-278.
성규탁. (2005). 『현대 한국인의 효 ― 전통의 지속과 표현의 변화 ―』. 서울: 집문당.
성명옥. (2000). 노인의 집 운영의 활성화 방안. 『노인복지연구』 7, 97-123.
성혜영 · 유정헌. (2002). 성공적 노화 개념의 인식에 관한 연구: Q 방법론적 접근. 『한국노년학』 22(2), 75-93.
성혜영 · 조희선. (2005). Rowe와 Kahn의 구성요소를 활용한 성공적 노화 모델. 『한국노년학』 26(1), 105-123.
시몬느 드 보봐르(저). 홍상희 · 박혜영(역). (2007). 『노년』. 책세상.
신세니 · 조희숙. (2009). 그림책에 나타난 노인 이미지 분석. 『유아교육연구』 29(5), 287-314.
신학진 · 전상남. (2009). 노인의 이미지와 노인차별경험 간의 인과관계에 관한 연구. 『한국생활과학회지』 18(6), 1169-1179.
안정신 · 강인 · 김윤정. (2009). 한국 중노년 성인들의 성공적 노화 척도 개발에 관한 연구. 『한국가족관계학회지』 13(4), 225-245.
안준희 · 김승용. (2009). 노인의 차별경험이 자아이미지와 자아존중감에 미치는 영향에 관한 연구: 사회 경제적 참여의 조절효과를 중심으로. 『한국노년학』 29(4), 1645-1663.
안지연. (1997). 성공적 노화를 위한 선택 · 적정화 · 보상책략과 대처행동양식 및 삶의 만족도의 관계: 청년집단과 중노년집단의 비교를 중심으로. 연세대학교 대학원 석사학위논문.
양옥남 · 김혜경 · 김미숙 · 정순둘. (2009). 『노인복지론』. 서울: 학지사.
우선유. (1999). 청소년 자살생각에 영향을 주는 변인 연구. 서울여자대학교 석사학위논문.
우진희. (2001). 유니버설 디자인 원리에 따른 공공시설의 사인시스템 평가 연구. 연세대학교 대학원 석사학위논문.
원영희. (2005). 노인차별 피해경험이 노인의 심리적 안녕감에 미치는 영향. 『사회복지정책』 21, 310-339.
유영란. (2001). 노인의 성적 의미와 권리에 관한 연구. 청주대학교 석사학위논문.

윤가현. (2004). 노인과 성—결혼생활과 독신. 『사회연구』 7, 113-129.

______ (1997). 노인과 성. 『나눔터』 20호, 12.

윤태진 · 강내원. (2001). 온라인신문에 나타난 공공 저널리즘적 특성에 관한 연구: 조이스닷컴, 인터넷 한겨레, 오마이뉴스의 기획기사 분석을 중심으로. 『한국언론학보』 46(1), 306-343.

윤현숙 · 김영범 · 허소영. (1996). 한국 노년학 연구에 대한 비판적 검토. 『한국노년학』 26(3), 447-460.

이가옥 · 이지영 · 이미진 · 김연순. (2008). 세대통합프로그램을 통한 대학생의 노인에 대한 인식변화와 자기성찰—휴대전화 교육프로그램에 참여한 대학생을 중심으로. 『노인복지연구』 39, 143-164.

이병관 · 김봉철 · 유의동. (2003). TV광고에 등장하는 노인의 표상에 관한 연구: 한국과 미국의 비교문화적 분석. 『광고학연구: 일반』 14(2), 165-183.

이수림 · 조성호. (2007). 나이듦과 지혜: 성공적 노화의 통합적 개념화. 『한국심리학회지: 사회문제』 13(3), 65-87.

이신숙 · S. Salari. (2005). 한 · 미 대학생의 노인과 노화에 대한 지식 및 태도 비교연구. 『한국가족관계학회지』 10(3), 195-218.

이신영. (2006). 국내의 성공적 노화 연구에 관한 일 고찰. 『복지행정논총』 16(1), 117-136.

이연숙. (2005). 『유니버설디자인』. 연세대학교 출판부.

이유리. (2009). 노인생애체험이 중년기 성인의 노화불안에 미치는 효과. 『노인복지연구』 46, 193-214.

이인수. (2000). 농촌지역 대학생의 노인에 대한 인식도 연구. 『한국노년학』 19(2), 97-111.

이정숙. (2009). 현대소설에 나타난 노인들 삶의 변화양상: 긍정적 늙어가기의 관점에서. 『현대소설 연구』 247-297.

이정희 · 안영식 · 윤소정. (2007). 노인과의 동거 및 노인에 대한 교육 경험이 노화지식 및 노후불안에 미치는 영향. 『한국노년학』 27(2), 345-355.

이지영. (2009). 노년담론에 대한 노인의 인식과 대응에 관한 질적 연구: 자아상과 노인상의 차이를 중심으로. 『한국노년학』 29(3), 1001-1024.

이특구 · 이효성. (2009). 고령자주택 설계지침에 의한 아파트의 고령친화도 연구. 『한국의료복지시설학회지』 15(3), 9-20.

이해영. (2009). 『노인복지론』. 창지사.

이현진 · 박현승. (2010). Aging in Place를 위한 노인주거시설 선호에 관한 연구. 『한국의료복지시설학회지』 16(1), 55-63.

이호선. (2010). 노인을 대상으로 하는 성매매 피해 여성—'박카스 아줌마' 실태 조사 및 노인상담적 접근을 중심으로. 한국노년학회 춘계학술대회 발표논문집.

______ (2005). 『노인상담』. 서울: 학지사.

이희성. (2002). 고용보장정책과 고용보장법의 새로운 방향. 『한양법학』 13, 119-143.

임강혁 · 전양덕. (2010). 노인복지 사이트에 적용된 유니버설 디자인에 관한 연구: 김포지역 뉴 실버세대를 중심으로. 『정보디자인학연구』 14, 141-152.

장지연. (2003). 중 · 고령자의 경력이동—대안적 은퇴과정으로서의 근로시간단축과 자영업창업의 비중. 『한국 사회학』 37(2), 95-121.

장혜미 · 현은자. (2008). 그림책에 그려진 성인 등장인물에 대한 연구. 『아동학회지』 29(4), 15-26.

전미경 · 김정현. (2008). 초등교과서에 재현된 노인에 관한 연구. 『한국노년학』 28(3), 663-685.

전상남 · 신학진. (2009). 주관적 건강 및 노인차별경험이 성공적 노화에 미치는 영향. 『한국노년학』 29(4), 1383-1396.

정경희 · 오영희 · 석재은 · 도세록 · 김찬우 · 이윤경 · 김희경. (2005). 『2004년 전국노인생활실태 및 복지욕구조사』. 보건복지부 · 보건사회연구원.

정경희 · 한경혜 · 김정석 · 임정기. (2006). 노인문화의 현황과 정책적 함의—성공적 노화담론에 대한 비판적 검토를 중심으로. 한국보건사회연구원.

정옥분. (2008). 『성인 · 노인심리학』. 서울: 학지사.

정원준. (2009). 고령자를 위한 유니버설디자인. 『조형미디어학』 12(4), 124-132.

정진웅. (2006). 『노년의 문화인류학』. 한울아카데미.

조민정 · 최상현. (2009). 노인요양시설의 유니버설디자인 적용현황 및 개선방안에 관한 연구. 『한국의료복지시설학회지』 15(3), 21-29.

조지 베일런트 저. 이덕남 역. (2010). 『행복의 조건』. 프런티어.

조추용 · 김윤정 · 임희규 · 장경옥 · 정길홍. (2009). 『노인복지론』. 창지사.

중앙노인보호전문기관. (2010). http://www.noinboho.or.kr

_______ (2010). 노인 자살예방을 위한 실무안내서.

최영 · 김병철. (2000). 인터넷 신문의 상호작용성에 관한 연구. 『한국언론학보』 44(4), 172-200.

최혜경. (2008). 한국 노인들의 기대에 따른 성공적인 노화: 개념 형성과 중재방안의 탐구. 『한국가족관계학회지』 13(3), 145-168.

최혜영. (2001). 만 5세 유아의 노인에 대한 인식. 이화여자대학교 석사학위논문.

통계청. (2010). 노인 자살율
http: //www.kostat.go.kr/nso_main/nsoMainAction.do?method=main&catgrp=nso2009

_______ (2009). 고령자 통계: 2009. 대전: 통계청.

_______ (2008). 고령자 통계: 2008. 대전: 통계청.

_______ (2007). 2006년 사망 및 사망원인 통계결과. 대전: 통계청.

_______ (2005). 출생아수 감소요인 분석.
http://kostat.go.kr/board_notice/BoardAction.do?method=view&board_id=78&seq=355&num=355&parent_num=0

_______ (2004). 고령자 통계: 2004. 대전: 통계청.

하정연 · 조채영. (2008). 노인 · 아동 상호작용 프로그램이 유아의 노인에 대한 인식에 미치는 영향. 『아동연구』 17(2), 301-310.

한경혜. (2000). 신노년층 문화와 성공적 노화. 한국가족학회 2000년 춘계학술대회 자료집.

한경혜 · 윤성은. (2007). 대중매체에서의 신노년 담론. 『한국노년학』 27(2), 299-322.

한국노년학회. (2009). 『노년의 아름다운 삶』. 서울: 학지사.

한국노인인력개발원. (2008). 제1기(2004-2007) 노인일자리사업 백서. 서울: 한국노인인력개발원.

한국보건사회연구원. (2001). 노인장기요양보호 욕구실태조사 및 정책방안.

한국인터넷진흥원. (2008). 인터넷이용실태조사.

한나영 · 윤홍주 · 박일환 · 정유석 · 유선미. (2002). 좋은 죽음에 대한 노인들의 인식. 『가정의학회지』 23(6), 769-777.

홍현방. (2009). 노인이 인식하는 노인이미지 탐색연구. 『노인복지연구』 44, 327-344.

______ (2002). 성공적인 노화와 노인의 종교성 관계 연구. 『한국노년학』 22(3).

홍현방 · 최혜경. (2003). 성공적인 노화 정의를 위한 문헌연구. 『한국가정관리학회지』 21(2), 145-154.

홍형옥. (2005). 제3의 연령기의 공간환경 연구를 위한 관점과 쟁점. 『한국가정관리학회지』 20(6), 37-48.

황지영. (2002). 인쇄광고에 표상된 노인모델의 이미지: 기호학적 접근. 『광고학연구: 일반』 13(2), 51-73.

Atchley, R. C. (2000). *Social Forces and Aging: An Introduction to Social Gerontology*(9th edition). Belmont: Wadsworth.

______ (1994). *Social Forces & Aging*. L. A.: Wadsworth Publishing Co.

______ (1989). Continuity theory of normal aging. *The Gerontologist*, 29(2).

Baltes, P. B., & M. M. Baltes (1990). Psychological perspectives on successful aging: The model of selective optimization with compensation. In P. B. Baltes and M. M. Baltes(Eds). *Successful aging in Perspectives from the Behavioral Sciences*. pp.1-34. New York: Cambridge University Press.

Baltes, P. B., J. Smith & U. M. Staudinger. (1992). Wisdom and successful aging In T. B. Sonderegger(Ed.). *Nebraska Symposium on Motivation*, 39, 123-167. Lincoln: University of Nebraska Press.

Baumeister, R. F. (1990). Suicide as escape from self. *Psychological Review,* 97, 90-113.

Butler, R. N. (1995). Ageism another form of bigotry. In G. Maddos. *The Encyclopedia of Aging*. pp.38-39. New York: Springer.

______ (1990). A Disease called ageism. *Journal of the American Geriatric Society*, 38(2), 178- 180.

Butler, R. N., M. Lewis & T. Sunderland. (1991). *Aging and Mental Health: Psychosocial and Biomedical Approaches*. New York: Maxwell Macmillan International Publishing Group.

CIA. (2009). World Factbook, https://www.cia.gov/library/publications/the-world-factbook/rankorder/2054rank.html

Colling, P. (2001). If you got everything, it's good enough: Perspectives on aging successful in a Canadian Inuit community. *Journal of Cross-Cultural Gerontology*, 16(2), 127-155.

Costa P., & R. McCrae. (1988). Personality in adulthood. *Journal of Personality and Social Psychology*, 54, 853-863.

Cumming, E., & W. E. Henry. (1961). *Growing Old: The Process of Disengagement*. New York:

Basic Books.

De Leo, D., & G. Meneghel. (2001). The elderly and suicide. In D. Wasserman(Ed.), *Suicide, Unnecessary Death*. pp.195-207. London: Martin Dunitz.

Erikson, E., J. Erikson & H. Kivnick. (1986), *Vital Involvement in Old Age*. London: Norton.

Finley, N. J., M. D.Roberts & B. F. Banahan. (1988). Motivators and inhibitors of attitudes of filial obligation toward aging parents. *The Gerontologist*, 28(1), 73-78.

Gants W., H. Gartenberg & C. Rainbow. (1980). Approaching invisibility: The portrayal of the elderly in magazine advertisements. *Journal of Communication*, 30, 56-60.

Gaylord, S. A., & W. W. K. Zung. (1987). Affective disorders among the aging. In L. L. Carstensen(Eds). *Handbook of Clinical Gerontology*.

Gerner, R. H., & L. F. Jarvik. (1984). Antidepressant drug treatment in the elderly. In E. Friedman, F. Mann & S. Gerson(Eds). *Depression and Anti-Depressants: Implications for Consideration and Treatment*. New York: Raven.

Giddens, A. (2001). *Sociology*. Polity Press(김미숙 외 역. 『현대사회학』. 서울: 을유문화사).

Glass, T. A. (2003). Assessing the success of successful aging. *Annals of Internal Medicine*, 139(5), 382-383.

Hagestad, G. O. (1990). Social perspectives on the life course, In R. Binstock & L. K. George. *Handbook of Aging & the Social Science*(3rd edition). New York: Academic Press.

Hamel, Marc, Gold Dolores Pushkar, Andres Davis, Reis Myrna, Dastoor, Dolly, Grauer Harry & Haward Bergman. (1990). Predictors and consequences of aggressive behavior by community-based dementia patients. *The Gerontologist*, 30(2), 206-211.

Hooyman, N., H. A. Kiyak. (1996). *Social Gerontology*. MA: A Simon & Schuster Company.

Inglehart, G. (1977). *Silent Revolution*(정성호 역. (1983). 『조용한 혁명』. 서울: 종로서적).

International Longevity Center(ILC). (2006). Ageism in America: The status reports. New York: Mount Sinai School of Medicine.

Jönson, H., & J. A. Magnusson. (2001). A new age of old age? Gerotranscendence and the re-enchantment of aging. *Journal of Aging Studies*, 15, 317-331.

Kahn, R. L. (2002). Guest editorial-on successful aging and well-being: Self-rated compared with Rowe and Kahn. *The Gerontologist*, 42(6), 725-726.

Kim, Y. B. (2009). Type of social activity and morale in later life: A comparison between male and female. *Asian Women*, 25(4).

Kimmel, D. C. (1990). *Adulthood and Aging*. John Wiley & Sons, Inc.

Kuypers, J. A., & V. L. Bengtson. (1973). Social breakdown and competence: A model of normal aging. *Human Development*, 15, 181-201.

Lasher, K. P., & P. J. Faulkender. (1993). Measurement of aging anxiety: Development of anxiety about aging scale. *International Journal of Aging Human Development*, 37(4), 247-259.

Latwon, M. P. (1993). Meaning of Activity. In J. R. Kelly(ed.). *Activity and Aging.* Sage Publication.

Lemon, W. B., V. L. Bengtson & J. A. Peterson. (1972). An exploration of the activity theory of aging: Activity types and life satisfaction among in-movers to a retirement community. *Journal of Gerontology*, 27(4).

Litwin, H., & S. Shiovitz-Ezra. (2006). The Association between activity and wellbeing in later life: What really matters?. *Aging & Society*, 26.

Longino, C. F., & C. S. Kart. (1982). Explicating activity theory: A formal replication. *Journal of Gerontology*, 37.

Neikrug, S. M. (2003). Worrying about a frightening old age. *Aging and Mental Health*, 7(5), 325-333.

Nussbaum, J. F., M. J. Pitts, F. H. Huber, J. L. Krieger & J. E. Ohs. (2005). Ageism and ageist language across the life span: Intimate relationships and non-intimate interactions. *Journal of Social Issues*, 61(2), 287-305.

Organization for Economic Cooperation & Development(OECD). (2000). Reforms for aging society, Paris: OECD.

Palmore, E. (2004). Ageism in Canada and the United States. *Journal of Cross-Cultural Gerontology,* 19(1), 41-46.

______ (1999). *Ageism Negative and Positive.* New York: Spronger.

Peterson, R. T. (1995). The Portrayal of senior citizens by banks in newspape advertisements: A content analysis. *Journal of Professional Services Marketing,* 12, 95-106.

Peterson R. T., & D. T. Ross. (1997). A content analysis of the portrayal of mature individuals in television commercials. *Journal of Business Ethics*, 16, 425-433.

Pillemer, Karl, & Davis Finkelhor. (1988). The prevalence of elder abuse: A random sample survey. *The Gerontologist*, 28(1), 51-57.

Pillemer, K. A., & J. J. Suitor. (1992). Violence and violent feelings: What causes them among family caregivers?. *Journal of Gerontology*, 47.

Pinquart, M., et al. (2000). Changes in attitudes among children and elderly adults in intergenerational group work. *Educational Gerontology* 26, 523-540.

Reitzes, D. C., E. J. Mutran & L. A. Verrill. (1995). Activities and self-esteem: Continuing the development of activity theory. *Research On Aging*, 17(3).

Reynolds, W. M. (1998). *Suicidal Ideation Questionnaire: Professional Manual.* Odessa, FL: Psychological Assessment Resources.

Rockstein, M., & M. Sussman. (1977). *Biology of Aging.* Belmont, Calif: Wadsworth.

Rossi, A. S., & P. H. Rossi, (1990). *Of Human Bonding: Parent-Child Relations across The Life Course.* New York: Aldine de Gruyter.

Rowe, J. W., & R. L. Kahn. (1987). Human aging: Usual and successful. *Science*, 237, 143-149.

______ (1997). Successful aging. *The Gerontologist*, 37(4), 433-440.

Rybash, J. M., P. A. Roodin & W. J. Hoyer. (1995). *Adult Development and Aging.* Wm. C. Brown Communications, Inc.

Schwarcz, J. H., & C. Schwarcz. (1991). *The Picture Book Comes of Age.* Chicago: American Library Association.

Seefeldt, C., R. Jantz, S. Galper & K. Serock. (1977). Children's attitude toward older individuals: Eucational implications. *Educational Gerontology*, 2, 301-311.

Seelbach, W. C. (1978). Correlates of aged parent's filial responsibility expectation and realizations. *The Family Coordinator*, 27(4), 341-350.

Sigelman, Carol K., & David R. Shaffer. (1995). *Life-Span Human Development.* CA: Brooks, Cole publishing Co.

Streib, G. F., & J. B. Carroll. (1984). Age stratification theory, Inequality and Social Change. *Comparative Social Research*, 7, 63-77.

Sullivan W. P., & B. J. Fisher. (1994). Intervening for success: Strengths-based case management and successful aging. *J. of Gerontologist Social Work*, 22(1), 61-74.

Swayne L. E., & A. J. Greco. (1987). The portrayal of older americans in television commercials. *Journal of Advertising*, 16(1), 47-54.

Thorman, G. (1989). *Environment Problem of Aging.* Illinois: Charles C. Thomas.

Thornton, J. (2002). Myths of aging or ageist stereotypes. *Educational Gerontology*, 28, 301-312.

Tornstam, Las. (1997). Gerotranscendence: The contemplative dimension of aging. *Journal of Aging Studies*, 11(2), 143-154.

Turkman J., & L. Lorge. (1952). The influence of a course on the psychology of the adult on attitudes toward old people and older workers. *Journal of Gerontology*, 43, 400-407.

Vaillant, G. E. & K. Mukamal. (2001), Successful aging. *American Journal of Psychiatry*, 158(6), 839-847.

Watkins, R. F., R. Coates & P. Ferroni. (1998). Measurement of aging anxiety an elderly Australian population. *International Journal of Aging and Human Development*, 46(4), 319-332.

Weinmann, G. (2000). *Communicating Unreality: Modern Media and the Reconstruction of Reality.* Thousand Oaks, CA: Sage Publications, Inc.

Wolf, Rosalie S. (1996). Elder abuse and family violence: Testimony presented before the U. S. senate special committee. *Journal of Elder Abuse & Neglect*, 8(1), 81-86.

Wong, P. T. P., G. T. Recker & G. Gesser. (1994). Death attitude profile-revised: A multidimensional measure of attitudes toward death. In R. A. Neimeyer(Ed.). *Death Anxiety Handbook.* pp.121-148. Washington, DC: Taylor & Francis.

찾아보기

고령사회의 이해: 노년과 사회

초판발행: 2017년 12월 29일

편　저: 한림대학교 고령사회연구소
전　화: 033) 248-3097
홈페이지: http://web.hallym.ac.kr/~aging/

발행인: 고화숙
발행처: 도서출판 소화
등　록: 제13-412호
주　소: 서울시 영등포구 영등포동 94-97
전　화: 02) 2677-5890
팩　스: 02) 2636-6393
홈페이지: www.sowha.com

ISBN 978-89-8410-385-6 93330

값 15,000원